消费者行为学

XIAOFEIZHE XINGWEIXUE

主　编：刘万兆　赵　曼　陈尔东
副主编：刘万宇　周春男　李学东　薛明娇
主　审：朱晓林

中国经济出版社
CHINA ECONOMIC PUBLISHING HOUSE
北　京

图书在版编目（CIP）数据

消费者行为学／刘万兆，赵曼，陈尔东主编．
—北京：中国经济出版社，2018.12（2025.8 重印）
ISBN 978－7－5136－5212－4

Ⅰ.①消… Ⅱ.①刘… ②赵… ③陈… Ⅲ.①消费者行为论 Ⅳ.①F713.55

中国版本图书馆 CIP 数据核字（2018）第 105339 号

责任编辑　孙晓霞
责任印制　李　伟
封面设计　任燕飞设计工作室

出版发行　中国经济出版社
印 刷 者　北京艾普海德印刷有限公司
经 销 者　各地新华书店
开　　本　787mm×1092mm　1/16
印　　张　19.25
字　　数　350 千字
版　　次　2018 年 12 月第 1 版
印　　次　2025 年 8 月第 3 次
定　　价　55.00 元
广告经营许可证　京西工商广字第 8179 号

中国经济出版社 **网址** www.economyph.com **社址** 北京市西城区百万庄北街 3 号 **邮编** 100037
本版图书如存在印装质量问题，请与本社发行中心联系调换（联系电话：010－68330607）

前言 | PREFACE

消费者行为是市场经济体制下社会普遍存在的一种重要经济现象。以满足消费者的需求和欲望为宗旨的市场情境下，消费者的需求、心理以及行为已经成为企业制定营销策略的基础。忽视对消费者行为的研究，意味着企业无法取得最佳的经营效果。因此，消费者行为学在市场营销的理论体系中居于核心位置。

我国自从改革开放以来，经济快速发展，消费者在消费理念、消费方式、消费结构上均发生着变化。无论是企业营销人员，还是研究人员，都对消费者行为规律给予了大量关注。如何将理论联系实际，更好地服务于消费者，对提升产业升级、提高消费者满意度具有重要的现实意义。基于这样的背景，我们编写了本书，突出了以下特色：

其一，体系完备。本书重点阐述了“影响消费者行为的内在因素”和“影响消费者行为的外在因素”两方面问题，同时也关注了网络环境下的消费者行为特点。包含了消费者行为领域的重要理论内容，章节设计紧凑、调理清晰、知识系统性强。

其二，新颖性。本书广泛借鉴国内外最新研究成果，力求反应消费者行为领域出现的最新动态。消费者行为学以心理学、社会学、经济学等学科为基础，学者对消费者的购买行为规律的研究尚不完善。因此，本书综合了最新研究成果，有利于推动该学科的发展。

其三，应用性。本书在介绍基本理论的同时，引入了大量的案例。通过案例，能够深入浅出地阐明理论的应用情况。有一些案例是最新发生的事实，也希望读者能够案例中推演出新的行为规律。

本书由辽宁科技大学工商管理学院的刘万兆、陈尔东、周春男、李学东、薛明娇、朱晓林等老师，以及鞍钢集团矿业设计研究院赵曼、河北省北戴河高速公路服务区刘万宇共同编著。其中，刘万兆编写第1~6章，赵曼编写第7~8章，陈尔东编写第9~10章，刘万宇编写第11~12章，周春男编写第13章，李学东编写第14章，薛明娇编写第15章。全书由刘万兆负责统稿、修改。朱晓林负责对该书的审查，并提出修改意见。

消费者行为学是一门尚不成熟的学科，其研究内容有待于进一步拓展。由于作者能力和水平有限，书中难免有不妥或错误之处，敬请专家、学者，及广大读者批评指正。

编者

2018-4-26

目录 CONTENTS

第1章

消费者行为学概述

本章作为开篇，从总体上阐述了消费者行为学的基本内容与体系，是学习各章的基础与指导。本章的逻辑顺序安排，首先从消费者行为学的研究对象和内容入手进行分析，其次对消费者行为学产生的市场基础、学科基础、变革特点、发展趋势进行介绍，最后阐述消费者行为研究的理论来源及实用的研究方法。

1.1 消费者行为学的研究对象

为了理解消费者行为学研究对象的特定含义，便于学习和研究，必须搞清下面几个相关的概念。

1.1.1 消费与消费者

消费是社会经济活动的出发点和归宿。它和生产、分配、交换一起构成社会经济活动的整体，是社会经济活动中一个十分重要的领域。具体地说，消费是人们消耗物质资料和精神产品以满足生产和生活需要的过程。消费既包括生活消费，也包括生产消费。生活消费是人们为了自身的生存与发展，消耗一定的生活资料和服务，以满足自身生理和心理需要的过程。例如，吃、穿、住、行、通信、体育休闲、娱乐等的消费都是生活消费。而生产消费指生产过程中工具、原材料、燃料、人力等生产资料和活劳动的消耗。它包含在生产之中，是维持生产过程连续进行的基本条件。消费者行为学的研究主体是消费者，研究内容不是生产消费，而是生活消费。

消费者是消费过程中的当事人。人是消费的主体，于是消费就不能脱离消费活动中的人，即消费者的研究。消费者一般可划分为广义消费者和狭义消费者：广义消费者，指购买、使用各种产品与服务的个人或组织；狭义消费者，指购买、使用各种产品和服务的个人或家庭。

本书主要从狭义消费者的角度来讨论消费者行为，即研究“个人或家庭的消费行为规律”，个人或家庭购买商品的目的在于维持生存。以“组织”购买商品的目的在于维持运转或盈利，其购买行为规律不在本书的研究范围之内。

1.1.2 消费者行为

1.1.2.1 消费者行为的含义

消费者行为是与产品或服务的交换密切联系在一起的。在现代市场经济条件下，企业研究消费者行为是着眼于与消费者建立和发展长期的交换关系。为此，不仅需要了解消费者是如何获取产品与服务的，而且也需要了解消费者是如何消费产品，以及产品在用完之后是如何被处置的。因为消费者的消费体验，消费者处置旧产品的方式和感受均会影响消费者的下一轮购买，也就是说，会对企业和消费者之间的长期交换关系产生直接的作用。

传统上，对消费者行为的研究，重点一直放在产品、服务的获取上，关于产品的消费与处置方面的研究则相对地被忽视。随着对消费者行为研究的深化，人们越来越深刻地意识到，消费者行为是一个整体，是一个过程，获取或者购买只是这一过程的一个阶段。因此，研究消费者行为，既应调查、了解消费者在获取产品、服务之前的评价与选择活动，也应重视在产品获取后对产品的使用、处置等活动。只有这样，对消费者行为的理解才会趋于完整。

本书认为，消费者行为，是指消费者为获取、使用、处置消费物品或服务所采取的一系列行动，包括消费者产生行动之前的心理决策过程、产生的行为以及行为之后的心理和行为的变化。消费者行为可以看成是由三个部分构成的：一是消费者的购买决策过程，即消费者在获取、使用、处置消费物品或服务之前的心理活动和行为倾向，属于消费态度的形成过程；二是消费者的行动，即消费者行为表现，如消费者什么时间、什么地点购买了什么品牌；三是消费者在获取、使用、处置消费物品或服务之后的心理感受或行为变形，如是非常满意以至于积极帮助宣传，还是不满意甚至投诉。

1.1.2.2 消费者行为的特点

消费者行为有很多特点，但是比较主要的特点可以归纳为以下几点：

（1）消费者行为具有广泛性和分散性

广泛性。生活中每一个人都不可避免地发生消费行为或是购买行为，成为消费者市场的一员，因此，消费者市场人数众多，消费者行为范围广泛。

分散性。消费者分散在全国各地，大江南北，甚至全世界；消费者又是以个人或家庭为购买单位，通常一次购买数量较小；现代市场商品供应丰富，购买方便，随时需要，随时购买。而每次购买数量零星，购买次数频繁，导致消费者行为分散性的特点。

（2）消费者行为具有多样性和复杂性

多样性。多样性表现在消费者需求、偏好以及选择产品的方式等方面各有侧重，互不相同上。同一消费者在不同时期、不同环境、不同产品的选择上，其行为呈现出很大的差异性。这种消费者行为，一方面可以通过它的多样性、多变性表现出来；另一方面也表明消费者的行为受很多内在因素和外部因素的影响，而且其中很多因素既难识别，又难把握。

复杂性。消费者行为研究结果已经证明，人们的消费行为是在需要基础上、在购买动机的驱使下进行的，但是每一行为背后的购买动机往往又是隐蔽的和复杂的。以一位购买“奔驰”车的消费者为例，他的显性购买动机是购买一辆大而舒适的汽车，而他的隐性购买动机则是购买“奔驰”车能显示自己的成功、自己的社会地位等。由此可见，不仅同一消费行为可以是由多种动机所驱使的，而且同一购买动机也可以产生多种消费行为。不仅如此，消费者行为还受到社会经济环境、社会文化环境、个性特征和生活方式等因素的影响，而且这些因素对消费者行为的影响有的是直接的，有的是间接的，有的是单独的，有的是交叉的或交互的。正是这些影响因素的多样性和复杂性，决定了消费者行为的复杂性。

（3）消费者行为具有易变性和发展性

易变性。消费需求具有求新求变的特性。这种特性要求企业生产的产品品种、款式不断翻新，给人一种新鲜感、新奇感，不喜欢一成不变的老面孔。许多消费者对某个新品种、新款式的共同偏好就形成了消费流行，随着市场商品供应的丰富和企业竞争的加剧，消费者对商品的挑选性增强，消费流行的变化速度加快，商品的流行周期缩短，往往千变万化，令人难以把握。

发展性。人类社会的生产力和科学技术总是不断进步，新产品不断出现，消费者收入水平不断提高，消费需求也就呈现出由少到多、由粗到精、由低级到高级的发展趋势。“发展性”与“易变性”都说明消费需求的变化，区别在于“易变性”说明变化的偶然性和短期现象，“发展性”说明变化的必然性和长期趋势。“易变性”说明与科技进步无关的变化，“发展性”说明与科技进步有关的变化。

（4）消费者行为具有非专家性和可诱导性

非专家性。随着社会的发展和社会分工的细化，商品越来越丰富，消费时尚和消费流行变化越来越快，消费者不是购买专家的特点就显得十分突出。在购买商品时，特别是购买大件耐用消费品时，为降低购买风险，消费者往往用品牌和价格作为降低购买风险的标志。在当前这种行为特征十分突出。

可诱导性。消费者行为还有一个特点就是可诱导性，即消费者有时对自己的需求并不能清楚地意识到。此时，企业可以通过提供合适的产品来激发消费者的需求，也可以通过有效的广告宣传、营业推广等促销手段来刺激消费者，使之产生购买欲望，甚至影响他们的消费需求，改变他们的消费习惯，更新他们的消费观念，树立全新的消费文化。

1.1.3 消费心理与消费行为

1.1.3.1 消费心理

“心理”一般是指“所思所想”，是人的一种内心活动。消费心理特指消费者在消费过程中发生的心理活动。即消费者根据自身需要与偏好，选择和评价消费对象的心理活动。

人作为消费者，在消费活动中的各种行为无一不受到心理活动的支配。比如，消费者购买决策的内容，是否购买某种商品，购买何种品牌、款式的商品，何时、何处购买，采用何种购买方式，以及怎样使用等，其中的每一个环节、每一个步骤都需要消费者做出相应的心理反应，进行分析、比较、判断和决策。这一过程中消费者所有的表情、动作和行为，都是复杂的心理活动的自然流露。所以说，消费者的消费行为都是在一定心理活动支配下进行的，消费心理是消费行为的基础。消费者行为学作为系统地研究消费者行为的科学，不能不将消费心理作为其研究对象。

1.1.3.2 消费行为

“行为”一般指“所作所为”，是人受心理活动支配而表现在外的行为。消费行为则特指从市场流通角度观察的、人作为消费者时对于商品或服务的消费需求，以及使商品或服务从市场上转移到消费者手中的活动。

在消费过程中，通过人的消费行为活动才能把商品或服务从市场上转移到消费者手中，所以消费行为比消费心理更具有可观性和现实性。消费者的心理活动只有作用于消费行为时，才能实现商品或服务的交换及流通才能使经营者的活动获得经济效益。任何一种消费活动都既包含了消费者的心理活动，又包含了消费者的消费行为。消费者行为学不仅注重研究消费者的具体活动，也注重研究消费者的心理活动。准确把握消费者的心理活动，是准确理解消费行为的前提。企业经营者只有针对消费者心理活动采取有效的营销策略，使消费者产生消费欲望，才能取得理想的营销效果。

由于消费者心理支配消费者行为，研究消费者心理就等同于研究消费者行为。又由于消费者行为受消费者心理支配，研究消费者行为必须研究消费者心理。所以，在实际应用中，消费者心理与消费者行为联系紧密，可合起来成为消费者行为。作为学科名称，成为“消费者心理学”或“消费者行为学”都是可行的。不过，由于研究消费者心理的目的归根结底是为了把握消费者行为，所以目前以后者作为学科名称的做法更加普遍。

1.1.4 消费者的意识与心理现象

1.1.4.1 消费者的意识

（1）意识的含义。意识是指人的神经系统对自己身心状态和外界环境因素等变化的知觉和认识。人的意识来源于意识脑区。生理学上，意识脑区指可以获得其他各脑区信息的意识脑区（在前额叶周边）。意识脑区最重要的功能就是辨识真伪，即它可以辨识自己脑区中的表象是来自于外部感官的还是来自于想象或回忆的。此种辨识真伪的能力，任何其他脑区都没有。当人在睡眠时，意识脑区的兴奋度降至最低，此时无法辨别脑中意象的真伪，大脑进而采取了全部信以为真的方式，这就是所谓的“梦境”。意识脑区没有自己的记忆，它的存储区域称作“暂存区”，如同计算机的内存一样，只能暂时保存所察觉的信息。意识还是“永动”的，你可以试一下使脑中的意象停止下来，就会发现这种尝试的徒劳。有研究认为，意识脑区其实没有思维能力，真正的思维都发生在潜意识的诸脑区中，我们所感知到的思维，其实是潜意识将其思维呈现于意识脑区的结果。

（2）意识的层次。意识的层次反映了个体在某一时间里对自身活动及状态的知觉程度。从总体上说，人的社会实践活动受到意识的支配，但并不等于人在任何时候的任何活动都具有同等程度的意识性，有些活动可能是意识不清楚甚至是无意识的。除有意识的活动以外，人的意识还表现为以下层次：

第一，前意识。指能够变成意识的东西，如我们对特定经历或特定事实的记忆，我们不会一直意识到这些记忆，但是一旦有必要时就能突然回忆起来。每个人都可能有过这样的经历：早晨醒来对做过的梦全然不知，接下来的一件事或一样东西与梦中的情境似乎有关联，受此触动，你马上就会想起你的梦境来。

第二，潜意识，也称无意识。指蕴含在意识层之下的欲望、情绪等经验被控制或压抑而未被个体觉知的意识状态。大家比较熟悉的弗洛伊德的所谓“冰山理论”就是解释意识与潜意识关系的理论：人的意识组成就像一座冰山，露出水面的只是一小部分（意识），但隐藏在水下的绝大部分却对其余部分产生影响（潜意识）。弗洛伊德认为潜意识具有能动作用，它主动地对人的性格和行为施加压力和影响。比如，潜意识的欲望能使一个人做出他自己也无法合理解释的事情来。这样看来潜意识虽然未被个体觉知，但是它确实存在，并且会不由自主地活动起来，直接或间接影响消费者的心理和行为。

第三，边意识。指对注意范围边缘刺激物所获得的模糊不清的意识。凡是刺激强度微弱而使人在似知未知的情况下所得到的意识都是边意识。

第四，半意识。指在不注意或略微注意的情况下所得到的意识。

1.1.4.2 消费者的心理现象

消费者的心理现象是消费者在消费过程中心理活动的表现形式。一般把心理现象分为两类，即心理过程和个性心理。心理过程是指人的心理活动过程，包括人的认知过程、情绪和情感过程、意志过程。个性心理主要包括个性倾向性和个性心理特征两个方面。

（1）心理过程

心理过程可分为三个部分：

①认知现象：是人们获得知识或者运用知识的过程，或信息加工的过程。这是人基本的心理现象，包括感觉、知觉、记忆、思维、想象等；注意则是伴随心理过程的一种心理特征。

②情绪和情感：其过程是一个人在对客观事物的认识过程中表现出来的态度体验。例如，满意、愉快、气愤、悲伤等，它总是和一定的行为表现联系着。人在认识客观事物时，不仅仅是认识它、感受它，同时还要改造它，这是人与动物的本质区别。

③意志：为了改造客观事物，一个人有意识地提出目标、制订计划、选择方式方法、克服困难，以达到预期目的的内在心理活动过程即为意志过程。

（2）个性心理

心理过程是人们共同具有的心理活动。但是，由于每个人的先天素质和后天环境不同，心理过程在产生时又总是带有个人的特征，从而形成了不同的个性。个性心理结构主要包括：个性倾向性和个性心理特征两个方面。

个性倾向性是指一个人所具有的意识倾向，也就是人对客观事物的稳定的态度。它是个人在从事活动的基本动力，决定着一个人的行为的方向。其中主要包括：需要、动机、兴趣、理想、信念和世界观。世界观在个性倾向诸多成分中居于最高层次，决定着人的总的意识倾向。个性心理特征是一个人身上经常表现出来的本质的、稳定的心理特点。例如：有的人有数学才能，有的人有写作才能，有的人有音乐才能。因此，在各科成绩上就有高低之分，这是能力方面的差异。在行为表现方面，有的人活泼好动，有的人沉默寡言，有的人热情友善，有的人冷漠无情，这些都是气质和性格方面的差异。能力、气质和性格统称为个性心理特征。

1.1.5 消费者行为学的研究对象与范围

消费者行为学是揭示消费者消费行为规律的科学。消费者行为学是借鉴不同学科的多种研究方法，通过对消费者心理活动及其行为过程的观察、记述、分析和预测，探索和把握消费者行为的规律性，以便适应、引导、改善和优化消费者行为，为政府部门制定宏观经济政策、为工商企业制定营销战略和策略提供依据和有益的经验。消费者行为学的研究对象是消费者个人和群体的消费行为，它的研究内容和体系结构是由影响消费者行为的因素所决定的。影响消费者行为的因素主要有三大类：消费者自身因素、环境因素和市场营销因素。

根据消费者行为学以消费者在消费活动中的心理与行为现象作为研究对象的特点，消费者行为学的研究对象在具体内容上可以分为以下几个方面：

（1）消费者行为学概述。包括消费与消费者、消费者行为、消费心理与消费行为、消费者的意识与心理现象等基本概念的理论界定，并对消费者行为学的产生与发展、研究消费者行为的意义与作用、消费者行为学的理论来源与研究方法等做了概括性的、总体性的介绍。

（2）消费者购买行为模式与购买决策分析。消费者的购买行为不像物理现象那样可以准确地测量，特别是消费者的思想活动过程更难以直接观察和测量，因此，专家学者们在研究消费者的购买行为时提出了各种理论和模式。消费者在购买过程中的决策被看作一种问题解决的过程。一般是由五个连续的阶段组成：认识需要、搜集信息、整理信息、进行购买和购后评价。消费者购买决策过程还涉及顾客满意及顾客忠诚。

（3）消费者的心理现象与行为研究。这部分是实质性的问题。首先论述消费者需求和购买动机，然后侧重对支配消费者行为的内在心理活动过程、特点和规律加以研究。主要内容包括消费者的注意、感知觉，记忆、想象与思维，消费者的情绪与意志，消费者的个性、自我概念与生活方式，消费者的学习心理与行为，消费者的态度形成与改变等。

（4）外部环境因素对消费者行为的影响。消费者行为除受到内在的心理活动的影响以外，还受到诸多外部环境因素的影响，如经济文化环境、社会群体环境、口碑传播和创新扩散、家庭环境因素和情境、商店环境因素对消费者行为的影响。

（5）网上购物这一新型消费方式和购物选择正在逐步深入人心，越来越多的消费者参与到网络购物中。网络消费者的基本特征、网络环境因素对消费者行为的影响以及企业针对虚拟的网络购物环境，怎样制定更适合自己目标顾客的网络营销组合策略。

1.2 消费者行为学的起源与发展

1.2.1 古代的消费思想

无论是中国还是西方，都有一些史料记载证明，自古以来就有精明善断的商人注意到了买卖活动中顾客的某些心理现象和行为表现。

1.2.1.1 我国古代消费思想

我国对消费行为的经验描述，早在春秋战国时期就已有萌芽。春秋后期的计然运用他的经济循环学说预测市场，认为物价会随天时和气候的变化而变化，提出了“旱则资舟，水则资车，物之理也”的经营思想。意思是天旱的时候，船价下跌，则要大量收购船只储备起来，等待以后发大水，船价上涨时卖个好价钱；而在水灾车价下跌时，则要大量收购车子储备起来，等待以后天旱车价上涨时好赚大钱。计然的弟子范蠡师承这一理论，提出“夏则资皮，冬则资絺”的经营思想。意思是夏天皮货价格下跌，应当大量收购皮货储备起来，以待冬天皮货价格上涨时卖个好价钱；冬天絺的价格下跌，应当大量收购储备起来，以待夏天价格上涨时卖个好价钱。这种根据消费需求变化安排经营的思想帮助范蠡在弃官经商后的 19 年中“三致千金”，成为当地有名的大富翁，荀子提出生产要“养人之欲，给人之求”，讲的就是满足人的消费需求，战国时期的白圭，是继计然和范蠡之后的最著名的商业理论家，提出了“人弃我取、人取我与”的八字经商原则，即在丰年谷价下跌时购进储存起来，在荒年谷价上涨时大量抛售，在物质消费方面，围绕着主俭还是主奢的争论，从先秦诸子，如孔子、孟子、老子、荀子、管子一直延续到近现代。中国古代的商店、饭馆等都用招贴、幌子等以引起顾客的注意，也会通过匾额、题词和对联等做广告。

1.2.1.2 西方古代消费思想

在西方，古希腊哲人亚里士多德提出“欲望是心理运动的源泉，一切情感、需要、动作和意志均为欲望所引发”的命题。亚里士多德还十分关注人们各种形式的“闲暇”消费，以及由此给个体和社会产生的影响，古希腊另一位哲人色诺芬最早提出“消费”这个术语。在近代，法国的西斯蒙第提出了社会生产的目的是满足消费者需要的观点，西方重商主义的杰出代表托马斯·曼提出了折中的消费原则；英国古典经济学家则强调节制消费。英国的托马斯·英尔、法国的西斯蒙第等人也较早地论及了精神文化消费的问题。就连经济学之父亚当·斯密所信奉的“看不见的手”的原理，也是建立在他对个体消费者行为的观察和某些假设之上的。

1.2.2 消费者行为学产生和发展的基础

消费者行为学从何时掀开自己的史册？它为什么能从无到有？为什么能从零散的、浅显的经验、调查、实验，发展成为一门内容丰富、方法多样、交叉性强的边缘学科？我们不妨从市场基础和学科基础入手分析一下原因，说明其形成和发展的必然性与必要性。

1.2.2.1 市场基础

在商品经济条件下，市场是生产与消费的媒介。消费者行为学的研究，同企业面临的市场环境有着直接的关系。20 世纪以来，世界上的商品经济比较发达的国家，大都经历了市场观念演变的过程。这一演变过程是商品经济发展的必然结果，而能够反映这一过程各个阶段特征的一个重要标志，就是消费者地位的变化。下面我们简略地对这段历史做一些回顾。

（1）第一阶段，从 19 世纪末到 20 世纪初。当时资本主义经济和技术发展尚且比较落后，社会产品供不应求，企业生产大多品种单一，销售也不费力。企业只需将注意力集中于与生产相关的要素方面，如原材料、劳动力、机器设备的购买，增加生产，提高质量，降低成本，企业生产出来的产品不愁卖不出去，所以无须在推销或消费者身上多做文章。美国著名的福特汽车公司就是一个典型。该公司创办人老福特曾宣称：“不管顾客需要什么颜色，我的汽车就是黑色的一种。”言外之意，我生产什么，消费者就得买什么。这种“供给创造需求”的态势，正是这一时期的主要特点。因此这一时期是由消费者适应生产者，消费者处于被动的基本无权选择的地位上。于是这一时期被称为“以生产为中心”的史册观念时期。

（2）第二阶段，从 20 世纪初至第二次世界大战。这个时期各主要资本主义国家，特别是美国，由于生产技术水平的不断提高，劳动生产率大幅度提高，交通和传播工具的反战，使市场规模急剧扩大。自 1860 年至 1900 年 40 年间，美国人口由 3140 万人增加到 9190 万人。这时，城市化速度加快，城市人口占美国人口的比例由21%增加到40%，到1920年再增加至51%。同时，按人均收入计算的市场规模也有很大的提高。人均收入1859年为134美元，1889年为185美元，而到1894年则为285美元。这意味着20世纪初美国的市场规模较之19世纪60年代翻了一番。市场规模的急剧扩大极大地刺激了生产厂商的扩张欲望，科学技术的进步使得大规模生产成为可能，到1913年10月，福特汽车公司实行流水作业，每生产一辆汽车的工时由5年前的12小时降至2小时，每天生产汽车1000多辆。生产能力的增长速度开始超过市场需求的增长速度，市场上商品急剧增多，此时商品销售状况成了事关企业生死存亡的头等大事。这种市场形势的变化迫使企业把注意力由生产转向销售，企业不能摆出一副唯我独尊的老爷面孔而是笑脸相迎，想方设法让消费者购买自己的商品。俨然不可一世的福特汽车公司，若不是"识时务""悬崖勒马"，根据消费者的需求革新产品，推出各种牌号和颜色的新型汽车，险些在竞争的激流中被吞没。这时的消费者由于面临可供选择的商品品种和数量增多，因而在购买商品的时间、地点、方式、款式、品质数量等方面的自主权日益增大。企业为了大量推销商品，开始对推销员的素质进行研究，对消费者的需要和愿望进行调查，消费者行为学便应市场之运，应企业之需萌生了。这一时期，就被称为"以销售为中心"的市场观念阶段。

（3）第三阶段，20世纪50年代以后。第二次世界大战以后，各资本主义国家，特别是美国的军事工业迅速转向民用消费品的生产。科学技术日新月异，劳动生产率迅速提高，市场上生产和消费的矛盾越来越尖锐，企业向消费者强行推销产品，但仍不能根本扭转销售困境。因为随着商品的日益丰富，消费者的选择性加强，消费水平不断提高，满足生活基本需求的消费支出随着货币收入的增加，其比重不断下降，取而代之的是追求生活多样化，高层次的心理需求所占比重不断上升，消费过程逐渐变成了消费者积极地创造自己、塑造自己、实现自我的过程。一种商品在市场上有没有销路，能不能实现其价值和使用价值，并不完全依从生产者和销售者的主观意志，而要在很大程度上取决于消费者的接受程度。消费者的心理与行为取向作为一只"看不见的手"，无形地控制着市场，掌控着企业的生死大权。所以企业为了获得生存和发展，就必须重视研究消费者——从生产领域入手，着眼于流通领域，立足于消费领域，通过满足消费者需求来达到并实现企业目标。在这种情况下，消费者的地位一改往日，被尊为"上帝"，受到企业前所未有的重视。

在这个时期，随着研究的深入，消费者行为学不但研究消费者行为的特征，还研究影响消费者行为的复合因素。研究方法更加多样，逐渐成为一门企业经营不可缺少的应用科学。这一时期就被称为"以消费者为中心"的市场观念阶段。

20 世纪 70 年代以来，由于各国政府和人民越来越重视可持续发展问题，在以消费者为中心的市场观念基础上，企业又强调要重视消费者需求、企业优势和社会效益三者的组合与协调。例如，投资生产某一产品，既要对企业有利，又要能满足消费者需求，还要重视可持续性发展。这一时期被称为“以社会营销为中心”的市场观念阶段。

20 世纪 90 年代中期以来，整合营销观念改变了把营销活动作为企业经营管理的一项职能的观点，而是要求把所有资源都整合和协调起来，努力为顾客的利益服务。以重视企业、顾客、社会三方共同利益为中心的整合营销，把与消费者之间交流、对话和沟通放在特别重要的地位，这不仅是营销观念的改变和发展，而且是市场基础的变化，这为消费者行为学的研究开辟了更广阔的范围。

1.2.2.2　学科基础

在《市场基础》中我们已经了解了消费者行为学产生和发展的社会历史背景。但仅仅有市场基础还是不够的，因为消费者行为学是一门侧重于应用的交叉性很强的边缘科学，所以它的诞生、创新与发展必然受到心理学和其他相关学科发展的制约。由于消费者行为学最早产生于 19 世纪末到 20 世纪初的美国，我们按照历史发展的顺序，将消费者行为学赖以产生、发展和创新的学科基础大致做一下划分。

（1）萌芽于初创时期从 19 世纪末到 20 世纪 30 年代，有关研究消费者心理与行为的理论开始出现并得到了初步的发展。

1895 年，美国明尼苏达大学的心理学家盖尔采用问卷调查的方法，研究消费者对于广告的态度以及对于广告中所宣传产品的态度，从消费者的态度中分析广告影响消费者的效用。1899 年，美国社会学家凡勃伦出版了《有闲阶级论》（Theory of the Leisure Class）一书，提出了炫耀性消费及其社会意义。他认为，人们对服装、首饰、住宅等物品的过度消费，是在炫耀心理支配下激发的行为。现在看来，炫耀性消费实际上是对传统经济学关于消费者是“经济人”“理性人”假设的某种否定，同时，它也提出了从非经济层面研究消费者行为的必要性。这些引起了心理学家和社会学家的极大兴趣。1901 年 12 月 20 日，美国学者斯科特在美国西北大学做报告时，提出了广告高职应成为一门科学，心理学可以在其中发挥重要作用的见解。1903 年，斯科特汇编了十几篇论文出版了《广告论》，一般认为，这本书的出版标志着消费者行为学的形成——广告心理学的诞生。1908 年美国社会学家罗斯发表了《社会心理学》，着重分析了个人和群体在社会生活中的心理与行为。1912 年，主持哈佛大学心理实验室高职的闵思特·伯格出版了《工业心理学》一书，着重阐述了商品销售中广告和橱窗陈列对消费者的影响。同时，还有一些学者在市场营销学、管理学等著作中也研究了有关消费者行为的问题。

需要指出的是，在第一次世界大战前后，人们普遍对社会、对前途感到迷茫，这就使心理学得到了长足的发展，而心理学的理论与实践的研究成果为消费者行为学的创立、发展奠定了基础。比如，消费者对广告的认知心理主要是以心理学中的学习理论和认知理论为基础。20 世纪 20 年代开始的推销员素质的甄选，又得益于心理学中的“智力测验”“心理测验”。

在这一时期，消费者行为学的研究才刚刚开始，研究的范围比较狭窄，研究方法是从经济学和心理学中简单地移植过来的。无论是经济学家还是心理学家，在研究有关销售与刚刚问题时，关注的焦点都不是现实中消费者。经济学把消费者看成“理性经济人”“追求效用最大化”等假设，采用纯演绎推理的方法分析消费者，由此得出的研究结论与现实中的消费者行为有很大的距离。心理学家则依赖苛刻受控条件下的实验，分析消费者行为，所得出的研究结果与现实中的消费者行为往往相去甚远，并没有被具体应用到市场营销活动中去，因此尚未引起社会的广泛重视。

（2）应用与发展时期从 20 世纪 30 年代到 60 年代末，消费者行为研究被广泛地应用于市场营销活动中并得到迅速发展。

在 20 世纪 30 年代的经济大危机中，市场中的产品严重过剩，销售十分困难，这时的市场主要表现为供过于求的态势。企业要想在竞争中战胜对手，求得生存，必须首先解决产品销路问题。企业纷纷加强广告、促销等方面的力量，并对消费者行为研究成果表现出越来越浓厚的兴趣。在广告界，运用心理学原理与方法探测广告对购买行为的影响日益普遍，由此使广告心理学得以繁荣。与此同时，关于顾客心理和销售心理的各种专门研究不断发展，为第二次世界大战以后消费者行为研究的发展奠定了基础。

第二次世界大战期间，由于商品和物资的匮乏，产业界和理论界对消费者行为研究的兴趣暂时降低，但这一时期，仍然出现了一些卓有成效的研究成果。

第二次世界大战以后，西方主要发达国家生产技术水平发展较快，市场商品激增，产品更新换代加快，花色品种不断翻新，消费者的需求和愿望也在不断变化，其购买行为更加令人捉摸不定，企业开始重视和加强市场调研，预测消费趋势成为企业赢得竞争优势的重要前提。在此背景下，越来越多的心理学家、经济学家、社会学家都转入这一领域的研究，并相继提出了许多理论。在这里必须一提的是更早时期，西方最具权威的经济学家凯恩斯总结出的造成经济危机的“三大心理规律”：第一，边际西方倾向递减；第二，资本边际效率递减；第三，流动偏好。这位经济学伟人还指出，刺激经济最活跃的动力因素来自“个人的多血质和成就动机精神”。

凯恩斯关于西方心理与经济危机关系问题的学说，对于推动西方各国建立以消费者为核心的经济指标体系发挥了很大作用。

20 世纪 40 年代和 50 年代，最引人瞩目的莫过于对消费者购买动机的研究。受弗洛伊德精神分析学说的影响，一些研究人员试图探究消费者购买或拒绝购买某种商品的深层动机。其中，1950 年由梅森·海尔（Mason Haire）主持的速溶咖啡的研究最具有代表性。

20 世纪 50 年代初，美国著名心理学家马斯洛提出“需要层次理论”，认为消费者只有在较低层次的需要得到满足以后才会产生较高层次的需要。同一时期，盖斯特（Guest）和布朗（Brown）开始对消费者在购买商品的活动中所表现的品牌忠诚性进行研究。谢里夫（Sherrif）、凯利（Kelley）和谢巴托尼（Shibutoni）等人开展对参照群体影响的研究。此外，风险知觉及潜意识与刚刚等方面的专题研究也达到了前所未有的水平，从而大大地拓展了消费者行为学研究的内容。

进入 20 世纪 60 年代以后，消费者行为学的研究得到迅猛发展。1960 年，美国心理学会正式成立了消费者心理学分科学会，而美国的一些大学心理学系、社会学系、经济管理系和一些研究生院相继开设并讲授消费者行为学课程，对消费者心理、消费者行为的研究人员增多，研究质量大为提高。

（3）变革与创新时期从 20 世纪 70 年代到现在，是消费者行为学的变革创新时期。

这个时期西方国家高科技的投入使产品更新速度加快，新产品令消费者目不暇接，难以捉摸的消费时尚、无规律可言的消费流行，给产品推销高职带来了挑战和一定的难度。为了实现推销人员的职业角色，相关人员不得不对消费者行为进行深入的、多角度的、跨学科的研究。

在这一时期，有关消费者行为研究的论文，有关营销决策者及营销人员行为的研究论文、调查报告、专著不仅数量上急剧增加，而且在质量上也越来越高。许多新型的现代学科，如计算机科学、经济数学、行为学、社会学等也被广泛运用于消费者行为、营销决策者行为、营销沟通的研究中。比如，用信息处理方法，把消费者看作一个积极的消费决策人。消费者在购买行为中会根据所获得的信息进行分析选择，从而做出正确的购买决策。比较著名的是恩格尔等人考虑了影响购买决策的内部、外部各种因素，在 20 世纪 70 年代提出了一个完整的消费者决策方式，即恩格尔—科拉特—布莱克威尔购买行为模式（简称 EKB 模式）。在这个消费者行为模式中，考虑了个体内部因素以及社会环境、商业环境对消费者发生的影响，这就将消费者购买过程的各个环节清晰地勾勒出来。在该时期，研究方法也从一般的描述、定性分析发展到定性分析和定量分析相结合。在一些专题研究过程中，多种方法与技术协调并用，如运用计算机技术进行数据处理、建立数量模型等。

消费者行为学的学术发展史说到底就是该学科从思想起源到体系创立，再随时间推移不断受到新问题、新理论、新方法的作用而逐渐完善的历史。从创新和发展趋势上来说，消费者行为学现状、变革和创新有三大特点：

（1）研究范围趋向扩大化。以往的研究，主要是从商品生产者和经营者的单一角度研究消费者心理和行为，关注点集中在帮助工商企业通过满足消费者需求来扩大销售，增加利润。但20世纪70年代以来，这种单一局面逐渐被打破，现代学者更注重从宏观方面对消费者行为学涉及的消费者心理活动和行为倾向进行研究——从社会经济发展的角度，从技术革新普及过程等范围来研究消费者心理及行为的变化；研究消费者行为间的相互作用对社会经济的影响，研究消费生态问题，文化消费问题，消费决策模式，消费者保护，消费政策，消费信息处理（程序研究），消费心理内在结构（“临床”研究），消费信用和消费心理控制问题等。

随着电子商务的繁荣，所有的商家都可以创造性地使用因特网加强与消费者和客户的关系，以形成稳固的顾客资源。显然，一些公司已经利用网络以从前不可能做到的方式来联系和影响它们的顾客和客户，并把销售作为一系列客户服务的一部分。这样一来顾客价值、顾客满意、顾客忠诚就成为消费者行为学的研究课题。另外，消费者行为学更关心的是新的生活方式带来的新的消费方式，如网上购物消费方式的问题，新消费者关注消费过程远甚于关注消费结果的问题，新消费者简约的消费心理等问题。

（2）研究参数趋向多样化。在最初的研究中，人们主要利用心理学的理论对消费者行为学中涉及的问题做一般的描述。后来加进了经济学、社会学的有关概念作为参数变量，根据年龄、性别、职业、家庭、收入水平和储蓄状况来分析和解释各种消费行为的差异。现在，随着研究的深入，不仅与心理因素和社会因素有关的变量被引人，如需要、动机、个性、生活方式、参照群体、社会阶层、社会规范，而且，为准确把握日益复杂的消费行为，研究者又引入了文化、历史、地域、民族、价值观念、信息化程度等一系列新的变量。新变量的加入为消费者行为学研究的精细化和准确性提供了可能，同时也使参数变量在数量和内容上更加丰富。

（3）研究方法趋向定量化。过去对消费者行为学的研究仅局限于对各种简单现象进行事实性记述和定性分析显然是不够的。为此，更多的研究人员越来越倾向于采用不同学科中实验的方法和实证分析等定量分析方法，运用统计分析技术，信息处理技术以及运筹学、动态分析等现代科学方法和技术手段，来揭示变量之间的内在联系，如因果关系、相关关系等。定量分析的结果，使建立更加精确的消费行为模式成为可能。但是，研究人员发现，定量分析的弊端是可能会形成一种虚假的相关性，可能忽视对整体情况的分析，现在更多采用定性定量分析相结合的方法。

1.2.3 消费者行为学在我国的研究

有关消费者行为学的研究是在20世纪80年代中期从西方引人我国的。在此之前，我国在该领域的研究基本处于空白状态。

改革开放以来，随着传统体制的全面废除和市场经济体制的逐步确立，我国西方商品市场迅速发育，20世纪90年代中期基本形成以消费者为主体的“买方市场”与此同时，广大消费者的消费水平、消费结构发生了巨大变化，逐渐由贫困型向温饱型、小康型转化；消费方式由单一化、被动式向多样化、选择式转化。进入21世纪，消费方式变化的一大特点是向市场化转化，突出表现在住房消费、教育文化消费、轿车消费和医疗等领域。另外，网络购物、网络消费已经成为一种新的消费方式。

现在，消费者自身的主体意识和成熟程度也远远高于以往任何时期，他们在社会经济生活中扮演着日益重要的角色。正是在这一背景下，我国理论界及工商企业一改以往的漠视态度，对消费问题予以前所未有的热情和关注。关注的重点既有宏观消费现象，又有微观消费者行为的研究。

最近几年，消费者行为学更强调与我国现实市场运行特点相结合，研究不同市场消费者行为的特性问题。比如，金融市场中消费者行为特性，等等。

如果说从20世纪80年代中期，我国一些学者开始从国外引进有关消费者行为的研究成果，近几年随着研究工作的深入，这一新兴研究领域在我国已介绍、传播进入普及和应用阶段。单从这门学科的名称上看，已由“消费者心理学”“消费者心理与行为研究”转变为“消费者行为学”。研究的内容也从单一研究消费者转变为放在社会经济文化大环境之中，放在企业市场营销中，涉及各方面消费行为的研究。同时，各种调研机构纷纷开展居民收入、储蓄保险、投资理财、消费信贷、消费者态度、消费者信心指数和消费趋势预测研究，及时跟踪分析我国消费者行为的变化动态。政府有关部门亦将消费者的收入、储蓄、理财、投资状况、消费者态度、消费者信心指数和消费者预期等作为制定宏观经济决策的重要依据。工商企业则将消费者行为学研究的成果直接应用到市场营销活动中，用于指导和改进产品设计、广告宣传和销售服务等。

1.2.4 研究消费者行为学的现实意义

从消费者行为学产生和发展的历程中我们可以看出，这门学科是市场经济发展的产物，深入开展研究消费者行为，无论过去、现在还是将来都有非常重要的现实与实践意义。就我国目前国情而言，本书认为研究消费者行为学的应用与作用有以下几个方面：

（1）有利于提高宏观经济决策水平，改善宏观调控效果，促进国民经济协调发展

在社会主义市场经济条件下，市场作为经济运行的中枢系统，是国民经济发展的晴雨表。处于买方地位的消费者，对市场的稳定运行，进而对国民经济的协调发展具有举足轻重的作用。消费者行为的变化会直接引起市场供求状况的改变，从而对整个国民经济产生连锁式的影响。它不仅影响市场中商品流通和货币流通的规模、速度及储备状况，而且对生产规模、生产周期、产品结构以及劳动就业、交通运输、对外贸易、财政金融、旅游，乃至社会治安等各方面都会造成影响。

近年来的改革实践还表明，消费者行为是影响改革进程和国家宏观调控效果的重要因素。重视和顺应消费者行为，改革方案就能为广大消费者接受和支持，各种调控措施也才能达到预期效果。相反，忽视或违背消费者行为趋向，就有可能引起决策失误，导致宏观调控无力，甚至失灵。比如，我国政府自 1998 年以来，为抵御 1997 年亚洲金融风暴的影响，采取各种措施启动市场、刺激消费、扩大内需，连续几次下调银行存款利息，而我国多数消费者仍坚持储蓄行为，以致居民银行储蓄增长快于 GDP 的增长，市场需求回升缓慢。当时，政府部门很担心，这么多钱存在银行，哪天这只笼中虎跑出来可不得了。2003 年以后逐渐明白了，这只笼中虎还不会跑出来，因为我国社会保障体系的建立还不完善，子女的教育费用也是一笔不小的投入，迅速蹿升的商品房价格，使得大多数老百姓谁敢随便花钱。政府清楚这一点以后，相应宏观政策的出台就有针对性了。

（2）有助于企业根据消费者需求变化组织生产经营活动，提高市场营销活动效果，增强企业竞争能力

市场不是抽象的，而是有许许多多的消费倾向、消费需求、消费偏好。在互不相同的消费者和市场经济中，谁能把握住消费者，谁就能在激烈的市场竞争中占据优势，取得良好的经济效益和社会效益。因此，只有研究和应用消费者行为学，以消费者的需求为依据设计、开放、生产产品，才能取得市场经营的主动权。同时，商业企业的经营活动，表现在商品购进、储存、销售等环节，如果能够在消费者行

为学的指导下，购进适合消费者需求的各类商品，按顾客心理和顾客行为改进销售现场布局、商品陈列、接待顾客方式等，并按消费行为规律和特点开展促销、广告、宣传活动，就能加快销售、降低成本，实现更好的经济效益，增强企业的市场竞争能力。

（3）有助于消费者提高自身素质，科学地进行个人决策，改善消费行为，实现文明消费

消费就其基本形式来说，是以消费者个人为主体进行的经济活动。消费活动的效果既要受社会经济发展水平、市场供求状况及企业营销活动的影响，更要受消费者个人的决策水平和行为方式的制约。而消费决策水平和行为方式又与消费者自身的素质有直接的联系。现实生活中，消费者由于商品知识不足，认知水平偏差、消费观念陈旧、信息筛选能力较低等原因，造成决策失误、行动盲目、效果不佳甚至利益受损。因此，从消费者角度而言，加强对消费者行为的研究是十分必要的。通过传播和普及有关消费者行为的理论知识，可以帮助消费者正确认识自身的心理特点和行为规律，全面了解现代消费者应具备的知识、能力素质条件，掌握科学消费决策的方法，由此提高消费者的消费决策水平，使消费决策更加合理。

1.3 消费者行为学的理论来源与研究方法

1.3.1 消费者行为研究的理论来源

消费者行为学属于应用科学，它是在多门学科基础上建立起来的交叉的边缘学科。对消费者行为学的形成贡献较大的学科主要有心理学、社会心理学、社会学、人类学和经济学。

1.3.1.1 心理学

心理学是研究人的心理现象及其规律的科学。科学心理学经过一百多年的发展，已经形成了很大分支。各心理学分支均能为理解消费者行为提供某些帮助。比如，生理心理学是通过探索个体的生理过程来解释个体行为的科学。一些研究人员运用该学科的技术，如通过测量脑电波的变动，就可以探测消费者对广告的反应。另外一些心理学家，则通过研究记忆机制来了解消费者是如何对信息予以加工和处理的。运用心理学研究方法，有助于了解更具体的消费者行为，如广告如何才能获得消费者的注意，广告主如何才能发布便于记忆的广告信息，哪些因素促使消费者购买某些产品和寻求某类体验活动，又是哪些因素导致不同消费者在购买决策上的差异，

等等。

1.3.1.2 社会心理学

社会心理学是心理学的一个分支。社会心理学主要研究个体和群体在社会交互作用中的社会心理现象及其从属的社会行为。社会心理学家在参与消费者行为学的研究中关注的是，哪些因素影响消费者个体和群体相互作用、相互影响。比如，社会心理学家会对消费者形成某种态度的过程及其影响因素进行考察。他们还会对环境的不同层面，如媒体传播对消费者的影响方式、群体成员之间的互动方式等显示出浓厚的兴趣。此外，社会心理学家对消费者行为研究领域中的下述问题有着特别的关注：某一个体是如何影响另一个体的购买行为的；信息是如何在群体内和群体间传播的；是哪些因素影响消费者对品牌和企业认知的；典型的社会心理因素，如从众心理、暗示心理、提示心理、循环刺激心理等又是怎样影响消费者行为的，等等。

1.3.1.3 社会学

社会学是研究社会结构及其内在关系与社会发展规律的学科。它侧重于对社会组织、社会结构、社会功能、社会变迁、社会群体等的研究。社会学在研究社会结构、社会发展过程时，必然涉及人类的社会需要、社会心态、社会意向等现象，而上述社会现象又反过来意向参与其中的个体或人的行为。所以，社会学的观点分析文化和亚文化是如何影响消费者的；不同社会阶层的消费者差异，以及社会阶层是如何影响消费者的购买偏好的；家庭的变迁与消费需求的变化；群体规范是怎样形成的，它通过什么机制影响消费者。另外，社会学家对于人们在社会中扮演的不同角色经常开展调查。这些研究对于分析角色对消费者行为的影响是很有价值的。

1.3.1.4 人类学

人类学是用历史的眼光研究人类及其文化的科学。它包含对人类的起源、种族的区分，以及物质生活、生活构造、心灵反应等原始状况的研究。人类学对于文化和环境的研究，使得消费者行为研究人员能够了解，不同地区和不同国家间人们的基本价值观、态度和民族文化的差异，必然导致他们在消费心理与行为上表现出较大的差异。人类学家采用的跨文化比较研究的方法，对于考察不同国度的消费者行为无疑是十分有价值的。人类学关于民俗、宗教等方面的研究，对于分析习俗与禁忌是如何影响消费者进行购买决策，如何影响消费者选择商品的作用是直接而深远的。

1.3.1.5 经济学

经济学是一门研究稀缺资源如何配置和利用的社会科学。最初从事消费者行为研究的学者，大都是经济学家或接受过经济学知识训练的人。经济学家们认为，消费者的心理趋向是影响社会资源最终配置的重要因素，而资源的合理配置与否又直接制约着消费者的消费行为。经济学是以数量分析为基本分析方法的，它着眼于经济产物的表面联系，把各种经济关系看成是若干变量之间的数量关系，由此建立的边际效用递减规律、理性预期理论、无差异理论、消费者剩余理论等都是经济学关于消费者行为研究的成果。

经济学原理在帮助营销经理们制定价格、评价影响某种特定产品供需状况的各种因素、制定非价格竞争策略等方面也极有价值。

1.3.2 消费者行为研究的研究方法

消费者行为学的研究与其他科学研究的思路和方法一样，即都必须经过提出问题、分析问题到解决问题这样一种思维过程。但由于其研究对象的特殊性，人的心理与行为是很难直接做出定性分析或准确的定量判断，只能从人的言论、表情、交往和买卖等外在的行为方式及行为结果中进行间接的测量和分析。这样，就遇到两方面的困难：一是有时人们为了达到某种目的，或为了适应某种环境而有意识地去控制自己的行为，使外在表现与心理体验之间出现不同程度的差别，即“表里不一”；二是由于研究者个人经历的不同，容易使他在研究过程中掺杂某些个人认识、个人情感，造成主观体验与客观体验事实的不一致。因此，在对消费者行为进行研究和分析的过程中，必须坚持客观的、联系的和发展的原则，以保证判断的准确性。

由于消费者行为学是一门应用性极强的学科，它进行研究的出发点和归宿是为了运用、指导实际的工作，这个性质决定了它比较重视实证研究和经验的积累。因此，消费者行为学的基本研究方法就包括了观察法、问卷法、实验法、投射法、深度访谈法和在线调查法等。而研究方法的选择，取决于人力、时间、信息来源等因素，更取决于研究的目的和性质。下面就介绍几种主要的研究方法：

1.3.2.1 观察法

观察法是科学研究中最一般、最简易和最常用的研究方法，也是研究消费者行为学的一种最基本的方法。观察法是指在购买现场以及日常消费活动中，有目的地、有计划地观察消费者动作、表情、语言等方面的外部表现，并把观察结果按时间顺序系统地记录下来，然后分析其原因与结果，从而揭示其心理活动规律的方法。在实际应用中，观察法主要用于研究消费者的现期行为，如广告、品牌、包装、橱窗、柜台等的设计效果，消费者对商品价格的反应及新产品销售情况等。

采用观察法的企业为了了解消费者对本企业产品的意见，常和商场、超市举办联合展销，派人到百货商店站柜台，观察顾客举手投足之间的细小变化，收集资料。现在，国内外许多企业常以现代化的仪器来帮助观察。

这种方法的主要优点是比较直观，被观察对象的外部表现是在不受干扰的情况下自然流露的，因此，所获得的结果一般比较真实和切合实际。观察法的局限性是只能观察到被观察人从事活动的外在表现形式，并不能了解消费者为什么要这样活动，因而对观察所得的资料往往不足以区别哪些是偶然的，哪些是规律的。

1.3.2.2 问卷法

问卷法是通过由一系列问题构成的调查表收集资料以测量人的行为和态度的心理学基本研究方法之一。“问卷”译自法文 questionnaire 一词，其原意是“一种为统计或调查用的问题单”。

问卷是研究者按照一定目的编制的，对于被调查者的回答，研究者可以不提供任何答案，也可以提供备选的答案，还可以对答案的选择规定某种要求。研究者根据被调查者对问题的回答进行统计分析，就可以做出某种心理学的结论。

问卷法的类型很多，根据要求被调查者回答问题形式的不同，主要有 6 种类型。①自由叙述式：不给被调查者提供任何答案让其按自己的思想用文字自由地回答。②多重选择式：让被调查者从提供的互不矛盾的答案中选择出一个或几个答案来。③是否式：让被调查者以“是”或“否”二择一的方法回答提供的答案。④评定量表法：让被调查者按规定的一个标准尺度对提供的答案进行评价。⑤确定顺序式：让被调查者对提供的几种答案按一定的标准（好恶或赞同与否等）做出顺序排列。⑥对偶比较式：把调查项目组成两个一组让被调查者按一定的标准进行比较。这 6 种问卷类型各有其优点和缺点，要根据研究的目的、任务和被调查者的特点选择使用。研究者通常将几种形式并用。

问卷法的主要优点是，标准化程度高、收效快。问卷法能在短时间内调查很多研究对象，取得大量的资料，能对资料进行数量化处理，经济省时。

问卷法主要缺点是，被调查者由于各种原因（如自我防卫、理解和记忆错误等）可能对问题做出虚假或错误的回答；在许多场合对于这种回答要想加以确证又几乎是不可能的。因此，要做好问卷设计并对取得的结果做出合理的解释，必须具备丰富的心理学知识和敏锐的洞察力。

1.3.2.3 实验法

实验法是研究者有意改变或设计的社会过程中了解研究对象的外显行为。实验法的依据是自然和社会中现象和现象之间相当普遍的存在着一种相关关系——因果关系。实验法是一种按照某种因果假设设计的，在高度控制的条件下，通过人为操纵某些因素，以检定两现象之间是否存在着一定因果联系的研究方法。作为一种特定的研究方式，实验法涉及三对基本要素：自变量与因变量；前测与后测；实验组与控制组。

比如，在一个相对较小的特定市场内，以商品经营的某个因素为基准，如商品质量、包装、设计、广告、价格、陈列等。通过实验的方法来测定顾客的反应，然后根据实验的结果，决定是否值得开发。实验法通常采用以下两种方式：

其一，变动商品因素。在同一市场条件下，首先对正常经营情况下的各个因素进行测量，然后再测量变动某个商品因素（如价格、包装、广告等）后的情况，通过销售的效果来测定该商品因素对购买行为的影响。

其二，变动调查区域。例如，由于市场形势发生变化，商品购买力变化，以及价格、消费心理、季节变化等，都会不同程度地影响实验效果。如果在同一时间将不同区域的经营状况进行对比，则会大大提高实验效果，如把同一类商品采用某种特定的包装形式分别在条件大致相同的两个公司进行试销，然后测量其结果，来了解这种包装对购买行为的影响。

1.3.2.4 投射法

“投射”这个词，在心理学上的解释，是指个人把自己的思想、态度、愿望、情绪或特征等，不自觉地反应于外界的事物或他人的一种心理作用。投射法就是向受测试者提供意义比较含糊的刺激情境，让其自由发挥，分析其反应，然后推断其人格特征。利用这个方法设计的测验称为投射测验。

具体说来，就是让被试者通过一定的媒介，建立起自己的想象世界，在无拘束的情境中，显露出其个性特征的一种个性测试方法。测试中的媒介，可以是一些没有规则的线条；也可以是一些有意义的图片；也可以是一些只有头没尾的句子；也可是一个故事的开头，让被试者来编故事的结尾。因为这一画面是模糊的，所以一个人的说明只能是来自于他的想象。通过不同的回答和反应，可以了解不同人的个性。

具体方式是提供给被试者一种无限制的、模糊的情境，要求其做出反映，让被试者将他的真正情感、态度投射到“无规定的刺激”上，绕过他们心底的心理防御机制，透露其内在情感，常用的投射法包括词语联想法、句子、故事完型法、绘图法、漫画测试法、照片归类法等。

投射测试主要用于对人格、动机等方面的人事测量。测试所用的刺激多为意义不明确的各种图形、墨迹或数字，让受测者在不受限制的情境下，自然做出反应，由对反应结果的分析来推断受测者的人格。投射测试的特点有：其一，测试目的的隐蔽性。被试者一般不可能知道测试的真实目的，也不知道对自己的反应会作何种心理学解释，他们所意识到的是对图形、故事或句子等刺激的反应，实际上他们的反应行为却把内心的一些隐蔽东西表现了出来，这样就减少了受测者伪装自己的可能性。其二，内容的非结构性与开放性。这是指投射测试使用非结构化任务作为测试材料，即允许受测者产生各种各样不受限制的反应。为了促使受测者充分想象，投射测试一般只有简短的指示语，测试材料也是模棱两可的，不像一般的测试方法中的试题那样非常明确。由于测试材料的模糊性，受测者的反应较少受到情境线索和他人观点的影响，往往会表现出受测者真实的内在感受、需要、个性、情绪、动机、冲突、防御等心理内容。采用投射法可以测试出受测者人格的更真实的面貌。其三，反映的自由性。一般的测评技术都在不同程度上对应聘者的回答（反应）进行了这样那样的限制。而投射测试一般对受测者的回答（反应）不作任何的限制，对受测者而言，是很自由的。其四，整体性。这是指测试关注的是对人的总体评估，而不是针对单个特质的测量。受测者的任何反应都可能影响评估结论，在对投射测试进行解释时要注意它的整体性特征。

投射法最大优点在于主试者的意图目的藏而不露。这样创造了一个比较客观的外界条件。采用投射测法可以测试出被试者人格更真实的一面，使测试的结果比较真实。另外，投射法真实性强，比较客观，心理活动了解得比较深入，有利于提高招聘方法的科学化程度。它的缺点是分析比较困难，需要有经过专门培训的主试。

1.3.2.5 深度访谈法

深度访谈法是通过一个经过训练的访问者，针对某一论点以一对一的方式提出一系列探究性问题，用以得知被访问者对某事的看法，或为什么做出某种行为。它在被访问者家中或有可能在一个集中的访问地点进行。比如，某保健品的销售人员到社区家属委员会，在那里对被访问者做相对较长时间的深入面谈，并进行提问，目的是获得不受限制的看法和意见，从而帮助研究人员了解回答者的真实想法。深度访谈法在理解个人是如何做出购买决定、产品被如何使用以及消费者生活中的情绪和个人倾向时尤其有用。新的概念、设计、广告和促销信息往往以这种方法形成。

1.3.2.6 在线调查法

在线调查法（Online Survey）又称网上调查。在线调查的范围很广，包括市场、消费者行为及相关政府宏观政策和企业市场营销策略制定的各个方面。最近几年，在线调查被越来越多的消费者、企业甚至相关政府部门所接受，这是由在线调查的高效率、更好的接触效果和更低的成本所致。以零点搜狐网上调查系统为例，目前该站点每天约有500~700位主动浏览访问的网友，在10天之内可以获得约6000位受访对象，而通过接头拦访或电话访问要获得同样的样本数量，至少需要两三倍的时间。在线调查的高效率还表现在收到的调查信息迅速、及时，几乎与被调查者的填写是同时的，这对某些时间性较强的调查而言是极其必要的。实践证明，网民大多不反感网上调查方式且乐于参与。

此外，在消费者行为学的研究中，还有跨文化研究法、各种心理要素量表法、语义级差法、统计数量测量法等具体的研究方法。自然，消费者行为学的深层次数理论证与建模探究离不开当代一切可以借用的科学研究方法的支持。在具体研究过程中，研究方法可以互相联系、互相补充。比如，可以同时采用两种以上的方法，以便使调查结果互相印证，提高对消费者行为中各种心理现象与行为把握的准确程度。

本章小结

本章作为全书的开篇，主要对消费者行为学的若干基本概念进行了讨论。消费者行为学的研究对象是通过对消费者心理活动及其行为过程的观察、记述、分析和预测，探索消费者行为的规律性，以便适应、引导、改善和优化消费者行为，为政府部门制定宏观经济政策，为工商企业制定营销战略提供依据和有益的经验。消费者行为学是把心理学、社会心理学、社会学、人类学和经济学等多门学科综合应用于消费者行为研究的一门边缘学科。消费者行为学的性质决定了它的研究方法多种多样，目前广泛采用的研究方法主要有观察法、问卷法、实验法、投射法和深度访谈法，最近几年在线调查法受到普遍的欢迎。

思考题

1. 消费者行为包含哪些层面的内容？
2. 消费者的心理现象包含哪些内容？
3. 消费者行为学的理论来源有哪些？
4. 消费者行为学的研究方法有哪些？

实践活动

采用恰当的研究方法，揭示大学生饮食消费的特点。

要求：以组为单位，每组3～5人，合理分工，研究细致；研究过程、结果在下次课与其他组进行交流。

案例阅读

填好年轻人的购物篮

年轻人的消费风尚，代表了未来社会的消费趋势。更好地满足这个群体的消费新需求，有利于为经济转型升级增添更多新动能。

当你在商场看到奶茶店前排起长龙、很多年轻人等了两三个小时仍“一茶难求”时，是否会心里犯嘀咕：等这么久，值吗？

当你看到初入职场的新人们，每月拿工资的一多半去购买时尚的衣服鞋帽，甚至成为“月光族”，是否会有些不解：没有存款，不慌吗？

当你发现年轻一代的办公桌上，已经找不到碳酸饮料、方便面、巧克力等“超市必买”的“国民食品”时，是否会有些纳闷：累了、饿了，吃啥？

这些画面是记者在街头巷尾、购物中心、写字楼宇采访中，察觉到的年轻一代消费新场景。

上海商情信息中心发布的《2016—2017快速消费品年度报告》似乎给出了答案。该报告显示，以“80后”“90后”为代表的消费者，注重产品品质，对大品牌更加信任，对新鲜的事物充满好奇心，崇尚健康的生活方式。

不只看价格，更注重品质、牌子、新鲜、健康，这些正是当今年轻一代倡导的消费理念，并引领着整个社会的消费潮流。以衣食住行游等消费要素为例，年轻人买衣服不再倾向于大路货，更愿意选择质地精良、款式新颖、设计有个性的产品；年轻人对餐饮的要求是，好吃还不够，还得高颜值、绿色安全、有情调；简单的国内观光游已不能覆盖年轻人的活动半径，出境度假游、探险游成为讲格调的旅游达人标配。数据显示，在第五次人口普查中，“80后”“90后”“00后”的人口占比已从33%上升至51%，年轻消费人群的扩充也带来了惊人的消费能量。刚刚结束的“双11”电商成交额又一次刷新纪录，佐证了国内消费需求极旺盛的活力，其中，年轻一代消费者成为中坚力量。阿里巴巴发布的最新报告显示，“双11”当天，在北京市全天交易额中，26～35岁人群的交易额占51%，25岁以下人群占22%。如果说，广大消费者对消费升级有迫切需求，那么年轻一代作为消费生力军，对消费升级的需求更是迫切中的迫切。

我国社会主要矛盾已经转化为人民日益增长的美好生活需要和不平衡不充分的发展之间的矛盾。当前供给侧还得持续发力，才能满足年轻人提出的消费升级新课题。拿食品来说，既然泡面、薯条、汽水等高热量高脂肪的传统食品已经满足不了年轻人，那用怎样的食品填充年轻人的购物篮？天然、无添加、低糖低盐、量化摄入指标、包装有型等会成为“新食力”的关键词。相应地，要在供给侧做文章，提高生产标准，以创新、绿色发展理念为指导，跟国际一流质量对标对表；要加快物流基础设施建设，方便年轻消费群体更省时、多渠道选择全球市场的优质产品与服务。

年轻人的消费风尚，代表了未来整个社会消费趋势。填满、填好年轻人的购物篮，实际上是在为经济转型升级寻找更多新动能。在标准制定、科技研发、产品质量、创新投入、服务保障的供给侧做深做透做实，无疑有利于让年轻一代花钱更爽、让全社会消费结构加快升级。

资料来源：以丹（记着），《人民日报》（2017 年 11 月 24 日 17 版）

思考：年轻人的消费行为发生了哪些变化？

第 2 章

消费者购买行为模式与购买决策

根据产品品牌差异程度和消费者购买参与程度，可将消费者购买行为划分为复杂性购买行为、习惯型购买行为、寻求多样性购买行为以及减少失调的购买行为。事实上，不同类型购买行为的消费者决策过程是不一样的。本章以“消费者高度参与”为前提，梳理消费者购买行为模式和购买决策过程。消费者高度参与的购买行为，能够较充分地展现消费者购买心理的一系列变化。

2.1 消费者购买行为理论和模式

2.1.1 消费者购买行为理论

消费者购买行为理论主要揭示的是“消费者为什么要购买某种商品，他们为什么在此时此地购买，消费者的购买行为能否预测和控制”等问题。下面介绍几个主要理论：

2.1.1.1 习惯建立理论

习惯建立理论认为，不论消费者是否了解某商品的有关信息，消费者在需要激发和外在商品的刺激下，购买了该商品并在使用过程中感觉不错（正强化），那么他可能会再次购买并使用。如果多次的购买和使用给消费者带来的是愉快的经历，购买、使用和愉快的多次结合，最终在消费者身上形成了固定化反应模式，消费习惯就建立了。每当产生消费需求时，消费者就会想到这种商品，并随之产生相应的购买行为。因此，消费者的购买行为实际上是重复购买并形成习惯的过程，是通过学习逐步建立稳固的条件反射的过程。

习惯建立理论完全符合斯金纳操作性条件学习理论，是行为主义心理学观点在消费者行为研究上的应用。消费者主动地购买和使用行为在先，愉快和满意这种正强化在后，此过程丝毫不见认知因素的影子。多次的购买和使用与愉快经历的结合就在消费者身上形成了固定的联结，于是一种新的条件反射就建立了。

习惯建立理论能够解释许多现实生活中的消费行为，尤其对那些习惯性消费行为能提供比较满意的解释。在日常生活中每个人都有许多这样的习惯性购买行为存在，如对牙膏、香皂、理发服务等都有其固定的消费偏好，而不会轻易选择新的消费对象。这样做可以使人最大限度地节省用于选择的精力投入，同时又避免了不必要的消费风险的发生。当然，习惯建立理论并不能解释所有的消费者购买行为，后面我们要加以介绍的理论会对不同类型的消费者购买行为或者对消费者购买行为的不同侧面提出解释。

2. 1. 1. 2　信息加工理论

信息加工理论不是某一种理论的名称，而是对一类理论的统称。信息加工理论把人看作一个信息处理器，而人的消费行为就是一个信息处理过程，即信息的输入、编码、加工、储存、提取和使用的过程。消费者面对大量的商品信息，要对信息进行选择性注意、选择性加工、选择性保持，最后做出购买决定并做出购买行为。这个过程可以用心理学原理解释为：商品信息引起了消费者无意或有意的注意，此时大脑就开始了对所获得的信息的加工处理，这个过程包括知觉、记忆、思维和态度，购买决定就产生了。

信息加工理论的假设前提是“人是理性的”，只有这个前提成立，信息加工理论才能成立。而事实上人是理性和非理性的复合体，其纯粹的理性状态和非理性状态都是非常态，所以在应用信息加工理论时必须注意这个问题。可以这样说，信息加工理论揭示了人的一个侧面，能够解释消费者购买行为的某些种类和某些部分。但是，信息加工理论无法解释消费者的随机性购买和冲动性购买。另外，受教育程度较低和智力较低的消费者的购买行为，其信息加工过程不明显，或者说谈不到什么真正的信息加工。而前边介绍的习惯性购买行为也不存在明显的信息加工过程。对那些受过良好教育的人，面临高卷入的购买行为，同时又有大量的商品信息可以利用时，信息加工理论就能为此时的购买行为提供比较完美的解释。

2. 1. 1. 3　效用理论

消费者的购买活动表面上是为了直接获得商品，实际上是为了从商品中得到某方面的满足。一切所需要的商品都会给消费者带来满足和快乐。商品的这种能给消费者带来满足和快乐的特性叫作商品的效用。

（1）总效用

消费商品的数量和所获得的商品的效用有着密切的关系。消费一个单位的商品会获得一定量的效用；消费两个单位的商品所获得的效用会比消费一个时多；消费三个单位的商品获得的效用会更多。经济学家把消费者在一定时期内消费一定数量的商品而得到的全部满足量称为总效用。

个人对商品的需要程度不是固定不变的，而且这种需要在某一特定时间之内又是有极限的，所以商品所具有的效用也不是一成不变的。例如，一个人饿的时候需要吃饭，饭会给他带来满足，也就是说饭对他来说具有效用。可以想见，第一两饭给他带来的满足一定很大，因为他很饿。吃了第一两饭，他的需要得到了一定的满足，他对饭的需要程度就不会像没吃饭时那样强烈。因而第二两饭给他带来的满足，也就是第二两饭的效用自然就不如第一两的大。同样的道理，第三两饭的效用比第二两的还要低。如果一个人的饭量是七两，吃完第七两饭后再给他饭，他就不会要了。如果勉强他吃下去，他不仅不会感到满足，反而会感到难受。这时的饭不仅不能产生效用，反而会产生负效用了。由此可见，商品的效用是随着商品数量的变化而变化的。大量现实证明，随着消费商品数量的增加，在一定范围内总效用也在增加，但其增加的量是在逐渐减少的。当消费量超过一定限度，总效用便会开始下降。

（2）边际效用

随着消费商品数量的增加，总效用是按递减比率增加的。满足消费者最后的那一单位商品效用叫作边际效用。边际效用也称为总效用增量。商品的边际效用随商品数量的增加而逐渐减少，这种现象普遍存在于各商品之中，叫作边际效用递减规律。开始时消费者对商品需要的强度很大，单位商品的边际效用很高；随着消费者需要强度的减弱，边际效用递减，一直减少到零，甚至出现负值。

总效用、边际效用与消费量之间的关系具有密切的关系。当边际效用大于0时，总效用随着消费量的增加而增大；当边际效应小于0时，总效用随着消费量的增加而减小。举例来解释：假设消费者的饭量是七两，当进食量增至七两时，总效用达到最大值，而边际效用则降为零；如果再勉强吃饭，消费者的身体可能会受到伤害，边际效用会呈负值，总效用也会下降。

消费者的边际效用为什么递减呢？其一，生理或心理的原因。商品量太多，而机体对其需要有限，所以消费量增加，产生满足的反应递减。其二，消费者可不必付出代价或努力便能获得所需要的任意量的东西。在这种场合下，多一单位少一单位都无所谓。正如对供给无限的物品，如阳光、空气等一样，不必作出努力就能达到最大限度的总效用，它们的边际效用也就等于零。其三，每一种商品对消费者都可能有若干用途。其中，有的用途最重要，有的次之，有的则更不重要。消费者可能把消费量的增加按重要性的顺序分配给各种用途。比如，头一个单位的消费量满足最重要的，第二个单位满足次重要的，依此类推。这样，随消费量的增加，相应的重要性就越来越小，反映在效用量上，也依次减少。

在微观经济理论中，根据边际效用递减原理和总效用最大化建立起来的效用理论，把市场中的消费者描绘成“经济人”或理性的决策者。经济人被假定为在一系列约束条件下（如收入等）追求效用最大化的个体，而且被假定为是合乎理性的。也就是说，消费者在市场上的行为是理性的，他们知道自己的需要，也知道满足需要的方法。

2.1.2 消费者购买行为模式

所谓模式，是指某种事物的标准形式。消费者购买行为模式是指用于表述消费者购买行为过程中的全部或局部变量之间因果关系的图式的理论描述。在消费者行为学和市场营销学方面影响较大的并且具有代表性的模式有霍华德—谢思模式、EBK 模式和刺激反应模式。

2.1.2.1 霍华德—谢思模式

霍华德—谢思模式由学者霍华德（Howard）在 1963 年提出，后与谢思（Sheth）合作经过修正于 1969 年正式形成。其重点是把消费者购买行为从四大因素去考虑：刺激或投入因素（输入变量）；外在因素；内在因素（内在过程）；反映或者产出因素。

（1）刺激或投入因素（输入变量）

刺激或投入因素，是指由销售部门控制的因素，它包括 3 个刺激因子；产品刺激因子、符号刺激因子和社会刺激因子。产品实质刺激，如某产品的质量、价格、特征、可用性及服务等。产品符号刺激，如通过推销员、广告、媒体等把产品特征传递给消费者。社会刺激，如家庭、相关群体、社会阶层等。

（2）外在因素（也称外在变量）

外在因素，是指购买决策过程中的外部影响因素，如文化、个性、财力等。外在因素包括相关群体、社会阶层、文化、亚文化、时间压力和产品选择性等。时间压力指消费者主观认为在购买前可花时间的多少，或他实际上只能花在购买上的时间多少。通常情况下，时间压力能抑制或缩短消费者购买决策过程，使消费者仓促决策，并可能导致不理想的购买。

（3）内在因素（也称内在过程）

内在因素，是指介于刺激和反应之间起作用的因素。它是霍华德—谢思模式最基本、最重要的因素。它主要说明投入因素和外在因素如何在心理活动中发生作用，从而引出结果。这种模式认为：消费者内心接受投入因素的程度受到需求动机和信息反应敏感度的影响，而对信息反应的敏感度又取决于消费者购买欲望的强度以及“学习”的效果。消费者往往对有兴趣的产品显示出“认知觉醒”，对无关的产品信息则表现出“认知防卫”。至于消费者的偏好选择，则受内心“决策仲裁规则”的制约。所谓“决策仲裁规则”，是指消费者根据动机强度、需求紧迫度、预期的欲望满足程度、消费需要性以及对过去消费产品的感觉等，将各种产品按序排列，侧重实施购买的一种心理倾向。

（4）反应或产出因素（也称结果变量）

反应或产出，是指购买决策过程所导致的购买行为，它包括认识反应、情感反应和行为反应三个阶段。认识反应是指注意和了解；情感反应是指态度，即购买者对满足其动机的相对能力的估计；行为反应包括购买者是否购买或购买何种品牌的认识程度预测和公开购买行动。

霍华德—谢思模式认为投入因素和外界因素是购买的刺激物，它通过唤起和形成动机，提供各种选择方案信息，影响购买者的心理活动（内在因素）。消费者受刺激物和以往购买经验的影响，开始接受信息并产生各种动机，对可选择产品产生一系列反应，形成一系列购买决策的中介因素，如选择评价标准、意向等，在动机、购买方案和中介因素的相互作用下，便产生某种倾向和态度。这种倾向或者态度又与其他因素，如购买行为的限制因素结合后，便产生购买结果。购买结果形成的感受信息也会反馈给消费者，影响消费者的心理和下一次的购买行为。霍华德—谢思模式利用心理学、社会学和管理学的知识，从多方面解释了消费者的购买行为。可适用于各种不同产品和各种不同消费者的购买模式，具有一定价值。

2.1.2.2 EBK 模式

EBK 模式又称恩格尔（Engel）模式、恩格尔—科拉特—布莱克威尔模式，为目前消费者行为中，较为完整而清晰的一个理论。该模式是由恩格尔（Engel）、科特拉（Kollat）和克莱布威尔（Blackwell）三个人于 1968 年提出，并于 1984 年修正而成的理论框架。

EBK 模式重点是从购买决策过程去分析。整个模式分为 4 部分：中枢控制系统，即消费者的心理活动过程；信息加工；决策过程；环境。EBK 模式认为，外界信息在有形和无形因素的作用下，输入中枢控制系统，即对大脑引起、发现、注意、理解、记忆与大脑存储的个人经验、评价标准、态度、个性等进行过滤加工，构成了信息处理程序，并在内心进行研究评估选择，对外部探索即选择评估，产生了决策方案。在整个决策研究评估选择过程中，同样要受到环境因素，如收入、文化、家庭、社会阶层等影响。最后产生购买过程，并对购买的商品进行消费体验，得出满意与否的结论。此结论通过反馈又进入了中枢控制系统，形成信息与经验，影响未来的购买行为。

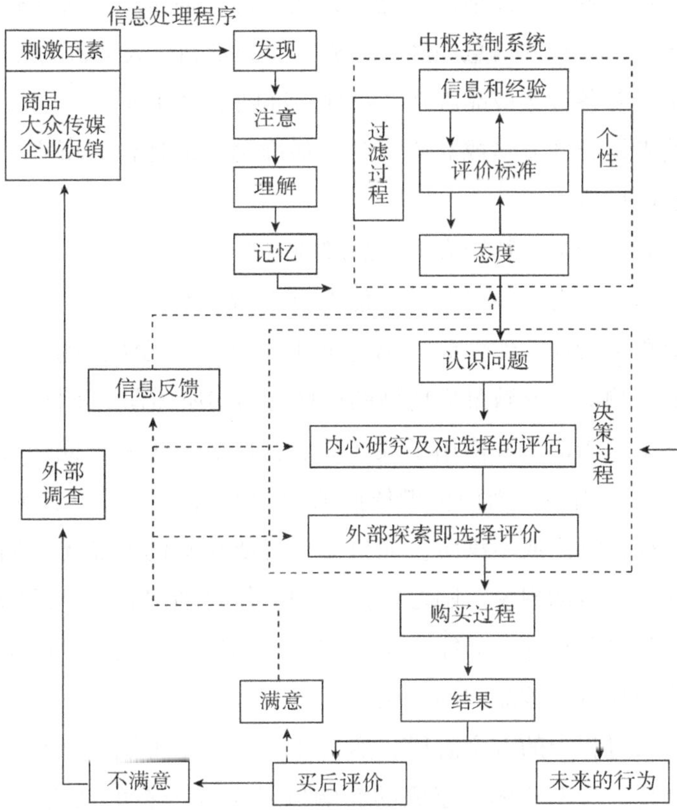

图 2.1　EKB 模式流程图

进一步讲，EKB 模式将消费者的决策程序划分为五个步骤：

第一步，问题认知，当消费者知觉到他的理想状况和目前的实际状况有差异存在时，便产生了问题的认知。问题的认知主要是受到外界与内部的刺激所产生，当消费者认为理想与实际之间有差距时，则问题便产生；问题产生后则整个系统便开始运作，目标也化成了具体的行动。

第二步，收集信息，当消费者认知问题存在后，便会去寻求此问题的相关信息。当消费者认知了问题的存在，便会去搜寻相关的信息，信息搜寻又可分为内部搜寻与外部搜寻两种，所谓内部搜寻是指消费由其现有资料或是过去的购买经验中去寻找。当内部搜寻无法满足其需要时，便会转由外部寻找，所谓的外部搜寻诸如大众传播媒体、行销人员及亲友等。至于是否要去外部寻找，则必须在知觉的利益与知觉的成本之中作一比较再决定。

第三步，方案评估，当消费者收集到所需要的信息后，便可以据此去评估各项可能的方案。方案评估包括：

①评估准则：即消费者用来评估产品之因素或标准，通常以某种属性或规格来表示。评估准则系由个人累积的信息和经验形成，但会受到个人动机的影响。

②信念：即消费者对各方案或品牌在各项评估准则上之评价。

③态度：即消费者结合各方案或品牌在各评估准则上的评价后所产生对各方案或品牌之有利或不利的反应。

④意愿：即消费者选择某一特定方案或品牌的主观几率。

第四步，选择，当消费者评估了各种可能的方案后，便会选择一个最能解决原始问题的方案并采取购买行动。然而此时仍有可能会因一些无法预测的情况，例如资金的缺乏、商店的影响等，导致最后所做的选择与当初所预期的不同。

第五步，购买结果，当消费并使用了某产品后，可能发生满意或购买认知失调两种结果，并存储于记忆当中。当消费者依照前面的购买过程买了某项产品之后，可能发生下面两种情况：满意或不满意。如果消费者所购买的产品无法满足自己预期的需要，便会造成不满意的现象，随之而产生的，便是消费者对产品的抱怨及对品牌忠诚度的降低；如果购买的产品能满足当初自己的期望，则重复购买同一品牌的几率便会增强，进而提升对该品牌的忠诚度。

以上是消费者决策过程中的五个阶段，然而此一过程亦可能受到其他因素的影响，诸如：外在的文化、参考群体、家庭的影响以及个人内在的动机、人格形态、人口统计变量等。其中人口统计变量及人格形态二者即是构成消费者之间购买行为差异的主要因素。

2.1.2.3 刺激反应模式

美国著名市场营销学家菲利普·科特勒教授认为，消费者购买行为模式一般由前后相继的三个部分构成，如图 2.2 所示。

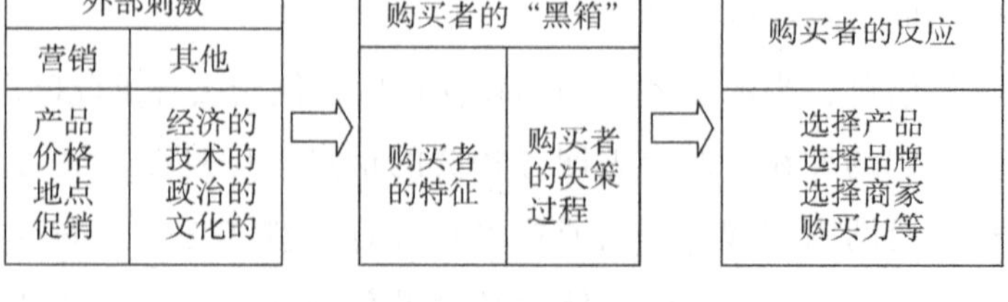

图 2.2 科特勒的刺激反应模式

第一部分主要包括企业内部的营销刺激因素和企业外部的环境刺激因素两大类，这两类因素共同作用于消费者本人，以期能够引起消费者的注意。第二部分主要包括购买者的特征和购买者决策过程两个中介环节，它们将得到的刺激进行加工处理。而加工处理的结果就是购买者的反应，这就是第三部分，是消费者购买行为的实际外化，包括对产品的选择、品牌的选择、经销商的选择、购买时机的选择和购买数量的选择。消费者的这些外部反应是客观的，营销人员能够在实际工作中识别出来。

科特勒的刺激反应模式简洁，却很清晰地说明了消费者购买行为的一般模式：刺激作用于消费者，经消费者本人内部过程的加工和中介作用，最后使消费者产生各种外部的与产品购买有关的行为。因此，该模式易于掌握和应用。

2.2 消费者的购买决策

消费者行为是指消费者在寻找、选择、购买、使用、评估和处置与自身满足相关的产品和服务时所表现出的行为，而这一系列行为活动过程就是消费者的购买决策过程。

2.2.1 消费者购买决策含义

消费者购买决策是指为了实现满足需求这一特定目标，消费者作为决策主体，在购买过程中进行的评价、选择、判断、决定等一系列活动。

购买决策在消费者购买活动中占有极为重要的地位。首先，消费者是否进行决策，决定了其购买行为的发生或不发生；其次，决策的内容决定了购买行为的方式、时间和地点；最后，决策的质量决定了购买行为效用的大小。正确的决策可以使消费者以较少的费用、时间买到满意的商品。反之，错误的决策不但会造成时间、金钱上的损失，消费无法得到满足，甚至会导致不同程度的心理挫折，影响以后的购买行为。因此，购买决策在消费者购买行为中居于核心地位。

2.2.2 消费者购买决策的原则

消费者在决策过程中，总是依据一定的标准、尺度，对各种方案进行比较选择，从中确定最终方案。这种标准尺度始终贯穿于决策过程，指导消费者的决策过程。

2.2.2.1 最大满意原则

就一般意义而言，消费者总是力求通过决策方案的选择、实施，取得最大效用，使某方面需要得到最大限度的满足。按照这一指导思想进行决策，即为最大满意原则。遵照最大满意原则，消费者将不惜代价追求决策方案和效果的尽善尽美，直至达到目标。但最大满意原则只是一种理想化原则，现实中，人们往往以其他原则补充或代替之。

2.2.2.2 **相对满意原则**

消费者面对多种多样的商品和瞬息万变的市场信息，不可能花费大量时间、金钱和精力去搜集制定最佳决策所需的全部信息，即使有可能，与所付代价相比也绝无必要。因此，在指定购买决策时，消费者只需做出相对合理的选择，达到相对满意即可。比如，在购置服装时，消费者只要经过有限次数的比较选择，买到质量、外观、价格比较满意的，而无须花费大量时间跑遍所有商店，对每一件衣服进行挑选。贯彻相对满意原则的关键是以较小的代价取得较大的效用。

2.2.2.3 **遗憾最小原则**

若以最大或相对满意作为正向决策原则，遗憾最小则立足于逆向决策。由于任何决策方案的后果都不可能达到绝对满意，都存在不同程度的遗憾，因此，有人会以产生的遗憾最小作为决策的基本原则。运用此项原则进行决策时，消费者通常要估计各种方案可能产生的不良后果，比较其严重程度，从中选择情形最轻微的作为最终方案。比如，当消费者因各类皮鞋的价格高低不一而举棋不定时，有人便宁可选择价格最低的一种，以便使遗憾减到最低程度。遗憾最小原则的作用在于减少风险损失，缓解消费者因不满意而造成的心理失衡。

2.2.2.4 **预期——满意原则**

有些消费者在进行购买决策之前已经预先形成对商品价格、质量、款式等方面的心理预期。消费者在对备选方案进行比较选择时，与个人的心理预期进行比较，从中选择与预期标准吻合度高的作为最终决策方案，只是他运用的就是预期——满意原则。这一原则可大大缩小消费者的选择范围，迅速、准确地发现拟选方案，加快决策进程。

2.2.3 消费者购买决策的内容

消费者的购买行为是一个看似简单实为复杂的过程，消费者在进行购买决策时，主要考虑以下几方面的内容：

(1) 为什么买？即购买动机。消费者的购买动机是多种多样的。同样购买一束鲜花，有人为了装饰家居，自我欣赏；有人为了表达情感，献给爱人；有人则是为了沟通交流，看望朋友、同事。

(2) 买什么？即确定购买对象及具体的内容，包括商品的名称、品牌、款式、规格和价格。这是决策的核心和首要问题。

(3) 买多少？即确定购买数量。购买数量一般取决于实际需要、支付能力及市场的供应情况。比如，走在路上口渴难耐，就会到路边小店买瓶矿泉水，但如果买水是为了家庭需要，往往会到超市或大卖场成箱购买。

(4) 在哪里买？即确定购买地点。购买地点是由多种因素决定的，如路途远近、可挑选的品种数量、价格以及服务态度，等等。它既和消费者的购买习惯有关，也和消费者不同的购买动机有关。比如，求便、求速的顾客会光顾便利店，追求声望的顾客会去高档百货店，喜欢物美价廉或者追求时尚的顾客还会到淘宝网上购物。

(5) 何时买？即确定购买时间。这也是购买决策的重要内容，它与主导购买动机的迫切性有关。在消费者的多种动机中，往往由需要强度高的动机来决定购买时间的先后缓急；同时，购买时间也和市场供应状况、营业时间、交通状况和可供消费者支配的空闲时间有关。比如，城市中的上班族一般会在周末集中购物。

(6) 如何买？即确定购买方式。现代社会购买方式多种多样，可以选择现金支付或分期付款方式，也可以直接到商店购买或间接邮购。近年来网上购物成为一种潮流，对人们的生活产生了重要的影响。利用网络，人们在家中、在办公室，只需很短的时间就可以完成购买。

2.2.4 消费者购买决策过程

消费者在做购买决策时，由于产品性质和重要程度等方面的不同，在不同产品上所花的时间和精力也是不同的，有时几秒钟、几分钟就可决定购买，有时却要花几个月甚至几年的时间，消费者的购买过程也随之变化。但每位消费者在购买某一商品时，均会有一个决策过程，这个过程有一定的规律性，或者说有其共性或一般性的特点。典型的购买决策过程一般分为五个阶段：确认问题、收集信息、比较评估、购买行动、购后反应，如图 2.3 所示。这和前文介绍的 EBK 模式非常相似。

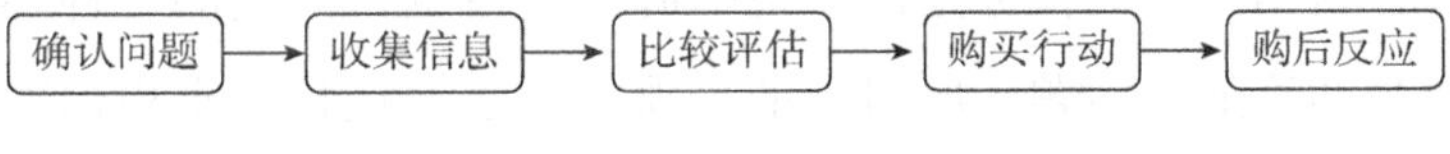

图 2.3 消费者购买决策过程

由图 2.3 可知，消费者的购买过程在实际购买之前就已开始，并延伸到实际购买以后。因此，营销人员应该注意购买过程的各个阶段而不仅仅注意销售，需要强调的是消费者的整个购买过程，而不单单是购买决定。

实际上，消费者并不是在购买每件商品时都要经过这五个阶段。对某些物品的购买过程就非常简单，消费者可能越过其中的某个阶段或倒置某阶段。图示模式所展示的是消费者面临新的或较复杂的购买情况时所进行的一系列考虑和活动，是一个较全面的购买过程。

2.2.4.1 确认问题

确认问题指消费者确认自己需要什么。需要时购买活动的起点，一个人的需要升高到一定阈限时就变成一种驱动力，驱使人们采取行动来予以满足。需要可由内在刺激或外在刺激唤起。内在刺激是人体内的驱动力，如饥饿、口渴等；外在刺激是外界的“触发诱因”。需要被唤起后可能逐步增强，最终驱使人们采取行动，也可能逐步减弱以致消失。那么，有哪些原因促使消费者认知问题、产生需求呢？

（1）通过消费，某些物品即将用尽时。例如，电池快用完了，要换新的；油盐快用完了，要重新买等。这些都会使我们认识到问题。

（2）对现有的东西不再满意。例如，衣服旧了，或者款式不合潮流了，要买新的。对过去买的普通电视机不满意了，要换台液晶彩电等。

（3）收入的变化。收入的增加和减少对消费者都有一定的影响。收入增加了会使消费者认识新的问题，产生更多的需求；收入减少了消费者则会减少开支，降低需求标准。

（4）环境的改变。新环境下会产生新的需求。比如，新婚夫妇要买家具、买室内装饰品、要外出旅行等。刚参加工作的年轻人往往需要彻底“包装”，以成熟、稳重的形象进入社会，还要为父母买些礼物、与朋友相聚等。另外，每年季节交替的自然环境变化也使消费者不断购买应季产品。

（5）对新产品的需求。由于技术的发展，新产品不断涌现，看到丰富多彩的消费品，消费者会产生强烈的购买欲。

（6）对配套产品的需求。比如，消费者买了西服后就要买衬衫、领带、皮鞋和皮包等配套产品；买了电脑要买打印机、扫描仪等外设。

在此阶段，营销人员的任务是搞清楚引起消费者确认问题的各种环境。可以通过消费者调研来回答如下问题：所引起的是哪种需求？这种需求由何而生？这些需求是如何把消费者引向购买某一产品的？除此之外，营销人员还必须注意两点：一了解与本企业产品的销售有实际和潜在关系的驱使力，即是什么原因驱使消费者来购买本公司产品的。二消费者对某产品的需求程度会随时间而变化。也许某种诱因使需求变得更强烈，也许会变淡漠。掌握了解这些情况，营销者就可以在适当的时间用适当的策略，设计诱因，增强刺激，最终影响人们采取购买行动。

2.2.4.2 收集信息

一个确认了需要的消费者，通常情况下是会主动搜集与满足需要有关的各种信息的，以便进行评价工作。这种搜集信息的积极性会因其需要程度的不同有高有低。如果消费者对某些商品的需要不很迫切，那么他收集信息的积极性就不会很高，但是他们仍对于同满足自己需要的有关的信息很注意。如果消费者对某些商品的需要很迫切，那么他收集有关信息的积极性就会很高。

消费者需要收集的信息量取决于其购买情况的复杂程度。在购买活动是常规的反应行为的情况下，消费者几乎不需要收集信息；在“有限的问题解决”的情况下，消费者需要收集的信息量不大；而在“广泛的问题解决”的情况下，由于消费者对所需购买的产品完全不了解，因而需要搜集大量的信息。

2.2.4.3 比较评估

当消费者从不同的渠道获取到有关信息后，还要对得到的各种有关信息进行分析、评估和比较。一般而言，消费者的比较评估涉及五个方面：

（1）分析产品属性。指产品所具备的能够满足消费者需要的特性。消费者一般将某一种产品看成是一系列属性的集合。对一些不同的产品他们关心的属性有些差异，如服装，主要是服装的式样、颜色、面料、价格、做工、流行性；如电脑，主要是电脑的信息存储量、图像显示能力、软件适应性；如照相机，包括照相机的照片清晰度、速度、体积的大小、价格；如轮胎，关心的属性是轮胎的安全性、胎面弹性、行驶质量等。

这些都是消费者感兴趣的产品属性，但消费者不一定把产品的所有属性都视为同等重要，而且消费者对各种属性的关心程度因人而异。他们最关心的是那些最能满足其当前需要的属性。通常可以按照不同消费者群体所重视的主要属性的不同划分为重视流行的消费者、重视品牌的消费者、重视价格的消费者以及重视质量的消费者等。

（2）建立属性等级。即消费者对产品有关属性所赋予的不同的重要性权数。消费者会有意或无意地运用一些评价方法对不同的重要性权数。消费者会有意或无意地运用一些评价方法对不同的产品进行评价和选择，建立属性等级。

（3）确定品牌信念。消费者会根据各品牌的属性即各属性的参数，建立起对各个品牌的不同信念，如确认哪种品牌在哪一属性上占优势，在哪一属性上相对较差。

（4）形成“理想产品”。消费者的需求只有通过购买才能得以满足，而他们所期望的从产品中得到的满足，是随产品每一种属性的不同而变化的，这种满足程度与产品属性的关系，可用效用函数描述。效用函数，即描述消费者所期望的产品满足感随产品属性的不同而有所变化的函数关系。它与品牌信念的联系是，品牌信念指消费者对某品牌的某一属性以达到何种水平的评价，而效用函数则表明消费者要求该属性达到何种水平他才会接受。每一消费者对不同产品属性的满足程度不同，形成不同的效用函数。比如，某一消费者想购买一台电视机的满足，会随着功能的齐全、图像的清晰、操作的方便和可以做电脑终端等而得以实现，但也会因价格的上升而使满足感减少。把效用的各最高点连接起来，便成为消费者最理想的电视机效用函数。

（5）做出最后评价。消费者从众多可供选择的品牌中，通过一定的评价方法，对各种品牌进行评价，从而形成对他们的态度和对某种品牌的偏好。在这一评价过程中，大多数的消费者总是将实际产品与自己的理想产品进行比较。也就是说，偏爱和购买意图并不总是导致实际购买，尽管二者对购买行为有直接影响。

2.2.4.4 购买行动

消费者经过产品评估后就开始实施方案评价结果，这一阶段就是狗欧麦决策过程的购买阶段。真正将购买意向转为实际购买行动之间，有两个不容忽视的介入因素。

（1）他人态度。消费者的购买意图，会因他人的态度而增强或减弱。他人态度对消费意图影响力的强度主要取决于三个因素：①他人否定态度的强度。否定态度越强烈，影响力越大。②他人与消费者的关系。关系越密切，影响力越大。③他人的权威性。此人对产品的专业知识了解越多，对产品的鉴赏力越强，则影响力越大。由于许多产品具有在他人面前自我表现的作用，因而人们在购买时会更加在意他人的看法。他人看法与消费者意见相悖，将会导致消费者犹豫不决，很难在短期内做出购买决策甚至会放弃购买意图。

（2）意外因素。消费者购买意向是以一些预期条件为基础形成的，如预期收入、预期价格、预期质量、预期服务等，如果这些预期条件受到一些意外因素的影响而发生变化，购买意图就可能改变。比如，预期的奖金收入没有得到、通货膨胀使原定的商品价格突然提高、购买时销售人员态度十分恶劣等，都可能导致顾客购买意向改变。

当然，消费者的购买意向是否能转化为实际购买，还受所购商品价格的高低、购买风险的大小和消费者自信心的强弱等因素影响。决定购买是消费者购买行为过程中的关键阶段，营销者在这一阶段一方面要向消费者提供更多、更详细的商品信息，以便使消费者消除各种疑虑，促使消费者坚定的实施购买意向；另一方面要通过提供各种销售服务，方便消费者选购，促进消费者做出购买本企业产品的决策。

2.2.4.5 购后反应

现代消费者行为学最重要的特征之一是重视对消费者购买后的研究。消费者的购后反应过程分为三个阶段：

（1）购后使用和设置。消费者在购买所需商品或服务之后，会进入使用过程以满足需要。有时只是一个直接消耗行为，如喝饮料、看演出等；有时则是一个长久的过程，如家电和家具等耐用消费品的使用。营销人员应当关注消费者如何使用和处置产品。如果消费者使用频率很高，说明该产品有较大的价值，会增强其对购买决策正确性的信心，有的消费者甚至为产品找到新用途，这些都对企业有利。如果一个应该有高频率使用的产品而消费者实际使用率很低或闲置不用，甚至丢弃，说明消费者认为该产品无用或价值较低，或产品不满意，进而怀疑或懊悔自己的购买决定。如果消费者把产品转卖他人或用于交换其他物品，将会影响企业产品的销售量。

（2）购后评价。消费者通过使用和处置对所购产品和服务过程有了更加深刻的认识，检验自己购买决策的正确性，确认满意程度，作为以后类似购买活动的参考。消费者的购后满意程度不仅仅取决于产品质量和性能的发挥状况，心理因素也具有重大影响。

（3）购后行为。顾客对产品的评价会形成其对该产品的依赖、忠诚或者是排斥态度，这决定了相应的购后行为：信赖产品，重复购买同一产品；推荐、介绍产品给周围人群；抱怨、投诉，直接向生产商索赔；个人抵制，不再购买，并劝阻他人购买；控诉，通过大众媒体和消协投诉。

企业应当采取有效措施减少或消除消费者的购后失落感。比如，有的耐用消费品制造商在产品售出以后，请顾客留下姓名、地址、电话等，定期与顾客联系，祝贺他们买了一件理想产品，通报本企业产品的质量、服务和获奖情况，指导顾客正确使用产品，征询改进意见，并建立良好的沟通渠道处理来自消费者的意见，迅速赔偿消费者所遭受的不公平损失。事实证明，与消费者进行购后沟通可减少退货和取消订货的情况，如果让消费者的不满发展到向有关部门投诉或抵制产品的程度，企业将遭受更大的损失。

2.3 消费者的满意与忠诚

消费者的购买决策过程的最后一个阶段是购买后的行为。顾客满意和顾客忠诚是测量消费者购后行为的重要概念。

2.3.1 顾客满意度

2.3.1.1 顾客满意的含义

顾客满意（Customer Satisfaction）是指一个人购买和使用某产品之后通过对该产品的感知的效果（Perceived Performance）与他的期望值（Expectation）相比较后，所形成的愉悦或失望的感觉状态。从本质上讲，顾客满意反映的是顾客的一种心理状态，它来源于顾客对企业的某种产品服务消费所产生的感受与自己的期望所进行的对比。也就是说“满意”并不是一个绝对概念，而是一个相对概念。菲利普·科特勒指出：“满意指一个人通过对一个产品和服务的可感知的效果与他的期望值相比较后所形成的感觉状态。”

2.3.1.2 顾客满意的测量

顾客满意度是一种心理状态，是一种自我体验。对这种心理状态也要进行界定，否则就无法对顾客满意度进行评价。心理学家认为情感体验可以按梯级理论进行划分为若干层次，相应地可以把顾客满意程度分成七个级度或五个级度。七个级度为：很不满意、不满意、不太满意、一般、较满意、满意、很满意。五个级度为：很不满意、不满意、一般、满意和很满意。管理专家根据心理学的梯级理论对七梯级给出了如下参考指标：

（1）很不满意。指征：愤慨、恼怒、投诉、反宣传。很不满意状态是指顾客在消费了某种商品或服务之后感到愤慨、恼羞成怒难以容忍，不仅企图找机会投诉，而且还会利用一切机会进行反宣传以发泄心中的不快。

（2）不满意。指征：气愤、烦恼。不满意状态是指顾客在购买或消费某种商品或服务后所产生的气愤、烦恼状态。在这种状态下，顾客尚可勉强忍受，希望通过一定方式进行弥补，在适当的时候，也会进行反宣传，提醒自己的亲朋不要去购买同样的商品或服务。

（3）不太满意。指征：抱怨、遗憾。不太满意状态是指顾客在购买或消费某种商品或服务后所产生的抱怨、遗憾状态。在这种状态下，顾客虽心存不满，但想到现实就这个样子，别要求过高吧，于是认了。

（4）一般。指征：无明显正、负情绪。一般状态是指顾客在消费某种商品或服务过程中所形成的没有明显情绪的状态。也就是对此既说不上好，也说不上差，还算过得去。

（5）较满意。指征：好感、肯定、赞许。较满意状态是指顾客在消费某种商品或服务时所形成的好感、肯定和赞许状态。在这种状态下，顾客内心还算满意，但按更高要求还差之甚远，而与一些更差的情况相比，又令人欣慰。

（6）满意。指征：称心、赞扬、愉快。满意状态是指顾客在消费了某种商品或服务时产生的称心、赞扬和愉快状态。在这种状态下，顾客不仅对自己的选择予以肯定，还会乐于向亲朋推荐，自己的期望与现实基本相符，找不出大的遗憾所在。

（7）很满意。指征：激动、满足、感谢。很满意状态是指顾客在消费某种商品或服务之后形成的激动、满足、感谢状态。在这种状态下，顾客的期望不仅完全达到，没有任何遗憾，而且可能还大大超出了自己的期望。这时顾客不仅为自己的选择而自豪，还会利用一切机会向亲朋宣传、介绍推荐，希望他人都来消费之。

五个级度的参考指标类同顾客满意级度的界定是相对的，因为满意虽有层次之分，但毕竟界限模糊，从一个层次到另一个层次并没有明显的界限。之所以进行顾客满意级度的划分，目的是对顾客满意程度进行评价。

2.3.2 顾客忠诚度

2.3.2.1 顾客忠诚度的含义

顾客忠诚度是指由于质量、价格、服务等诸多因素的影响，使顾客对某一企业的产品或服务产生感情，形成偏爱并长期重复购买该企业产品或服务的程度。美国资深营销专家Jill Griffin认为，顾客忠诚度是指顾客出于对企业或品牌的偏好而经常性重复购买的程度。一般认为，顾客忠诚度包括两层含义：一是消费者在以往的购买中，选择某一特定品牌的频率很高；二是消费者对该品牌形成偏好，显示一种明显的购买意图。顾客满意度与顾客忠诚度之不同在于，顾客满意度是衡量过去的交易中满足顾客原先期望的程度，而顾客忠诚度则是衡量顾客再购及参与活动意愿。

真正的顾客忠诚度是一种行为，而顾客满意度只是一种态度。根据统计，当企业挽留顾客的比率增加5%时，获利便可提升25%～100%。许多学者更是直接表示，忠诚的顾客将是企业竞争优势的主要来源。由此可见，保有忠诚度的顾客对企业经营者来说，是相当重要的任务。

2.3.2.2 顾客忠诚度的测量

顾客忠诚度是顾客忠诚的量化指数，一般可运用三个主要指标来衡量顾客忠诚度，这三个指标分别是：整体的顾客满意度（可分为很满意、比较满意、满意、不满意、很不满意）；重复购买的概率（可分为70%以上，70%～30%、30%以下）；

推荐给他人的可能性（很大可能、有可能、不可能）。

有的学者也从其他角度进行测量，比较有代表性的是从以下六个方面进行测量顾客忠诚度。

（1）重复购买的次数。在一定时期内，客户对某一品牌产品或服务重复购买的次数越多，则说明其对这一品牌的忠诚度就越高，反之就越低。应该注意的是，在确定这一指标的合理界限时，必须根据不同的产品或服务加以区别对待，如重复购买汽车与重复购买可乐的次数是没有可比性的。

（2）决策时间的长短。根据消费心理规律，消费者购买商品，尤其是选购商品，都要经过仔细比较和挑选的过程。由于信赖程度有差别，对不同品牌的商品，消费者购买决策时间的长短也是不同的。一般来说，购买决策时间越短，说明其对某一品牌商品形成了偏爱，对这一品牌的忠诚度越高；反之，则说明他对这一品牌的忠诚度越低。在运用这一标准衡量品牌忠诚度时，必须剔除产品性能、质量等方面的差异而产生的影响。

（3）购物路程的远近。一般而言，消费者都喜欢就近购买，以节省时间和其他耗费，但是由于对品牌的偏好程度有区别，当就近没有该品牌的商品时，可能并不遵循就近购买的原则，而是选择需要花费更远路程去购买心仪的品牌商品，这就说明其对该品牌的忠诚度高，反之则低。应该注意的是需要排除价格等因素的影响，例如消费者宁愿多走2里路去沃尔玛而不去附近的超市买东西，可能是由于沃尔玛的价格更低。

（4）对价格的敏感度。一般来说，消费者对商品的价格都是非常重视的，但这并不意味着消费者对各种品牌商品的价格敏感程度也一致。事实证明，对于喜爱和信赖的商品，消费者对其价格变动的承受能力强，即敏感程度低；而对于不喜爱的商品，消费者对其价格变动的承受能力弱，即敏感度高。据此亦可衡量消费者对某一品牌的忠诚度。运用这一标准时，要注意消费者对于该产品的必需程度、产品供求状况以及市场竞争程度三个因素的影响，在实际运用中，要排除它们的干扰。

（5）对竞争者的态度。人们对某一品牌态度的变化，多半是通过与竞争者相比较而产生的。根据消费者对竞争者产品的态度，可以判断其对其他品牌的忠诚度的高低。如果消费者对竞争者的产品兴趣浓，好感强，就说明对某一品牌的忠诚度低。如果消费者对其他的品牌产品没有好感，兴趣不大，就说明对某一品牌的忠诚度高。

（6）对瑕疵品的态度。任何一个品牌都可能因种种原因而出现瑕疵品的问题，即使伟大的品牌，诸如可口可乐等也在所难免。如果消费者对某一品牌的忠诚度高，对该品牌偶尔出现的产品质量问题会以宽容和同情的态度对待，相信品牌会很快加以妥善处理。若消费者对某一品牌忠诚度低，则一旦产品出现质量问题，客户就会非常敏感，极有可能从此不再购买这一产品，甚至传播负面消息。

由于衡量品牌忠诚度的指标体系相当复杂，因此在实际操作中，可以根据行业的不同对以上的指标设定不同的加权，设计出一个标准的指数体系，然后比较测试结果，就可以得出哪些客户的品牌忠诚度高以及分析出哪些因素可以提高品牌忠诚度。根据忠诚度的高低，通常可以把客户划分为游离客户、肤浅客户、关系客户、情感客户和信徒客户等。对于不同品牌之间的忠诚度比较则可以集合一组品牌分别比较上面的指标，然后根据权重得出各个品牌之间的忠诚度排序。

本章小结

本章主要介绍了消费者购买行为的基本理论、模式、决策过程以及顾客满意度和忠诚度等问题。消费者购买行为的基本理论主要有习惯建立理论、信息加工理论和效用理论；主要介绍了“霍华德—谢思模式、EBK模式和刺激反应模式”三种消费者购买行为模式；消费者购买决策过程是本章重点，围绕“确认问题—收集信息—比较评估—购买行动—购后反应”决策过程，可将消费者心理变量（感觉、情绪、记忆等）有机贯穿其中。因此，本章是全书的核心理论框架。

思考题

1、消费者行为有哪些基本理论？

2、消费者购买行为有哪些经典模式？

3、消费者购买决策过程包含哪些步骤？

4、消费者满意度和忠诚度有何区别？

实践活动

选择一件你最近一个月购买的贵重物品，阐述你的购买决策过程。

要求：以组为单位，每组3～5人，选择一件产品，详尽细致；与其他组进行交流。

案例阅读

理性做好规划，避免超前消费和过度消费

近些年，消费已经取代投资成为经济增长的第一拉动力，这背后，技术手段带来的支付方式革新功不可没，分期消费就是其中之一。“花明天的钱，享受今天的

资源”，无论是数码电子、家电家具等生活消费，还是培训、旅游、娱乐等服务消费，分期消费的触角已经延伸到生活的各个方面。分期消费真的能让人们轻松超前享受生活吗？面对井喷式增长的网络分期平台，消费者该如何理性分期、用好分期？

市场有多火？

“不夸张地说，我周围90%以上的大学同学都用过分期消费，衣食住行、休闲娱乐都可以通过分期消费解决”

“家里有了小孩，对环境卫生要求比较高。我家的英国戴森吸尘器，就是用京东白条搞定的。我经常在京东购物，用优惠券可以免付分期利息，这一年分期下来，比使用银行信用卡要经济得多。”北京某大型国企员工郝逸航是京东白条的拥趸，用他的话说，“分期消费，让青春不留白”的宣传口号很吸引年轻人，“先购物，后付款”“30 天免息，随心分期”的服务让生活消费零障碍，“分期消费太爽了！”

减少了一次性付款的压力，“分期消费”这种轻松的购物体验让人身心愉悦。郝逸航说，苹果公司即将推出的 iPhone X，他也打算分期买，既不会造成经济压力，还能跟上潮流。分期消费能让每个月工资多元化使用，满足了更多消费新需求。

申请方式灵活、申请手续便捷、无需抵押担保、审批核准速度快，分期消费凭借这些特点迅速赢得年轻人青睐。以“90 后”为代表的群体，成长于互联网快速发展的时代，对新技术、新事物、新产品的接受程度较高，追逐高效、享受当下是他们的主要消费观，这一群体是分期消费的主力军。

“今年，我报名托福培训班的钱就是用分期解决的。一个托福班要 3 万多元，直接向父母要，我有点张不开口。用了分期平台后，每个月我会从生活费中拿出一部分钱按期还款。虽然有一些利息，但我认为很值得。”王鹏说，分期消费在大学生中很普遍，大到购买电脑手机、教育培训，小到话费充值、电影购票，他们都喜欢选择分期。

这两年，分期消费平台发展火爆，特别是“互联网 + 分期消费”平台弥补了传统金融行业的不足，服务其原来未能覆盖的群体。最近，行业迎来“正规军”，银行重新回归校园分期消费信贷领域，市场正在逐渐规范。据相关机构预测，过去 5 年，分期消费借款规模年均增速超过 20% 。

诱惑有多大？

一些商户故意弱化中介费用，打着“低门槛，零利息，零首付”的噱头诱导消费者，而产品背后的手续费、服务费实际上比利息还高

“明明就买了一个 5799 元的手机，可最后还款却多了 1700 多元，等于这手机我花了近 8000 元买的。虽然提前一年多用上了手机，但也付出了代价。”说起分期消

费，安徽合肥某餐厅厨师赵晓贤颇感无奈，“像我这样没有稳定收入的打工人员，办理银行信用卡很难，网上商家忽悠我说分期消费门槛低，手续便捷，利息低。可是最后一算，各项手续费比利息还高。”

中国人民大学重阳金融研究院高级研究员董希淼认为，分期消费市场发展速度很快，但鱼龙混杂，良莠不齐，很多服务存在虚假宣传的现象。消费平台开展分期业务的主要目的在于拓展用户进行分期消费，但是拓展客户的方式主要来自线下，业务员为了业绩的需要，容易对消费者进行欺诈和诱导。一些商户故意弱化中介费用，基本上都会打着“低门槛，零利息，零首付”的噱头诱导消费者，而产品背后的手续费、服务费实际上比利息还高，让消费者如鲠在喉，有苦难言。

“银行信用卡业务发展相对成熟，不论是银行自身的风控系统还是监管法规都已比较完善。但分期市场在激烈的竞争环境下虚假宣传、诱导推销等问题突出。”董希淼说。

传统商业银行的分期消费业务较规范，主要面对收入稳定的消费群体，消费者使用起来风险较低，也可有效保证自身权益。传统商业银行覆盖不到的市场空白激发了互联网分期平台崛起，这些平台门槛低，瞄准学生、打工者等社会群体。再加上监管政策滞后，分期消费的一些弊病也在不断显现。

比如，分期平台不可避免地出现不合格消费者逾期违约现象。销售人员一般都会“先礼后兵”，但“催收”成效会与绩效挂钩，由于目前尚未出台规范化法治化的催收监管政策，使得现实中分期市场存在花样各异的暴力催收行为。

个人信息的泄露风险，让分期消费存在安全隐患。“没有贷款却收到催收短信”“没有注册却被冒名注册”是不少人遇到过的困扰。多数人会选择置之不理，但这样做可能会影响到消费者的征信，给生活和工作带来不便。

另外，从消费者自身角度来看，分期消费让非理性消费行为增多。分期消费时付款数额减小，令人有一种花费较少的错觉。不少平台的风险监控措施不到位，也容易导致不合格消费者逾期违约等信用问题。

分期消费平台有哪些？

这两年分期消费平台如雨后春笋般迅速兴起，应用场景不同且特点各异。

京东白条：业内第一款互联网消费金融产品。在京东网站使用白条进行付款，可以享有最长30天的延后付款期或最长24期的分期付款方式。近年来，京东白条融入了更多消费场景，逐步覆盖了租房、旅游、装修、教育、婚庆等领域，从赊购服务延伸到提供信用消费贷款，为更多消费者提供信用消费服务。

蚂蚁花呗：出身电商系，主要支持多场景购物使用。其主要应用场景是淘宝和天猫，近来也入驻了大部分电商购物平台，比如亚马逊、苏宁以及本地生活服务类网站，比如口碑、美团、大众点评等，还涉及了部分海外购物网站。

分期乐：乐信集团旗下的分期购物商城分期乐是“电商+金融”的新型消费平台。商城消费场景涉及3C数码、运动户外、洗护美妆、吃喝玩乐等多个领域，是苹果手机的官方授权经销商。平台针对年轻人、白领等主流消费群体，提供分期消费服务。

（资料来源：《人民日报》，2017年10月27日）

思考：分期消费为何能够刺激消费者的购买决策？

第3章

消费者的注意、感觉和知觉

注意是消费者了解产品的开始，是一种特殊的心理活动，它必须伴随其他心理过程而同时出现。消费者在购买活动中时刻离不开注意的参与，本章先讨论消费者的注意，然后论述消费者认识心理过程中的感觉和知觉。

3.1 消费者的注意

3.1.1 注意的含义和功能

3.1.1.1 注意的含义

注意是人对外界一定事物的指向与集中的心理活动。它是伴随着知觉、记忆、思维等心理过程而产生的一种心理状态。消费者的购买活动一般以注意为开端，在心理过程开始后，注意仍伴随着心理过程，维持心理过程的指向性和集中性。例如，消费者在选购商品时，其心理活动总是集中在购买目标上，全神贯注地将心理活动稳定在所选择的商品上。这时他对商场内的噪声、喧哗、音乐等干扰进行抑制，以获得对所选商品的清晰、准确的认识，继而决定是否购买。

3.1.1.2 注意的功能

注意是一种复杂的心理活动，它是消费者的心理活动处于一种积极状态并使之具有一定的方向。从这个角度来说，注意有三种功能：

（1）选择功能。注意的基本功能是对信息进行选择，使心理活动选择有意义的、符合需要的和与当前活动任务相一致的各种刺激，避开或抑制其他各种无关的刺激。注意的选择功能表现为对心理活动对象的指向上，表现心理活动对象的内容和范围。

（2）保持功能。外界大量信息输入后，每种信息单元必须经过注意才能得到保持，如果不加注意，就会很快消失。因此，需要将注意对象的印象或内容保持在意识之中，一直到完成任务，达到目的为止。注意的保持功能主要表现为对心理活动对象的集中上。

（3）调节监控功能。注意，特别是有意注意，可以控制心理活动向特定的目标或方向进行，使注意适当分配和适时转移。工作和学习中的错误和事故一般都是在注意分配或注意没有及时转移的情况下发生的。苏联心理学家加里培林把注意称为“智力监督动作”。

3.1.1.3 注意的外部表现

消费者在集中某个对象时，常伴有一些显著的外部表现，主要有下列几种：

（1）适应性运动。比如，把耳朵转向声源的方向及侧耳倾听；瞪着眼睛盯着某一处对象，表现为注目凝视；思考问题时，眉头紧锁，双手托腮，全神贯注等，都是注意的适应性运动。

（2）无关运动的停止。比如，儿童在看精彩动画片时，张着嘴，瞪着眼，目不转睛地盯着电视机，其他无关运动都停止了。

（3）呼吸运动的变化。人的注意集中在某一对象上时，呼吸往往变得轻而慢，在紧张注意时，甚至发生屏息现象。

3.1.1.4 注意的分类

根据注意的产生有没有预定的目的，以及保持注意时是否需要一直努力，可以把注意分为无意注意、有意注意和有意后注意。

（1）无意注意。无意注意也叫不随意注意，是指事先没有预定的目的的，也不需要意志努力地注意。这种注意的产生和维持，不是依靠一直努力，而是人们自然而然地对那些强烈的，新颖的和感兴趣的事物所表现的心理活动的指向和集中。

（2）有意注意。有意注意也叫随意注意，是指事先有预定目的的，必要时还需做一定意志努力的注意。有意注意主动地服从于既定的目的和任务，它受人的意识的自觉调解和支配。有意注意的客体不易吸引人的注意，但又是应当去注意的事物。因此，要使意识集中在这种对象上就必须有一定的意志努力。比如，年轻工人在开始学习机床操作时，对于操作过程还没有掌握，操作动作也还不熟练，稍不注意就会出废品或发生事故，而掌握动作到熟练的过程又是一种单调的学习，所以他必须通过意志努力克服一定的困难，把注意集中在当前的操作上，特别是在容易发生差错的地方。

（3）有意后注意。有意后注意是指事先有预定的目的，不需要意志努力地注意。有意后注意是注意的一种特殊形式。它一方面类似于有意注意，因为它和自觉的目的、任务相联系着；另一方面类似于无意注意，因为它不需要人的一直努力。在意后注意是个人的心理活动对有意义、有价值的事情的指向和集中。它是在有意注意的基础上发展起来的。人们开始从事某项生疏的或不感兴趣的活动时，需要一定的意志努力才能保持注意，经过一段时间对这项活动十分熟悉了，就可以不需一直努力而保持注意。

无意注意、有意注意和有意后注意在实践活动中紧密联系，协同活动。无意注意在一定条件下可以发展为有意注意，有意注意可以发展为有意后注意。

3.1.1.5 注意的特征

（1）注意的稳定性。这是指较长的时间内，把注意保持在某一对象或某一活动上。注意的稳定性是指注意在时间上的特征，也是注意维持功能的表现。人在感受某一对象时，常常很难保持时间固定不变。这种注意的周期性变化叫作注意的起伏或者注意的动摇现象。心理学家用实验测出，注意动摇注意动摇（即每一次起伏）平均为8～12秒。

（2）注意的广度。这是指人在同一有限时间内所能清晰地把握到的注意的对象的数量。心理学家用速示器进行的注意广度的研究。在速示器里呈现实验材料，如词汇、数码、几何图形等，看被实验者在注视点来回不移动的很短时间（1/10秒）内所能接受的同时输入的信息量。实验结果表明，成人在1/10秒内能注意到7±2个彼此无关的对象。

（3）注意的分配。这是指在同一时间内，把注意指向两种或几种不同的对象与活动上的现象。在一定的条件下，注意的分配可能的时间。1887年潘尔哈姆发现，一边口诵一首熟悉的诗，一边手写另一首熟悉的诗，是可以做到的。当然注意力分配的条件是：首先，同时进行的两种活动中必须有一种是熟悉的；其次，同时进行的活动之间的关系也很重要。如果它们之间毫无联系，同时进行这些活动就很难。但是如果它们之间已经形成了某种反应系统，同时进行这些活动就比较容易。比如，自拉自唱，边歌边舞，边拉边唱。歌和舞形成系统，就有利于注意的分配。

（4）注意的转移。这是指根据新的任务，主动地把注意从一个对象转移到另一个对象上。注意转移对消费者和营销人员来说都是非常重要的。

3.1.1.6 注意在营销活动中的作用

（1）利用有意注意和无意注意的关系，创造更多销售机会。在实践活动中人的有意注意和无意注意是相互联系、相互转移的。而消费者在商场购物时，因为需要走路，需要长时间处于有意注意状态中，感觉很疲劳。营销人员就可以利用现代大型零售商厦集购物、餐饮、娱乐、健身和休闲为一体的特点，配上主题营销策略，使消费者的购物活动时而有意注意，时而无意注意，时而忙于采购，时而消遣娱乐。这种多元化经营显然有利于延长消费者在商场停留的时间，不仅可以创造更多的销售机会，同时也使消费者自然而然地进行心理调节，感到去商场是一件轻松的乐事。

（2）发挥注意心理功能，引发新的购物需求。正确的运用和发挥注意的心理功能，可以使消费者实现由无意注意到有意注意的转移。例如，大部分消费者在接受广告宣传时都是处于无意注意状态之中，特别是广播广告和电视广告，往往是在无意注意状态之中被强烈刺激之后引起消费者注意的转换。当营销人员了解了这个现象之后，就要千方百计地增强广告的效果，使消费者的无意注意转换为有意注意。

3.2 消费者的感觉

消费者对商品或服务的认识是通过自己的各种感觉器官，产生感觉和知觉心里来了解商品或服务的，因此感觉是研究消费者行为的重要变量。

3.2.1 感觉及分类

3.2.1.1 感觉的含义

感觉是人脑对直接作用于感觉器官的客观事物的个别属性的反应。例如，嗅到气味、尝到滋味、看到颜色、听到声音、摸到软硬，这就是感觉。感觉不仅反映外界事物的个别属性，而且也反映有机体本身的活动（躯体的运动和位置、内部器官的状况），如我们感觉四肢屈伸、饥饿、饱胀等。

感觉虽然是一种极简单的心理过程，可是它在我们的生活实践中具有重要的意义。有了感觉，我们就可以分辨外界各种事物的属性，因此才能分辨颜色、声音、软硬、粗细、重量、温度、味道、气味等，有了感觉，我们才能了解自身各部分的位置、运动、姿势、饥饿、心跳，有了感觉，我们才能进行其他复杂的认识过程。失去感觉，就不能分辨客观事物的属性和自身状态。因此，我们说，感觉是各种复杂的心理过程（知觉、记忆、思维）的基础，就这个意义来说，感觉是人关于世界的一切知识的源泉。

3.2.1.2 感觉的分类

客观事物千差万别的不同属性作用于人的感觉器官，便产生了不同的感觉。根据感觉的性质可以把感觉分为两类，即外部感觉和人体感觉。

（1）外部感觉。指外部刺激，反应外界事物个别属性的感觉，包括视觉、听觉、味觉、嗅觉和肤觉。肤觉又可分为温觉、冷觉、触觉和痛觉。在外部感觉中，视觉是人们获得信息的最主要渠道。据研究统计，85%的信息通过视觉取得，10%左右的信息通过听觉取得，其余通过其他感觉取得。

（2）内部感觉。指接受机体本身的刺激，反应机体的位置、运动和内部器官的不同状态的感觉，包括运动觉、平衡觉和机体觉三种。

资料：感觉剥夺实验

1954年，加拿大麦吉尔大学心理学家贝克斯顿等人进行过一项“感觉剥夺实验”。把被试者放在极少有刺激作用的实验环境中，使其极少有可能产生感觉，并要求被试者待的时间尽量长久。典型方法是：让被试者躺在隔音的小床上，蒙上眼睛，戴上手套，堵住耳朵，基本上剥夺了被试者的听觉、视觉、嗅觉和肤觉。实验结果表明，大多数被试者在这种情况下生活都不超过一周，在实验期间出现注意力不集中、思维不连贯、条理不清、反应迟钝、烦躁等现象，甚至出现幻觉、神经症状和恐怖症状等。

这项实验说明，感觉的丧失会严重地影响人的认识过程、情绪过程和抑制过程，造成心理紊乱和病态。可见，人们在日常生活中所“漫不经心”的接受的刺激以及由此而产生的感觉是多么重要，它既能提供人类生存的重要线索或依据，也为人们及时把握客观环境产生新的认识，维持身心健康提供重要的保证。

3.2.2 感受性和感觉阈限

3.2.2.1 感受性

感受性是指感受器官对刺激物的感官能力。它是消费者对商品、广告、价格等消费刺激有无感觉及感觉强弱的重要标志。感受性也可分为绝对感受性和差别感受性。绝对感受性是觉察出最小刺激的能力。人类感觉的强度对于刺激物的刺激强度到了一定的范围界限才能够感觉到，而不同刺激之间有着不同的反角刺激底线，人类能够从中发现这里面的细微差别，我们把这种细微的差别就叫作差别感受性。

3.2.2.2 感觉阈限

阈限，是界限门栏的意思。感觉阈限（Sensory Threshold），用于测量感觉系统感受性大小的指标，是指能够引起感觉并持续一定时间的刺激量，用刚能引起感觉的刺激量来表示。人的耳朵可听见声音频率的范围大约是16赫兹~20000赫兹/秒。在此界限内就产生感觉，超过这个界限就没有感觉。其中16赫兹/秒就是人类的听觉阈限。

感觉阈限可分为绝对感觉阈限和差别感觉阈限。绝对感觉阈限测量感觉系统的绝对感受性。那种刚刚能引起感觉的最小刺激量称为绝对感觉阈限。绝对感觉阈限要解决的问题，是确定从无感觉到感觉产生，例如从看不见到看见、从听不到到听到、从尝不出味道到尝出味道两者之间刺激强度的精确数值。例如，把一个非常轻的物体慢慢地放在被试者的手掌上，被试者不会有感觉，但如果一次次地稍稍增加其重量，并达到一定数量时，就会引起被试者的感觉反应。这个刚能引起感觉的最小刺激量称为刺激阈限或感觉的下绝对阈限。当引起感觉的刺激量继续增加，并超过一定限度时，就会使该感觉受到破坏，引起痛觉。能够引起感觉的最大刺激量为上绝对阈限。从下绝对阈到上绝对阈之间的距离是有关感觉性的整个范围。绝对感受性和绝对感受阈限之间是反比关系，绝对感受阈限的值越低，绝对感受性就越高，反之亦之。

刚刚能引起两个同类性质刺激物最小差异量称为差别感觉阈限，与之相应的感觉性称为差别感觉性。在已有感觉的基础上，为引起一个差别感觉，刺激必须增加或减少到一定的数量。不同感觉通道或不同人之间，对差别的感觉能力是不同的。比如，100克的重量，当增加1克时，一般没有比刚才重了的感觉，但增加3克时，就会有比刚才重了的感觉。

这一规律清楚地解释了一个带有普遍性的消费心理现象，即各种商品因效用、价格等特性不同，而有不同的差别阈限值，消费者对他们有不同的差别感觉性。例如，一辆轿车降价500元，往往不为消费者所注意，而一瓶洗涤灵提价5元，就会引起消费者的高度注意。了解消费者对不同商品质量、数量、价格等方面的差别感觉性，对合理调节消费刺激量，促进商品销售有重要意义。

资料：韦伯定律

德国生理学家韦伯（Weber，1834）曾系统研究了触觉的差别阈限。他让被试者用手先后提起两个重量不大的物体并判断哪个重些。用这种方法确定了刚刚能够引起差别感觉的最小刺激量。结果发现：对刺激物的差别感觉不决定于一个刺激物增加的绝对数量，而取决于刺激物增量与原刺激物的比值。比方说，如果手上原有的重量是100克，那么至少必须增加2克人们才能感觉到两个重量即100克与102克的差别；如果原有的重量是200克，那么增加的重量必须达到4克；如果原重量为300克，那么增加的重量应该是6克。可见为了引起差别感觉刺激的增量与原刺激量之间存在着某种关系。这种关系可用以下公式来表示：

$$K = \Delta I / I$$

其中，I为标准刺激的强度或原刺激量，ΔI为引起差别感觉的刺激增量，K为一个常数。这个公式叫韦伯定律（*Weber's law*）。对不同感觉来说K的数值是不相同的，即韦伯分数不同。根据韦伯分数的大小，可以判断某种感觉的敏锐程度。韦伯分数越小感觉越敏锐。

3.2.3 感觉在营销活动中的作用

3.2.3.1 感觉使消费者获得对商品的第一印象

感觉是消费者认识商品的起点，通过感觉，消费者才能认识和分辨商品或劳务的各种基本属性，只有在感觉所获得的信息基础上，其他高级的，复杂的心理活动才能得到产生和发展。因此，感觉可以使消费者获得对商品的第一印象，而第一印象的好与坏、深刻与否，往往决定着消费者是否购买某种商品。同样道理，第一印象的好与坏，也决定着消费者是否选择这家商店。

3.2.3.2 感觉特性为营销工作者提供了制定营销策略的依据

感觉特性说明了消费者的感觉是有一定局限的。在市场营销活动中，工商企业做广告、调整商品价格和介绍商品时，向消费者发出的刺激信号强度应当适应他们的感觉阈限。比如，为推销商品而降价，降价幅度过小，刺激不够，消费者不会积极购买；而降价幅度过大，消费者又可能会怀疑商品的质量。因而，必须有一个准确的把握。另外，消费者的感觉阈限大小还与商品本身有关，如几千元的商品降价十几元，并不会引起消费者的注意，而日常生活用品，如蔬菜、肉类、蛋类，即使上涨几角钱也会很快被消费者感觉到。

3.2.3.3 感觉在一定程度上引发消费者的情绪

消费者的情绪在一定程度上是受对客观事物的感觉影响的。百货商场、大型购物中心的环境布置，店内商品的陈列造型和颜色搭配，及卖场的音乐效果都会对购物氛围造成一定的影响，从而影响消费者的感觉，并进一步影响他们的情绪及购买行为。

3.2.3.4 感觉可以实现商品的使用价值

消费者在使用商品的过程中，商品的使用价值只有通过消费者的感觉，才能进入到更高级的心理活动阶段。漂亮的色彩、美妙的音响、诱人的香味、鲜美可口的食物，可以使我们产生舒适和愉悦，同时也实现了商品的使用价值。

3.3 消费者的知觉

3.3.1 知觉的含义、分类、特征

3.3.1.1 知觉的含义

知觉是客观事物直接作用于感官而在头脑中产生的对事物整体的认识。由此可见，感觉是知觉的基础，知觉以感觉为前提，但是知觉不是把感觉简单地相加，知觉的产生借助于人的知识和经验的帮助。比如，品酒专家和普通饮酒者对同一种酒的认识就存在着很大的差异。也就是说，知觉是参与经验的心理活动。另外，人的兴趣爱好、个性特征和需要也使知觉具有一定的倾向性。

3.3.1.2 知觉的分类

（1）根据知觉反映的事物特征划分

①空间知觉。是指对占有一定的空间位置的形状、大小、深度、方位、远近等特征的知觉。

②时间知觉。是指对客观事物的延续性、顺序性的反映。这种反应通常是借助于某种媒介进行的，如依靠大自然的春、夏、秋、冬周期性的季节，花草鱼虫的规律，人体内部生理节律的变化，以及时钟和日历的参照来判断时间，更重要的是依靠人们自己的活动、经验等来估计时间。

③运动知觉。是对事物的空间位移和移动速度的知觉。通过运动知觉，我们可以分辨物体的静止和运动及其运动速度的快慢。

（2）根据知觉起主导作用的分析器进行划分

可以将知觉分为视知觉、听知觉、触知觉、嗅知觉等。比如，当我们去摆弄一件东西，这时要通过视觉、运动觉、触摸觉等，最后便可弄清楚这件东西的形状、结构、颜色等特征，进而认识到它是什么。对这个物体的认识，可以说主要是知觉的结果。听音乐时，主要是靠听知觉。

3.3.1.3 知觉的基本特征

知觉是消费者对消费对象的主观反应过程，这一过程受到消费对象特征和个人主观因素的影响，从而表现出来某些独有的活动特性。

（1）知觉的选择性

知觉的选择性是指人对外来信息有选择地进行加工的能力。知觉的能动性主要

表现在它的选择性上。也有学者认为：知觉的选择性是指人在进行知觉时从复杂的环境中把某些事物或现象当作知觉对象，而把另一些事物或现象当作知觉的背景。如图 3. 1 所示，当你转换不同的对象与背景时，会发现同一图案中有不同的两种判断，而这正是由于你所选择的信息不同而形成的。

图 3. 1　两可图

这个“两可图”是为了英国女王在位二十五周年纪念所特别设计的。它以丹麦心理学家爱德加·罗宾的著名的二维雕像地面幻觉为基础创作，它看起来是一个花瓶，但也可看出是伊丽莎白女王与菲利浦亲王的侧影。

心理学的研究表明，消费者每天都置身于千千万万消费信息的包围之中，在同一时间内，作用于消费者的各种消费刺激也是极为众多、复杂的。然而，限于消费者各种感觉通道的感受能力，主观内在的需求、兴趣等因素的不同，消费者不可能把什么信息都接受下来，而只能有选择地把其中一部分刺激作为信息加以接受、储存、加工和理解，于是就出现了知觉的选择性。比如，1969 年美国广告协会曾经做过调查，平均每天潜在地显现在消费者跟前的广告信息达 1500 项，但被感知的广告只有 75 项，而产生实际效果的只有 12 项。

引起消费者知觉选择性的原因主要有三条：首先，源于消费者的感觉阈限和人脑信息加工能力的限制。凡是低于绝对感觉阈限和差别感觉阈限的较弱小的消费刺激，均不能被感觉器官所感受，因而也不能成为知觉的选择对象。只有达到足够强度的刺激才能为消费者所感知。其次，消费者自身的需要、欲望、态度、偏好、价值观念、情绪、个性特征等对直觉选择也有影响。最后，防御心理也潜在地支配着消费者对商品信息的知觉选择。当某种带有伤害性或于己不利的刺激出现时，消费者会本能地采取防御姿态，关闭感官通道，拒绝信息的输入。

由于消费者的心理活动是一个整体活动方式，知觉的选择性表现形式包括选择性注意、选择性曲解和选择性保留。①选择性注意。指在外界诸多刺激中仅仅注意到某些刺激和刺激的某些方面，面对其他刺激加以忽略。影响选择性注意的因素有主观和客观的两个方面。②选择性曲解。指人们有选择地将某些信息加以扭曲，使之符合自己的意向。在消费品购买中，受选择性曲解的影响，人们会忽视所喜爱品牌的缺点和其他品牌的优点。③选择性保留。人们倾向于保留那些与其态度和信念相符的信息。

资料：飞利浦公司的电咖啡壶广告

飞利浦公司曾经在电视节目中播放一则电咖啡壶的广告，在电视剧前后分为两个部分播放的。前一部分是一位家庭主妇在用飞利浦公司的电咖啡壶煮咖啡，随后是其他公司的电视广告和电视剧。电视剧结束之后是电咖啡壶广告的第二部分，内容是女主人高兴地对家人说："又香又浓的咖啡煮好了，趁热快喝吧。"这则广告前一部分制造悬念，后一部分揭开悬念。但是因为人们知觉整体性的作用，受众看到前后分开的广告，自然而然会将不完整的信息补充完整，这种广告同样起到了增强受众注意和记忆的作用。

（2）知觉的整体性

知觉整体性也称为知觉组织性，这个特性是知觉与感觉的重要区别，是指人们根据自己的知识经验把直接作用于感官的不完备的刺激整合成完备而统一的整体，以便全面地、整体地把握该事物。

如图 3.2 所示，知觉让我们将黑色圆形空缺自然联系到一起；仔细观察，就能发现勾勒出了一个白色立方体形状。这就是知觉对整个图形的整体把握的结果。

图 3.2　知觉整体性

（3）知觉的理解性

这是指人们在识别事物的过程中，不仅知觉到对象的某些外部特征，还可以用自己的知识经验对知觉的对象按自己的意图做出解释，并赋予它一定的意义。

图 3.3　知觉理解性

如图 3. 3 所示：若纵向看，我们能够识别出 12、13、14，中间信息内容就是数码“13”；若横向看，就能识别出是 A、B、C 的序列中，中间信息内容就是英文字母“B”。不同情境，中间的信息内容知觉不同。由此可见，人们在知觉客观事物时，并不需要非常细致地去重新观察它的每一个部分及其属性，只要抓住了它的主要特征，就可以根据已有的经验对它进行识别，从而把它作为一个整体进行反映。

（4）知觉的恒常性

人们在刺激变化的情况下把事物知觉成稳定不变的整体的现象称为知觉的恒常性。知觉恒常性包括大小恒常性、形状恒常性与颜色恒常性。

①大小恒常性

对物体大小的知觉不因网像大小的变化而变化，称为大小恒常性。大小知觉是由网像大小与知觉距离二者共同决定的，对于网像大距离近与网像小距离远两种组合，人们可以根据经验做出物体大小相等的知觉解释。

②形状恒常性

对物体形状的知觉不因它在网膜上投影的变化而变化，称为形状恒常性。

③颜色恒常性

在不同照明条件下，同一件物品反射到你眼中的光有很大变化，但它们的颜色看起来好像没有变，这是颜色的恒常性。它与经验有很大关系。例如，在绿光照射下，问你桌子上的香蕉是什么颜色，你肯定会把香蕉看成黄色。但是倘若在这种条件下，让你说出各种纸片的颜色时，知觉结果就可能受到光照的影响。此外颜色恒常性产生的另一个原因与背景有关。在日光照射下，煤与周围背景相比仍然最暗，白纸与阴影中的背景相比仍然最亮。

知觉的恒常性反映在消费者购买行为上，就是消费者能够避免外部因素的干扰，在复杂多变的市场环境中，依然可以根据购买商品后的使用经验来辨别眼前的商品。比如，百事可乐在包装上做了一些改变，消费者仍然能进行正确的知觉。但知觉的恒常性也可能阻碍新产品的推广。

3.3.2 知觉特性与营销策略

3.3.2.1 知觉的选择性对营销人员的启示

①人们选择哪些刺激物作为知觉对象，与知觉过程和结果受到主观与客观两方面因素的影响有关。主观因素称为非刺激因素。非刺激因素越多，所需要的感觉刺激就越少，反之就越多。企业提供同样的营销刺激，不同的消费者会产生截然不同的知觉反应，与企业的预期可能不一致。企业应当分析消费者特点，使本企业的营销信息被选择成为其知觉对象，形成有利于本企业的知觉过程和知觉结果。

②知觉的选择性有助于消费者确定购买目标。现在市场上的商品十分丰富，每天消费者都要接触不同的媒体的各种广告，这些都加大了消费者进行购买决策的难度。而知觉的选择性可使消费者在众多的信息和商品中能够快速找到符合自己既定购买目标的信息和商品，同时排除那些与既定购买目标不相符合的信息和商品。另外，具有某些特殊性质和特征的消费对象，如形体高大、刺激强度高、对比鲜明、新奇独特、与背景反差明显等，往往容易引起消费者的知觉选择。营销人员了解了消费者知觉的这个特点后，可以采取适当的营销策略。比如，20 世纪 80 年代《福建日报》的一个版面上突然出现大块空白，在这块空白的中间，只是依稀写着一行小字“明日此处刊登重要消息”，这一新颖独特的举动，引起消费者知觉的选择性。在众多的报纸广告中，读者都很关心次日报纸在这块空白刊登什么消息。第二天看到的却是“希尔顿”三个字。很多消费者不知是指商品还是指企业名称，希望再进一步了解情况，希尔顿酒店集团达到了进入中国的广告宣传目的。

3.3.2.2 利用知觉的理解性和整体性可提高广告宣传效果

根据知觉的理解性这一特点，企业在广告中要针对购买对象的特性，在向消费者提供商品信息时，其方式、方法、内容、数量必须接受人的文化水准和理解能力相吻合，保证信息被迅速、准确地理解。根据知觉整体性这一特点，在广告设计中，可把着眼点放在与商品有关的整体上，使消费者获得充足的信息，形成一个整体的、协调的商品形象。

另外，由于人们不愿放弃自己使用习惯的商品，所以知觉的恒常性可以成为消费者连续购买某种商品的一个重要因素。企业可以通过名牌商品带动其他商品的销售，或通过畅销的老商品带动新商品的销售。

3.3.3 消费者的错觉

3.3.3.1 错觉含义

错觉是对客观事物的一种不正确的、歪曲的知觉。错觉可以发生在视觉方面，也可以发生在其他知觉方面，如当你掂量一公斤棉花和一公斤铁块时，你会感到铁块重，这是形重错觉；当你坐在正在开着的火车上，看车窗外的树木时，会以为树木在移动，这是运动错觉等。

错觉是十分普遍的心理现象，早在两千多年前《列子·汤问篇》中就载有两个小孩争论太阳大小的论述：“日初出大如车盖，及日中则如盘盂”，两个小孩谁也说服不了谁，于是就去请教孔子，但这位博学的大师竟也不能解答这种错觉现象。我们每天掌握的信息80%～90%是通过视觉获得的，所以最常见的错觉是视错觉。

（1）缪勒—莱耶尔错觉

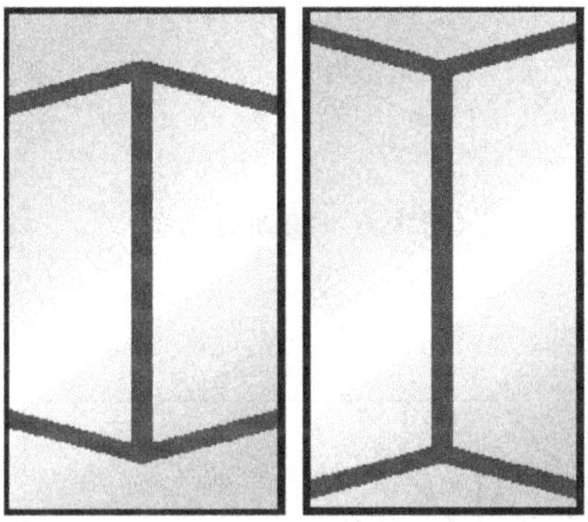

图3.4 缪勒—莱耶尔错觉

对缪勒—莱耶尔错觉的一种解释是透视恒常性理论的观点。如图3.4所示，认为图中箭头等特定的刺激特性是显见距离的一种标志物。这个解释虽然没有涉及大脑的微观机理，但应该是基本正确的。

（2）奥尔比逊错觉

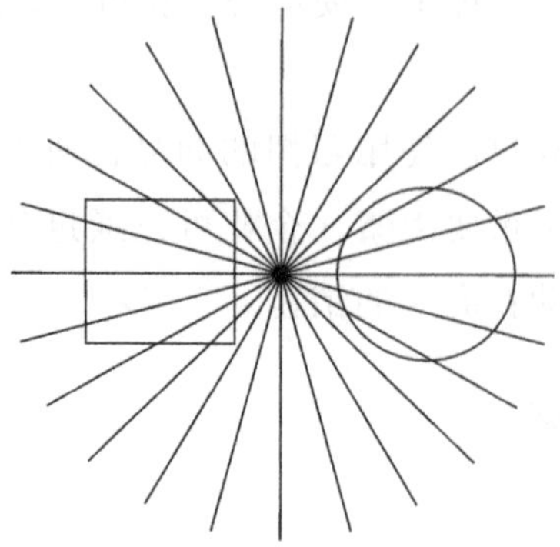

图 3.5　奥尔比逊错觉

奥尔比逊错觉（Orbison illusion），形状错觉。美国心理学家奥尔比逊提出。将一正方形放在有多个同心圆的背景上，其对角线交叉点与圆心重合，看起来这个正方形的四条边向内弯曲（见图 3.5）。他曾分别将不同的几何形状（如圆形、方形、三角形等）放在线条背景上，结果发现这些形状看上去均会变形而出现形状错觉。

（3）德勃夫错觉

图 3.6 中，左图中大圆内的小圆与右图中的圆大小相等，但两者看似不等；右图的圆看起来较小。

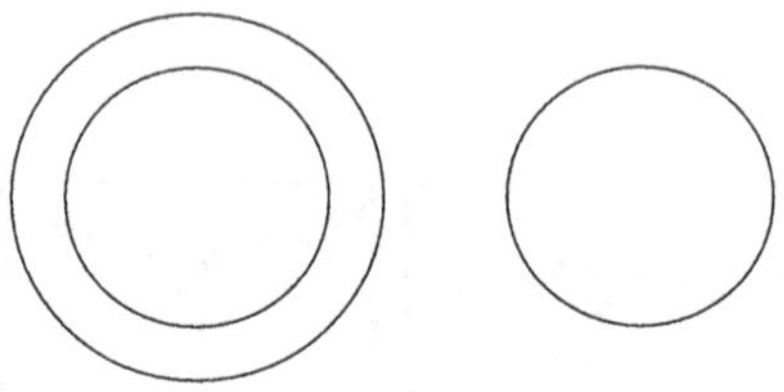

图 3.6　德勃夫错觉

（4）阶梯错觉

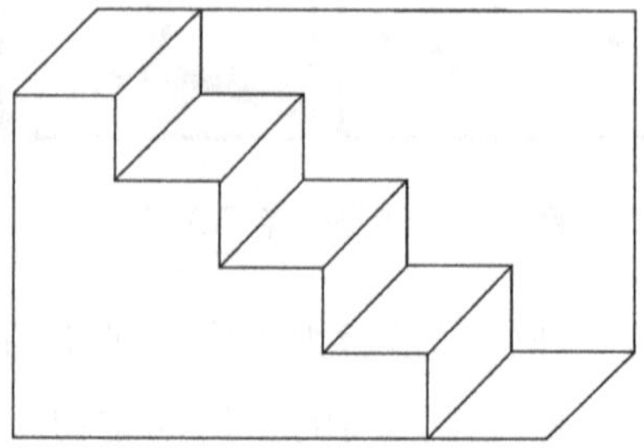

图 3.7　阶梯错觉

注视此图 3.7 数秒钟。将可发现有两种透视感；有时看似正放的楼梯，有时看似倒放的楼梯。

（5）海林错觉

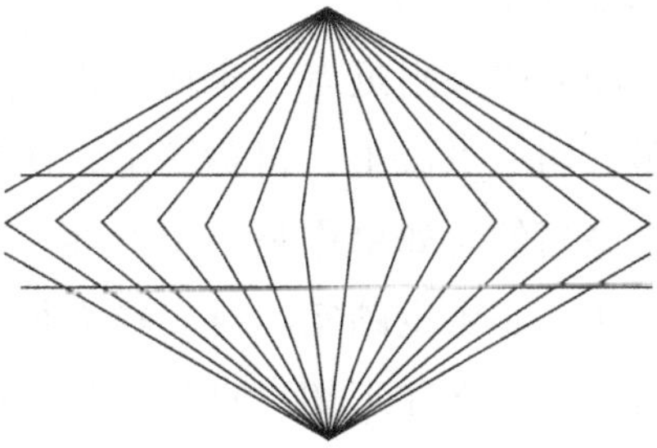

图 3.8　海林错觉

两平行线为多方向的直线所截时，看起来失去了原来平行线的特征。

尽管上述错觉现象十分明显，但是对于错觉现象产生的真正原因，至今还没有一种理论能够充分地解释。克里克（1962 年同沃森、威尔金斯一道荣获诺贝尔医学奖）曾给出的三点评述：你很容易被你的视觉系统所欺骗；我们眼睛提供的视觉信息可能是模棱两可的；看是一个构建过程。一般来说，对错觉有三种不同解释：第一种解释是把错觉归结为刺激取样的误差；第二种解释是把错觉归结为知觉的神经系统的神经生理学原因；第三种解释是用认知观点来解释错觉。

3.3.3.2　错觉在营销中的应用

错觉已经被广泛地运用于市场营销活动中。比如，在水果、糕点柜台旁斜挂着一面镜子，就会显得货物丰盛、鲜亮。在包装设计中，将相同容积的两个小盒，分别设计为一个菱形，另一个为正方形，利用错觉效果，能使菱形显得比正方形大一些，而不同形状的包装又能激起消费者的购买欲望。在制定价格策略时，也可以灵活地运用错觉现象。研究错觉规律在开店经商中有非常重要的作用。试列举几例：

（1）利用空间错觉，丰富商品陈列，降低经营成本

一位行人路过一家房顶悬挂各种灯具的商店，各式各样的灯具连成一片，璀璨夺目，吸引他不由信步走了进去，看着看着才发现这个商店并不大，只是由于周围全镶上了镜子，从房顶延伸下来，使整个店堂好像增加了一倍的面积，由于镜面的折射和增加景深的作用，使得屋顶上悬挂的灯具也好似增加了一倍，显得丰盛繁多，给人以目不暇接之感。这就是空间错觉在商业中的妙用。在寸土寸金的商场中，如何陈列商品，直接关系到商品的销售效果。如果借鉴以上做法，在商品的陈列中充分利用镜子、灯光之类的手段，不仅能使商品显得丰富多彩，而且能减少陈列商品

的数量，降低商品损耗和经营成本。在一些空间较小的区域，利用镜子、灯光等手段使空间显大，不仅能调节消费者的心情，而且也能使销售人员以好的心情为消费者服务，避免由于心情不好而造成主顾间的矛盾冲突。

（2）利用运动错觉，调整服务手段

浙江黄岩市长潭水库大坝的码头附近有一家切糕摊，店老板卖糕时，故意少切一点儿，过秤后见分量不足，切一点添上，再称一下，还是分量不足，又切下一点添上，最终使秤杆尾巴翘得高高的。如果你是一位顾客，亲眼见到这两添三过秤的一切，就会感到确实量足秤实，心中也踏实，对卖糕人很信任。如果卖糕人不这样做，而是切一大块上秤，再一下二下往下切，直到秤足你所要的分量时，你的感觉就会大不一样，眼见被一再切小的糕，总会有一种吃亏的感觉——这就是运动错觉对顾客的影响效果。聪明的卖糕人正是巧妙地利用了顾客的这种极其微妙的心理活动变化，并实实在在地做到了童叟无欺，使糕摊处地利、人和之优而终日生意红火。可见，总是“一刀准”“一抓准”也不见得就是好事，不见得就是良好服务的标志。

（3）利用对比错觉，科学制定商品价格

商品价格是市场中极为敏感的要素，价格学中有两个重要概念：比价和差价。所谓比价就是指不同商品之间价格的对比。有这样一个笑话：有一位农民进城买钟表，买了一个大挂钟后对售货员说：“我买了一个大个儿的，你给我饶（送）一个小个儿的（指手表）吧”！从理论上说，不同商品之间由于成本等方面的原因，其价格往往不具有可比性，但在现实实践中，我们的消费者却常常进行对比：把定价为20元的同一商品放在20元以上的商品中陈列，它就是“低价”商品；放在20元以下的商品中陈列，它就是“高价”商品。可见，所谓比价，其实质就是消费者对商品价格的错觉。所以，充分利用商品比价进行商品陈列，促进商品销售，是营销人员需要好好研究的重要课题。

所谓差价就是指相同商品之间价格上的差异。也有一个笑话：一位消费者花了100多元买了一套西服，穿着不合适，就托一位做服装生意的朋友以90多元的价格代为转卖，可怎么都卖不出去。另一位朋友知道了这件事，就出了一个主意：把90多元的价格改为590元出售。结果，西服很快就卖了出去。为什么会这样哪？现代市场营销学研究表明，消费品市场上的消费者大多为非专家购买。由于他们大都缺乏商品知识和市场知识，因此，往往通过商品价格来衡量和判断商品质量和价值，所谓“一分钱一分货”“好货不便宜，便宜没好货”说的就是这个意思。

说到价格错觉，还有两种有趣的现象：①奇数定价比偶数定价使消费者觉得便宜。②99元是不到100元的价格，便宜；101元是100多元的价格，贵。——其实只差2元钱。作为消费者，总是希望以最小的支出换取最大的满足，也就是说，两种商品质量相同，功能相当，消费者总是选择价格较低的那种。因此，根据企业目标市场和发展战略，充分利用消费者的价格错觉进行科学合理的定价是十分必要的。

（4）利用形重错觉，促进商品销售

一斤棉花和一斤铁哪一个重？棉花重——这就是形重错觉。有这样一个笑话令人深受启发：一位老太太领着孙子去买拖鞋，结果，买了一双“大”拖鞋回来。孩子穿着不合适，挂不住脚，老太太却兴奋地说：大拖鞋与小拖鞋价格一样，当然买大的了，划算——这就是形重错觉产生的销售效果。有些商家把大小（包括体积、重量、尺寸、厚薄等）不一但价格相等的商品放到一起销售，人们就会觉得买大的比买小的合适，这样，商家的“愚蠢”就使消费者“占了便宜”，从而也就促进了商品的销售。

（5）利用颜色对比错觉，提高经济效益

日本三叶咖啡店的老板发现不同颜色会使人产生不同的感觉，但选用什么颜色的咖啡杯最好哪？于是他做了一个有趣的实验：邀请了30多人，每人各喝四杯浓度相同的咖啡，但四个咖啡杯分别是红色、咖啡色、黄色和青色。最后得出结论：几乎所有的人认为使用红色杯子的咖啡调的太浓了；使用咖啡色杯子认为太浓的人数约有三分之二；使用黄色杯子的感觉是浓度正好；而使用青色的杯子的都觉得太淡了。从此以后，三叶咖啡店一律改用红色杯子盛咖啡，既节约了成本，又使顾客对咖啡质量和口味感到满意。

（6）利用时间错觉，调整心态，提高经营绩效

也许你有过“等人”的经历，时间的难熬令人头痛不已，心情也出奇的糟糕。如果你一边等人，一边看书或听音乐等，你就会发现时间过得也挺快的。这是由于你在看书或听音乐时，分散了对时间的注意，实现了对时间由有意注意到无意注意的转移，从而造成了“时间快”的时间错觉。在很多商场里我们都能听到音乐声，但大多数商场却不知道音乐到底该怎样播放才好。音乐对人的情绪的影响是很大的，乐曲的节奏、音量的大小，都会影响到顾客和营业员的心情。心情好，主顾之间就会避免很多不必要的矛盾和冲突，就会出现很多的商机，就会取得更高的社会效益和经济效益。如果在顾客数量较少时播放一些音量适中、节奏较舒缓的音乐，不仅能使主、顾心情更加舒畅，而且还能放慢顾客行动的节奏，延长在商场的停留时间，增加较多的随机购买几率，也使销售人员的服务更加到位。如果在顾客人数较多时播放一些音量较大、节奏较快的音乐，就会使主、顾的行动节奏随着音乐的节奏而加快，就会提高购买和服务的效率，避免由于人多效率低而引起的心情不好，矛盾

冲突增多的情况的出现。

（7）利用几何图形错觉等，提供针对性服务，获得更好服务效果

阿根廷足球队的竖条斑马线队服在世界各国足球队队服中是很有特色的。队员们穿着这样的队服各个显得十分潇洒，身材更令人羡慕不已。横向的线条，把人的目光引向左右，使人的身材显得更丰满；竖向的线条，把人的目光引向上下，使人的身材显得更苗条——这就是高估错觉的效果。因此，在为消费者提供服务时，巧妙利用几何图形错觉，往往能收到极佳的服务效果，如为矮胖的人推荐竖条服装，劝阻其购买横条服饰、较宽的腰带、低领衬衫等商品，以使其显得苗条；为瘦人推荐横条服装，以使其显得丰满。

本章小结

注意、感觉和知觉是消费者认识产品信息的心理活动，是对产品产生态度的开端。本章围绕注意、感觉和知觉，较详细地阐述了其基本理论以及在营销中的应用情况。注意是人对外界一定事物的指向与集中的心理活动，是我们产生感觉和知觉的重要前提。感觉是人脑对直接作用于感觉器官的客观事物的个别属性的反应，而知觉是客观事物直接作用于感官而在头脑中产生的对事物整体的认识。知觉比感觉更全面、更深刻。感觉是知觉的基础，知觉以感觉为前提。人的知觉也可能是错误的、不科学的。错觉是人们对客观事物的一种不正确的、歪曲的知觉。企业只有深刻了解消费者的注意、感觉和知觉，才能有效地开展各类营销活动。

思考题

1、什么是感觉阈限？

2、知觉具有哪些特征？

3、注意、感觉和知觉之间有什么联系和区别？

4、企业经常利用消费者错觉开展营销活动，是不是有欺骗嫌疑，为什么？

实践活动

外部感觉包括视觉、听觉、味觉、嗅觉和肤觉。选择一家你熟悉的实体店，从视觉、听觉、味觉、嗅觉和肤觉等角度，设计营销策略方案。

要求：以组为单位，每组3～5人，设计的方案要细致可行；与其他组进行交流。

案例阅读

K11 购物艺术中心的感官体验

2013 年 1 月，源自香港的 K11 购物艺术中心在上海以全新的面貌开门迎客试运营。并在四个月后，已于 5 月初正式开业，并于 6 月 28 号举行了开幕庆典。2 万平米的 K11 在汇集众家知名品牌的同时，在购物中心不同的楼层放进 11 件当代艺术品，地下三层3000 平米空间将是一个免费艺术空间。艺术与购物中心结合的 K11，是香港新世界集团在商业地产上的一次创新。这种主打体验的尝试，希望用艺术空间抓住新一代消费者的心，创造商业场所的全新价值和展示艺术。

不得不说 K11 是感觉营销做得最成功最全面的购物中，K11 是一个比较新的品牌。但是在短短三年内，在市场上就已经取得了一定的成绩，关键点在哪，不得不说体验两个字。K11 从消费者的五官角度，打造全方位的体验感受。

人有五官，在视觉方面，K11 立求让消费者在每一处，从进来到离开，不断让消费者的眼球看到新的东西，在商场所有重要的通道、各个楼层、主要的商家门口都摆放了艺术品，还有专业的导览人讲解艺术路线，也可以拿着地图做 DIY 的体验。

第二个是嗅觉，去过 K11 的人都知道，K11 有自己专属的味道，是非常好闻的香草调查，K11 做过一个调查，女性比较偏好这种味道。消费者在商场停留的时间更长，使得 K11 有更多的渠道可以和消费者互动。

第三个是听觉，K11 在每个楼层都安装了音乐系统，配合业态。比如一楼的是国际品牌，你听到的是经典音乐，在年轻人的楼层，可能是欢快的流行音乐，在三楼四楼餐饮楼层，你能听到有助于你胃口大开的音乐，在一楼有个很大的中庭广场，你听到的是大自然的声音，鸟叫声、动物的声音、风和水的声音。

第四是味觉，因为 K11 在餐饮的招商方面，引进的都是全球第一次进入中国的全新品牌，力求在味蕾上给消费者带来不一样的感受。

第五是触觉，K11 有很多互动体验的地方，比如有一个复古照相馆，配合现在的动漫展，消费者可以拍一些复古的照片。K11 有很多艺术品，它们是互动的，鼓励消费者和艺术品进行亲密接触。

通过这样的载体，让消费者感受到艺术品带来的魅力。这并不是在商场业之后再慢慢注进去的，在开发过程当中，K11 做了消费者需求的研究报告。所以，在开发过程中，K11 把企业的元素在建设的时候融合进去，配合高科技的手段。在网络覆盖的时候，考虑到整个商场 wifi 覆盖，消费者到 K11 商场手机就能够连上 wifi，这是免费，方便消费者和商家平台做互动。

另外，像艺术品的摆放，都是有讲究的，K11 有各种各样的考量，所以体验从项目的开发阶段就要进行，一直到项目的运营阶段。

思考：如何评价 K11 购物艺术中心为消费者设计的各类体验？

第 4 章

消费者的情绪、情感与意志

消费者对外部信息产生注意、感觉和知觉之后，接着就会诞生喜欢或是不喜欢、满意或是不满意等心理动态。本章将阐述消费者的情绪、情感和意志。情绪和情感是描述消费者对产品主观看法的心理学变量，是构成消费者购买态度的重要组成部分。消费者在确定消费目标之后，努力实现消费目标的过程，就是意志心理的过程。

4.1 消费者的情绪

4.1.1 情绪的含义

情绪，是对一系列主观认知经验的通称，是多种感觉、思想和行为综合产生的心理和生理状态。情绪有很多定义，尽管它们各不相同，但都承认情绪是由以下三种成分组成的：情绪涉及身体的变化，这些变化是情绪的表达形式；情绪涉及有意识的体验；情绪包含了认知的成分，涉及对外界事物的评价。

情绪既是主观感受，又是客观生理反应，具有目的性，也是一种社会表达。情绪是多元的、复杂的综合事件。情绪构成理论认为，在情绪发生的时候，有五个基本元素必须在短时间内协调、同步地进行。

要素 1：认知评估。注意到外界发生的事件（或人物），认知系统自动评估这件事的感情色彩，因而触发接下来的情绪反应（如看到心爱的宠物死亡，主人的认知系统把这件事评估为对自身有重要意义的负面事件）。

要素 2：身体反应。情绪的生理构成，身体自动反应，使主体适应这一突发状况（如意识到死亡无法挽回，宠物的主人神经系统觉醒度降低，全身乏力，心跳频率变慢）。

要素 3：感受。人们体验到的主观感情（如在宠物死亡后，主人的身体和心理产生一系列反应，主观意识察觉到这些变化，把这些反应统称为“悲伤”）。

要素4：表达。面部和声音变化表现出这个人的情绪，这是为了向周围的人传达情绪主体对一件事的看法和他的行动意向（如看到宠物死亡，主人紧皱眉头，嘴角向下，哭泣）。对情绪的表达既有人类共通的成分，也有各自独有的成分。

要素5：行动的倾向。情绪会产生动机（如悲伤的时候希望找人倾诉，愤怒的时候会做一些平时不会做的事。

4.1.2 情绪的分类

人类有几百种情绪，此外还有很多混合、变种、突变以及具有细微差异的“近亲”。情绪的微妙之处已经大大超越了人类语言能够形容的范围。情绪不可能被完全消灭，但可以进行有效疏导、有效管理、适度控制。

情绪无好坏之分，一般只划分为积极情绪、消极情绪。由情绪引发的行为则有好坏之分、行为的后果有好坏之分。所以说，情绪管理并非是消灭情绪，也没有必要消灭，而是疏导情绪、并合情绪化之后的信念与行为。

4.1.2.1 基本情绪

研究人员一直在争论到底哪些情绪属于基本情绪，甚至到底是否存在基本情绪。基本情绪即情感的红、黄、蓝三原色，以此为基础可混合成千上万种的情绪。美国加利福尼亚大学旧金山分校心理学家保罗·艾克曼的发现在一定程度上证实了，人类的确存在少数几种核心情绪。艾克曼指出，人类的4种基本情绪（喜、怒、哀、惧）所对应的特定面部表情，为世界各地不同的文化所公认，包括没有文字、尚未受到电影电视污染的人群，这说明情绪具有普遍性。（注意：是喜、怒、哀、惧——喜悦、愤怒、悲伤、恐惧，而不是日常我们所讲的喜怒哀乐）

中国人对情绪其实有自己独特的认识，古代的中国人就知道人有七情六欲。所谓七情，是指喜、怒、哀、惧、爱、恶、欲的感情表现或心理运动（《礼记·礼运》）；所谓六欲，是指人的眼、耳、鼻、舌、身、意的生理需求或愿望（《吕氏年龄·贵生》）。但是从现代心理学的角度来分析，我们认为：喜、怒、哀、惧是基本情绪；爱、恶是复合人类的复合感情；欲望是跟人类的动机相关联的心理活动，不是一种情绪。

4.1.2.2 情绪状态

按照情绪发生的速度、强度和持续时间，可将情绪划分成心境、激情和应激三种状态。

（1）心境。心境是一种微弱、弥散和持久的情绪，也即平时说的心情。心境的好坏，常常是由某个具体而直接的原因造成的，它所带来的愉快或不愉快会保持一个较长的时段，并且把这种情绪带入工作、学习和生活中，影响人的感知、思维和记忆。愉快的心境让人精神抖擞，感知敏锐，思维活跃，待人宽容；而不愉快的心境让人萎靡不振，感知和思维麻木，多疑，看到的、听到的全都是不如意、不顺心的事物。

（2）激情。激情是一种猛烈、迅疾和短暂的情绪，类似于平时说的激动。激情是由某个事件或原因引起的当场发作，情绪表现猛烈，但持续的时间不长，并且牵涉的面不广。激情通过激烈的言语爆发出来，是一种心理能量的宣泄，从一个较长的时段来看，对人的身心健康的平衡有益，但过激的情绪也会使当时的失衡产生可能的危险。特别是当激情表现为惊恐、狂怒而又爆发不出来的时候，全身发抖、手脚冰凉、小便失禁、浑身瘫软，那就得赶快送医院了。

（3）应激。应激是机体在各种内外环境因素及社会、心理因素刺激时所出现的全身性非特异性适应反应，又称为应激反应。这些刺激因素称为应激原。应激是在出乎意料的紧迫与危险情况下引起的高速而高度紧张的情绪状态。应激的最直接表现即精神紧张。指各种过强的不良刺激，以及对它们的生理、心理反应的总和。应激反应指所有对生物系统导致损耗的非特异性生理、心理反应的总和。应激或应激反应是指机体在受到各种强烈因素（应激原）刺激时所出现的非特异性全身反应。

资料：海底捞给顾客一个好情绪

海底捞餐饮公司成立于1994年，以经营川味火锅为主，是汇集各地火锅特色于一体的大型跨省直营餐饮民营企业。秉承“服务至上、顾客海底捞至上”的理念，以创新为核心，改变传统的标准化、单一化的服务，提倡个性化的特色服务，将用心服务作为基本经营理念，致力于为顾客提供“贴心、温心、舒心”的服务。在董事长张勇的理念中，虽然海底捞是一家火锅店，但它的核心业务却不是餐饮，而是服务。

在低附加值的餐饮服务业，虽然家家都在喊“顾客至上”，但实际效果并不理想。在海底捞，顾客却能真正找到“上帝的感觉”。停车有代客泊车，等位时有无限量免费水果、虾片、黄豆、豆浆、柠檬水提供，有免费擦鞋、美甲以及宽带上网，还有各种棋牌供大家娱乐；为了让顾客吃到更丰富的菜品可点半份菜，怕火锅汤溅到身上为顾客提供围裙，为长发顾客递上束发皮筋，为戴眼镜顾客送上擦眼镜布，为手机套上塑料袋，当饮料快喝光时服务员主动来续杯；洗手间也有专人为你按洗手液、递上擦手纸巾；要求多送一份水果或者多送一样菜品，服务员也会爽快答应。

服务员不仅熟悉老顾客的名字，甚至记得一些人的生日以及结婚纪念日，还会赠送一些小礼物。细致周到的服务无疑让顾客有了一个好情绪。

4.2 消费者的情感

4.2.1 情感的含义

《心理学大辞典》中认为：情感是人对客观事物是否满足自己的需要而产生的态度体验。从这个定义可以了解到：情感是一种主观体验、主观态度或主观反映，属于主观意识范畴，而不属于客观存在范畴。

人对事物的态度的体验，是人的需要得到满足与否的反映。情绪和情感有别于认识活动，它具有特殊的主观体验、显著的身体—生理变化和外部表情行为。

情绪和情感两个词常可通用，在某些场合它们所表达的内容也有不同，但这种区别是相对的。人们常把短暂而强烈的具有情境性的感情反应看作是情绪，如愤怒、恐惧、狂喜等；而把稳定而持久的、具有深沉体验的感情反应看作是情感，如自尊心、责任感、热情、亲人之间的爱等。实际上，强烈的情绪反应中有主观体验；而情感也在情绪反应中表现出来。通常所说的感情既包括情感，也包括情绪。

在个体发展中，情绪反应出现在先，情感体验发生在后。新生儿一个月内就出现了愉快、痛苦的情绪反应。他们最初的面部表情具有反射的性质，而随后发生的社会性情绪反应就带有体验的性质，产生了情感。例如，在母子交往中，母亲哺乳引起婴儿食欲满足的情绪；母亲的爱抚引起婴儿欢快、享受的情绪。当婴儿与母亲形成了依恋时就产生情感了。这种依恋具有相对稳定而平缓的性质。然而，已经形成的情感，常常要通过具体的情绪表现出来。对成人来说也是这样，爱国主义的情感，在具体情境下是通过情绪得到体现的。一个人对祖国的成就欢欣鼓舞，对敌人仇恨，这都是表达情感的情绪；而每当这些情绪发生时，又体验着爱国主义情感。

实质上，在行为过程中态度中的情感和情绪的区别就在于：情感是指对行为目标目的的生理评价反应，而情绪是指对行为过程的生理评价反应。再以爱情举例来说，当我们产生爱情时是有目标的，我们的爱情是对相应目标的一种生理上的评价和体验，同时当我们随着爱情的追求这一行为过程的起伏波折我们又会产生各种各样的情绪。

中国大部分的心理学教科书与《心理学大辞典》中都认为情绪与人的自然性需要相联系，具有情境性、暂时性和明显的外部表现；情感与人的社会性需要相联系，具有稳定性、持久性，不一定有明显的外部表现。情感的产生伴随着情绪反应，而情绪的变化也受情感的控制。通常那种能满足人的某种需要的对象，会引起肯定的情绪体验，如满意、喜悦、愉快等；反之则引起否定的情绪体验，如不满意、忧愁、恐惧等。

4.2.2 情感的分类

人的情感复杂多样，可以从不同的观察角度进行分类。由于情感的核心内容是价值，人的情感主要应该根据它所反映的价值关系的不同特点进行分类。

（1）根据价值的正负变化方向的不同，情感可分为正向情感与负向情感

正向情感是人对正向价值的增加或负向价值的减少所产生的情感，如愉快、信任、感激、庆幸等；负向情感是人对正向价值的减少或负向价值的增加所产生的情感，如痛苦、鄙视、仇恨、嫉妒等。

（2）根据价值的主导变量的不同，情感可分为欲望、情绪与感情

当主导变量是人的品质特性时，人对事物所产生的情感就是欲望；当主导变量是环境的品质特性时，人对事物所产生的情感就是情绪；当主导变量是事物的品质特性时，人对事物所产生的情感就是感情。例如，脏、乱、差的工作环境使人产生不愉快的情绪；那些清正廉洁、全心全意为人民工作的领导干部会引发人的尊敬与爱戴的感情，那些贪污腐化、以权谋私的领导干部会引发人的仇视与嘲笑的感情；当机体缺乏食物时，人就会产生饥饿的心理体验，并形成对于食物的欲望；当儿童成长发育到一定阶段，就会自发地产生对于“独立”的欲望。

（3）根据价值主体的类型的不同，情感可分为个人情感、集体情感和社会情感

个人情感是指个人对事物所产生的情感；集体情感是指集体成员对事物所产生的合成情感，阶级情感是一种典型的集体情感；社会情感是指社会成员对事物所产生的合成情感，民族情感是一种典型的社会情感。

（4）根据事物基本价值类型的不同，情感可分为真感、善感和美感三种

真感是人对思维性事物（如知识、思维方式等）所产生的情感；善感是人对行为性事物（如行为、行为规范等）所产生的情感；美感是人对生理性事物（如生活资料、生产资料等）所产生的情感。

（5）根据价值的目标指向的不同，情感可分为对物情感、对人情感、对己情感和对特殊事物情感四大类

对物情感包括喜欢、厌烦等；对人情感包括仇恨、嫉妒、爱戴等；对己情感包括自卑感、自豪感等。

（6）根据价值的作用时期的不同，情感可分为追溯情感、现实情感和期望情感

追溯情感是指人对过去事物的情感，包括遗憾、庆幸、怀念等；现实情感是指人对现实事物的情感；期望情感是指人对未来事物的情感，包括自信、信任、绝望、期待等。

（7）根据价值的动态变化的特点，可分为确定性情感、概率性情感

确定性情感是指人对价值确定性事物的情感；概率性情感是指人对价值不确定性事物的情感，包括迷茫感、神秘感等。

（8）根据价值的层次的不同，情感可分为温饱类、安全与健康类、人尊与自尊类和自我实现类情感四大类

温饱类情感包括酸、甜、苦、辣、热、冷、饿、渴、疼、痒、闷等；安全与健康类情感包括舒适感、安逸感、快活感、恐惧感、担心感、不安感等；人尊与自尊类情感包括自信感、自爱感、自豪感、尊佩感、友善感、思念感、自责感、孤独感、受骗感和受辱感等；自我实现类情感包括抱负感、使命感、成就感、超越感、失落感、受挫感、沉沦感等。

给人情感的绣花鞋

近些年来，在美国西部的一些城市中，风行一种以中国绣花鞋作为生日礼物，向女性长辈祝寿的活动，而且经久不衰。第一次用它做生日礼物的一位名叫约翰·考必克的美国青年医师。当时他在中国旅行，出于好奇心理将绣花鞋带回国，分别在母亲60寿辰、姑母70寿辰、外婆80寿表的时候，各献上一双精美、漂亮的中国绣花鞋作为祝寿礼品。这3位长辈穿上“生日鞋”时都感到非常舒服合意，她们称赞约翰·考必克为她们送来的是“长寿鞋”“防老鞋”“防跌鞋”。此事不胫而走，从而使美国西部各地的人们纷纷仿效，争相购买。于是，中国绣花鞋便神话般地成为当地市场的抢手货，绣花鞋上的花色图案是千姿百态、各显异彩。现在，绣花鞋已似乎可以献给每一位女性。一些很小的孩子也常常在长辈的教诲下，将绣花鞋献给年轻的女性长辈。有一位6岁的美国小女孩，在她17岁的未婚姑姑生日时，送给姑姑一双绣花鞋，上面绣有17朵色彩不同的花。绣花的特殊意义，由此可见一斑。

中国的绣花鞋对于美国的消费者来讲是新鲜事物，在具备漂亮的外观的同时提供了舒适的穿着功能。晚辈送给长辈的绣花鞋，象征长寿、尊敬，从而使长辈获得心理上的满足。绣花鞋上的花色图案更是千姿百态，各显异彩，非常漂亮，使消费者获得了美的体验和享受。促进了亲朋好友情感的交流。

资料来源：韦克难著.《消费心理学》，四川大学出版社，成都，1995。

4.3 消费者的意志

4.3.1 意志的含义和特征

4.1.3.1 意志的含义

意志是人自觉地确定目的，并支配行动，克服困难，实现目的的心理过程。即人的思维过程见之于行动的心理过程。无意识的本能活动、盲目的冲动或一些习惯动作都不含有或很少有意志的成分。

人的行动是由各种不同的动机决定的，这些动机是为了保证生存和满足各种需要而产生的。当一个人意识到自己或社会有某种需要时，就会产生满足需要的愿望，从而进一步有意识地确定追求的目的，拟定达到目的的计划，并做出行动。这种行动始终是由意识调节支配的，是自觉的、指向于一定目的并与努力克服达到目的所遇到的障碍相联系的。从产生动机到采取行动的这种心理过程就是意志。意志行动不同于生来具有的本能活动和缺乏意识控制的不随意行动，而是属于受意识发动和调节的高级活动。人的生活、学习和劳动都是有目的的随意行动，都是人类所特有的意志行动。

4.1.3.2 意志的特征

(1) 意志行动的目的性

人的意志由于具有明确的目的性，它才能既发动符合于目的的某些行动，又能制止不符合目的的某些行动。意志行动效应的大小，是以人的目的水平的高低和社会价值为转移的。目的越高尚、越远大、越有社会价值，意志表现水平就越高。

(2) 意志行动是与克服困难相联系的

克服困难的过程也就是意志行动的过程。困难有外部困难和内部困难两种。人的意志坚强与否、坚强程度如何，是以困难的性质和克服困难的难易程度来衡量的。

(3) 意志行动以随意动作为基础

人的行动是由动作组成的，动作有不随意动作和随意动作两种。不随意动作是指无预定目的的动作，随意动作则是指有预定目的、受意识指引的动作。有了随意动作，人们就可以根据目的组织、支配和调节一系列的动作，实现预定的目的。随意动作是意志行动的必要组成部分，是意志行动的基础。

4.3.2 认知、情感和意志的关系

知（认知）、情（情感）、意（意志）是人类心理活动的三种基本形式。人们认识世界的主观意识过程，通常可以分为三个阶段：

一是认知阶段。目的在于解决“是什么”或“什么事实”的问题。人只有首先了解事物的外在特性（或外部联系）和内在规律（内在本质），即首先了解事物“是什么东西”，才能对它进行其他方面的深入了解。

二是评价阶段。目的在于解决“有何用”或“有什么价值”的问题。人只有了解在了解事物“是什么东西”以及“对我有何价值”，才能知道如何对它采取正确的处理措施。

三是意志（或决策）阶段。目的在于解决“怎么办”或“实施什么行为”的问题。就是针对事物的品质特性以及每一品质特性对于人的价值，人将选择一个最合适的行为，以便能够充分有效地利用事物的价值特性。

没有“认知”的评价就是一种盲目的评价，没有“认知”的意志就是一种盲目的意志；没有“评价”的认知就是一种麻木的认知，没有“评价”的意志就是一种无聊的意志；没有“意志”的认知就是一种空洞的认知，没有“意志”的评价就是一种空洞的评价。

本章小结

本章主要讨论了消费者的情绪、情感和意志的相关含义。情绪和情感两个词常可通用，在某些场合它们所表达的内容也有不同，但这种区别是相对的。人们常把短暂而强烈的具有情境性的感情反应看作是情绪，如愤怒、恐惧、狂喜等；而把稳定而持久的、具有深沉体验的感情反应看作是情感，如自尊心、责任感、热情、亲人之间的爱等。实际上，强烈的情绪反应中有主观体验；而情感也在情绪反应中表现出来。通常所说的感情既包括情感，也包括情绪。

意志是人自觉地确定目的，并支配行动，克服困难，实现目的的心理过程。意志是人的意识能动性的集中表现，是人类特有的心理现象。它在人主动地变革现实的行动中表现出来，对行为（包括外部动作和内部心理状态）有发动、坚持和制止、改变等方面的控制调节作用。

思考题

1. 什么是情绪与情感？它们之间有哪些区别与联系？
2. 什么是意志？具有哪些特征？
3. 认知、情感和意志之间有什么关系？

实践活动

1. 细致考察一家超市，调研超市的内外环境中哪些因素会影响你的情绪和情感。

2. 平时生活过程中，你有没有特别忠诚于某一个品牌，讨论你对其购买意志力较强的原因。

案例阅读

“苹果”的情绪触动

一个品牌成就的大小最终是取决于与消费者的关系，世界上伟大的品牌莫不如此。比如，苹果拥有数量巨大的粉丝，是这些忠实的粉丝完善了苹果品牌的成长，因为这些粉丝固执地认为，这是“他们的苹果”。

史蒂芬·乔布斯把苹果设计成“封闭式”生态系统的时候苹果粉丝们说他有性格；后来他为了迁就市场有所妥协的时候，他们说他成熟稳健。在忠实的“苹果粉”看来，不管他怎么做都有他的道理。因为这种情感联系，粉丝会原谅苹果的过错，义无反顾地继续购买支持其产品，帮助苹果公司克服了很多困难。

正所谓爱屋及乌，粉丝对苹果喜爱甚至超越了品牌本身，衍生到许多周边产品。在美国 Etsy 购物网站，一种售价 1.75 美元的 iLunch 午餐袋上架一天内就卖脱销。众所周知，“i”军团几乎成了苹果的代名词，如 iPad、iPhone、iMac、iLife、iWork等。午餐袋借用了这一创意，在袋上打上苹果 Logo，并命名为“iLunch”。

苹果究竟是怎样培养出这样庞大的粉丝群，让他们产生价值认同，找到归属，建立品牌信仰，心甘情愿地购买 iMac、iPod、iPad 等产品？答案就在于它成功的品牌营销战略。不同于其他的电子产品，苹果一开始便强调差异化的设计和情感诉求，购买其产品实际上就相当于为消费者购买了一个标签，自己彰显了自己特立独行的性格、年轻时尚的心态、社会地位等。

iPad 设计师乔纳森·艾维（Jonathan Ive）曾说：“产品必须具备能释放人们潜在情感的东西，才能备受欢迎。”基于这种理念，苹果的产品设计往往包含了情感因素，例如“软糖”和“五味”iMacG3，五彩缤纷的iPadnano和Shuffle。工业设计专家们指出即使是苹果的经典白色，也具有产品语意学的含义，象征放松、干净、自由、享受、私密、贴近等美妙感受。前苹果高级营销管理人员Steve M Chazin透露，苹果iPad附带的那些小小的白色耳机之所以采用白色也绝非偶然，它是苹果的营销“伎俩”。因为人们在用iPad听音乐时唯一能看得见的部分就是那个白色耳机，这就使得戴白色耳机成为一种新潮时髦的象征。

苹果的广告部分是其传递情感体验的主要方式，iPad产品曾经发布过一系列剪彩广告，广告以鲜绿或魅紫的时尚色彩为背景，黑色剪影人物随着动感音乐忘情舞动，画面视觉中心永远不变的是白色的iPad。广告采用的音乐具有很强的感染力和煽动性，与跃动的剪影一起牵引着人的耳朵与眼球，使人情不自禁沉浸其中，与广告中的人一同沉迷忘我。iPhone在中国上市后，也随之发布了电视广告，《哑语篇》和《生日篇》不仅凸显了iPhone3G的视频通话功能，而且饱含了人与人沟通的情感交流，让人动容。

除了与消费者产生情感交流，互动体验是其品牌战略的另一个利器。苹果充分利用了客户评价以及其他用户生成内容的优势，iTune音乐商店就是一个很好的例子。在iTune音乐商店，打动你的是来自别人的评论和感受等信息，而不是音乐和视频宣传本身。当在你在iTune里查询一个艺术家及其专辑时，相关用户评论就出现在页面的显著位置。同时，你还可以看到“听众还购买了”、用户iMix以及最流行的歌曲等信息。在iTune里，你会轻易被其他用户说服，而不是被营销人员或其他广告形式说服。

在苹果的粉丝博客和论坛上，每天都有大量的Blog、文章、照片、影片传送，让“志同道合”的用户分享，引起兴趣和产生情感共鸣，进而达到广泛传播的效果。它以低成本、灵活、易复制、相对自由化等特性，实现宣传、传播苹果的品牌和产品价值，巩固忠实用户的同时吸引潜在的顾客。通过互动贩卖“苹果文化”，最终培养了一大批忠诚“有个性”“有品位”的苹果粉丝。

（资料来源：价值中国推荐，2009－08－17，www.chinavalue.net/media/mag. 作者有删节。）

思考：

1. 结合本案例分析“苹果”品牌的不同产品从哪些方面与消费者产生情感共鸣的。

2. 为什么在iTune音乐商店顾客会轻易地被其他客户说服？

第 5 章

消费者的记忆、想象与思维

感觉与知觉只能使消费者获得对商品或服务本身直观形象的了解，消费者要想进一步加深对商品的认识，还要利用记忆、想象与思维等较高级的心理活动来完成和深化其认识过程。另外，消费者的记忆、想象与思维是消费者判断产品好坏的基础。消费者只有将产品和已存储信息对比，才能辨别产品对自己的满足程度。本章将重点论述消费者的记忆、想象与思维。

5.1 消费者的记忆

5.1.1 记忆的含义

记忆是人脑对经历过事物的识记、保持、再现或再认，它是进行思维、想象等高级心理活动的基础。人类记忆与大脑海马结构（海马结构是大脑边缘系统的重要组成部分，在进化上是大脑的古皮质，位于大脑内侧面颞叶的内侧深部，左右对称）、大脑内部的化学成分变化有关。

人脑具有对于过去经验反映的机能，是因为主体接受了客体的刺激之后，会在大脑皮层上留下兴奋过程的痕迹。这些痕迹一旦被重新“激活”，人脑中就会重现已消失的刺激物的印象。所以说记忆是人脑的一种机能，它的生理学基础是大脑神经中枢对某种印迹的建立和巩固。现代研究表明，人脑如同一个指挥中枢那样，能向身体的各个器官和部位发号施令，它所记忆的特定信息对人体行为产生极大影响和作用。科学家将记忆之谜称为“生物界最大的自然之谜”。斯伯尔丁说过：“记忆可能是天堂，我们不用担心会被驱逐；记忆也有可能是地狱，我们想逃也逃不掉。”记忆是一个复杂的心理过程。记忆从心理活动上将过去与现在联系起来，并且再现过去经历过的事物，使人的心理活动成为一个连续发展的整体。

记忆作为一种基本的心理过程，是和其他心理活动密切联系着的。记忆联结着人的心理活动，是人们学习、工作和生活的基本机能。把抽象无序转变成形象有序的过程就是记忆的关键。

5.1.2 记忆的心理过程

信息加工理论认为，记忆过程就是对输入信息的编码、存储和提取过程。只有经过编码的信息才能被记住，编码就是对已输入的信息进行加工、改造的过程，编码是整个记忆过程的关键阶段。记忆的基本过程是由识记、保持、回忆和再认三个环节组成的。识记是记忆过程的开端，是对事物的识别和记住，并形成一定印象的过程。保持是对识记内容的一种强化过程，使之能更好地成为人的经验。回忆和再认是对过去经验的两种不同再现形式。记忆过程中的这三个环节是相互联系、相互制约的。识记是保持的前提，没有保持也就没有回忆和再认，而回忆和再认又是检验识记和保持效果好坏的指标。由此看来，记忆的这三个环节缺一不可。记忆的基本过程也可简单地分成“记”和“忆”的过程，“记”包括识记、保持，“忆”包括再认和回忆。

5.1.2.1 识记

识记是指通过对事物的特征进行区分、认识并在头脑中留下一定印象的过程。对事物的识记有些通过一次感知后就能达到，而大部分内容则需要通过反复感知，使新的信息与人已有的知识结构形成联系。识记作为记忆过程的第一环节，对记忆效果的好坏具有非常重要的影响作用。因此，了解、掌握识记规律，有助于改善记忆。

（1）根据识记是否有目的，可以把识记分为无意识记和有意识记

①无意识记。

无意识记是指没有预定目的，在识记过程中也不需要做一定的意志努力、自然而然发生的识记，如看过的电影、戏剧，听别人讲过的故事以及我们所经历过的某些事，感知它们时并没有识记的意图，但这些内容以后能重新出现在脑海里，对这些内容的识记就是无意识记。

无意识记的内容是构成经验的重要部分，对心理活动及行为也有明显的影响。无意中所经历的事情，在我们有意识地面临某些情境、处理某些问题时，能作为已有经验起帮助作用。在日常生活中，人们所处的环境，所接触的人，所做的工作，会使人受到潜移默化的影响，在心理上、行为上发生变化。例如，一个民族的文化传统，会在无形中影响整个民族的心理，使其带有本民族文化的特点。

无意识记带有极大的选择性。一般来讲，进入无意识记的内容有两个特点：一是作用于人们感觉器官的刺激具有重大意义或引人注意，如人们对新异的事物会过

目不忘；二是符合人的需要、兴趣以及能产生较深刻情绪体验的内容，如参加高考时的情境，到大学报到第一天的情境等。无意识记对人们知识经验的获得有积极作用，作为教师应该尽量使学生通过这种方式愉快地学习。但是，无意识记不能保证学生获得系统的文化科学知识。因此，在教学过程中，大量的识记内容应通过有意识记来获得。

②有意识记。

有意识记是指有预定目的，在识记过程中要做一定的意志努力的识记。有意识记过程是在识记目的支配下进行的。识记的目的性决定了识记过程是对识记内容的一个积极主动的编码过程。这种编码包括“识记什么”和“怎样识记”。“识记什么”确定识记的方向和内容，“怎样识记”是采取什么方法才能更好地记住所要识记的内容。学生在听课过程中的识记就是由这两部分组成的。每节课都有一定的教学目的、任务。教师一般会先作交代，使学生产生识记意图，以一种积极的心态识记新知识。为了更好地记住教师所讲内容，有些同学采取专心致志地听，即用心记的方法，有的同学采取心记与笔记相结合的方法等。

人们的全部知识经验就是通过有意识记和无意识记的方式获得的。不过，就识记效果而言，有意识记优于无意识记。作为教师，了解识记的这一规律，有助于在教学过程中加强对学生的学习目的性教育，要合理地给学生布置任务，以达到良好的教与学的效果。

（2）根据识记时对材料是否理解，可以把识记分为机械识记和意义识记

①机械识记。

机械识记是指在材料本身无内在联系或不理解其意义的情况下，按照材料的顺序，通过机械重复方式而进行的识记。例如，对无意义音节、地名、人名、历史年代等的识记。这种识记具有被动性，但它能够防止对记忆材料的歪曲。对于学生而言，这种识记也是必要的，因为有一部分学习内容的确是需要精确记忆的，如山脉的高度、河流的长度等。也有些内容，限于学生的知识经验，不可能真正理解其意义，但这些知识对以后的学习是重要的，也应该进行机械识记，如小学一、二年级的学生背诵乘法口诀。实际上，纯粹的机械识记是很少的，人们在识记过程中，总是尽可能地把材料加以意义化。按照信息加工理论的观点，个人对任何输入的信息都要尽可能地按自己的经验体系或心理格局来进行最好的编码，如记电话号码，并不是单纯重复记忆，而要利用谐音或找规律等方式使之意义化。

②意义识记。

意义识记又称理解识记，是在对材料内容理解的基础上，通过材料的内在联系

而进行的识记。在意义识记中，理解是关键。理解是对材料的一种加工，它根据人的已有知识经验，通过分析、比较、综合、来反映材料的内涵以及材料各部分之间的关系。由于意义识记需要消耗较多的心理能量，与机械识记相比，它是一种更复杂的心理过程。意义识记应该是学生识记的主要形式。

5.1.2.2 再认和回忆

（1）再认

再认是过去经历的事物重新出现时，能够被识别和确认的心理过程。在再认过程中，不同的人对不同的材料的再认速度是不一样的，这和影响再认的因素有关。这些因素是：

①原有经验的巩固程度。如果过去经验很清晰、准确地被保持，当再次出现时，一般能迅速、准确地予以确认。如果过去经验已经发生了泛化现象，就容易发生再认错误。原有事物与重新出现时的相似程度。相似程度越高，再认越迅速、准确相似性越差，再认越困难、缓慢，出现再认错误的可能性越大。

②个性特征。个性特征不同，人的心理活动速度和行为反应的快慢也不同。心理学家曾通过实验证实，独立性强的人和依附性强的人的再认有明显的差异。当再认出现困难时，人们常常要寻找再认的线索，通过线索达到对事物的再认。线索是再认的支点，如对久别重逢的朋友的再认一般要以身体的某些特征作为再认的线索。

（2）回忆

回忆是在一定诱因的作用下，过去经历的事物在头脑中的再现过程。例如，在回答教师的提问时，学生要把头脑中所保持的与该问题有关的知识提取出来，这种提取过程就是回忆。

回忆可以分为两大类：根据有无目的性可以把回忆分为有意回忆和无意回忆。有意回忆是在预定目的的作用下对过去经验的回忆，如对考试内容的回忆。无意回忆是没有预定目的，自然而然发生的回忆，如触景生情等。根据有无中介因素参与回忆过程可把回忆分为直接回忆和间接回忆。直接回忆是由当前事物直接唤起的对旧经验的回忆。间接回忆是借助中介因素而进行的回忆。从难度上看，间接回忆比直接回忆难度要大。

5.1.3 消费者的遗忘

5.1.3.1 遗忘的含义、原因

遗忘是指识记过的材料不能回忆和再认，或者回忆和再认有错误的现象。按照

信息加工的观点，遗忘过程在记忆的不同阶段都存在。遗忘基本上是一种正常、合理的心理现象。产生遗忘的原因，既有生理方面的，如因疾病、疲劳等因素造成的遗忘；也有心理方面的。关于这方面的原因，主要有四种学说：

（1）痕迹衰退说

主要强调生理活动过程对记忆痕迹的影响，认为遗忘是由于记忆痕迹得不到强化而逐渐减弱，以致最后消退的结果。从巴甫洛夫的条件反射理论来看，记忆痕迹是人在感知、思维、情绪和动作等活动时大脑皮层上有关部位所形成的暂时神经联系，联系形成后在神经组织中会留下一定的痕迹，痕迹的保持就是记忆。在有关刺激的作用下，会激活痕迹，使暂时神经联系恢复，保持在人脑中的过去经验便以回忆或再认的方式表现出来。有些没有被强化的痕迹，随着时间的推移而逐渐衰退造成遗忘。记忆痕迹衰退说还没有得到精确有力的实验证明，但它的解释接近于常识，正像某些物理、化学痕迹也会随时间推移而消失一样，很容易为人们所接受。

（2）干扰说

这种理论认为，遗忘是因为在学习和回忆之间受到其他刺激的干扰的结果，或者说遗忘的产生取决于信息储存以后的提取发生困难或错误。因此，记忆痕迹本身并未发生变化，储存的信息之所以不能提取是由于新旧材料彼此干扰而产生的抑制所致。干扰一旦被排除，记忆就会恢复。这个学说最有力的证据就是前摄抑制和后摄抑制。

前摄抑制是指先前学习的材料对之后学习的材料有干扰作用。后摄抑制是后学习材料对先学习材料的干扰作用。在消费者购买活动中，前摄抑制和后摄抑制的影响是十分明显的。消费者在连续接受大量消费信息后，往往对开始和最后的消息印象深刻，中间内容则模糊不清。比如，消费者在北京电视台 5 频道每晚的“探索”节目前的连续广告中，也许只记住了第一个和最后一个广告片。同样道理，在电视连续剧前或中间、结尾插播的大量广告片，消费者也只能记住前面两三个，或者后面的一两个。

（3）压抑说

这种理论认为，遗忘是由于情绪或动机的压抑作用造成的，如果压抑被解除，记忆就能恢复。这种理论用以解释与情绪有关内容的暂时性遗忘是有效的。这一理论是由弗洛伊德在临床实践中发现的，他认为，那些给人带来不愉快、痛苦、忧愁的体验常常会发生动机性遗忘。

（4）同化说

这种理论认为，遗忘是知识的组织和认知结构简化过程。这是奥苏伯尔根据他的有意义言语学习理论对遗忘提出的一种独特的解释。他认为，当人们学到了更高级的概念与规律之后，高级的观念可以代替低级的观念，使低级观念遗忘，从而简化认识并减轻记忆。在真正的有意义学习中，前后相继的学习不是相互干扰而是相互促进的，因为有意义学习总是以原有的学习为基础，后面的学习则是对前面的学习的加深和补充。

5.1.3.2 遗忘的影响因素

因为感知过的事物没有全部记忆的必要；识记材料的重要性具有时效性；遗忘也是人心理健康和正常生活所必需的。一般而言，遗忘进程不仅受时间因素影响，还受许多其他内容影响。

（1）学习态度

学习者对识记材料的需要、兴趣等，对遗忘的快慢有一定影响。在人们生活中没有重要意义、不占主要地位的内容，不能引起人们的兴趣。不符合人们需要的事情，会首先被忘记。而人们需要的、感兴趣的、具有情绪作用的，则遗忘得比较慢。经过人们的努力，积极加以组织的材料遗忘的较少，而单纯地重复材料，识记效果比较差，遗忘得较快。

（2）识记材料的性质和数量

一般地说，熟练的动作遗忘得较慢；形象性的材料比较容易长期保持；有意义的材料比无意义的材料遗忘得慢。在材料的数量方面，当学习材料数量超过记忆广度时，其数量的增加会引起记忆的困难。在学习程度相同的情况下，要达到相同的识记水平，识记材料数量越多，遗忘得也就越快；识记材料越少，则遗忘得较慢。

（3）材料在序列中的位置

识记材料的序列位置不同，遗忘的情况也不一样。一般是排列序列首末两端部位的材料容易记忆，不易忘记，而排列在中间部位的材料则容易忘记。

5.1.3.3 遗忘的规律

遗忘虽是一种复杂的心理现象，但其发生发展也是有一定规律的。德国心理学家艾宾浩斯（H. Ebbinghaus）研究发现，遗忘在学习之后立即开始，而且遗忘的进程并不是均匀的。最初遗忘速度很快，以后逐渐缓慢。他认为“保持和遗忘是时间的函数”，他用无意义音节（由若干音节字母组成、能够读出、但无内容意义即不是词的音节）作记忆材料，并根据他的实验结果绘成描述遗忘进程的曲线，即著名的“艾宾浩斯记忆遗忘曲线”，如表5.1和图5.1所示。

表 5.1　时间间隔与记忆量关系　　单位：%

时间间隔	记忆量
刚记完	100
20 分钟后	58.2
1 小时后	44.2
8～9 小时后	35.8
1 天后	33.7
2 天后	27.8
6 天后	25.4

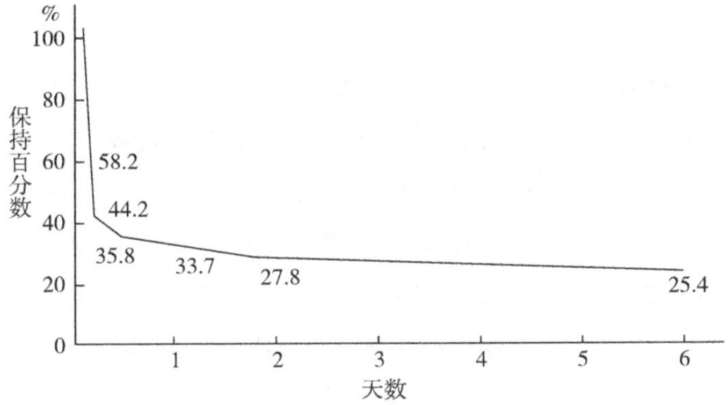

图 5.1　艾宾浩斯记忆遗忘曲线

艾宾浩斯记忆遗忘曲线描述了人类大脑对新事物遗忘的规律。该曲线表明了遗忘的规律：遗忘的进程是不均衡的，在识记之后最初一段时间里遗忘量比较大，以后逐渐减小。人们可以从遗忘曲线中掌握遗忘规律并加以利用，从而提升自我记忆能力。该曲线对人类记忆认知研究产生了重大影响。

5.1.4　记忆的分类

5.1.4.1　根据记忆的内容，可以分为四种类型

①形象记忆。是以感知过的事物形象为内容的记忆。这些形象可以是视觉形象，也可以是听觉、嗅觉、味觉等形象。例如，消费者对商品的形状、大小、颜色等方面的记忆就是形象记忆。

②逻辑记忆。是以概念、公式、定理、规律等为内容的记忆，是通过词语表现出来的对事物的意义、性质、关系等方面的内容的记忆。例如，消费者对某种产品的制作原理、广告宣传等方面的记忆就是逻辑记忆。

③情感记忆。是以体验的某种情感为内容的记忆。例如，购买某品牌的商品后，在使用过程中感到满意和喜悦。

④运动记忆。是以过去做过的运动或动作为内容的记忆。例如，看电视“家庭生活”栏目了解如何制作鲜荷叶粉蒸肉，制作方法的记忆就是运动记忆。

5.1.4.2 根据记忆保持的时间长短，可分为三种类型（三个阶段）

①瞬时记忆。也称感觉记忆。是指当客观刺激物停止作用后，感觉信息在人脑中还能继续保持一个很短时间的记忆。进入瞬时记忆的信息在头脑中保持的时间大约为0.25～2秒。

在瞬时记忆中被登记的信息，如果受到注意，他就转入第二个阶段，即短时记忆阶段；如果没有受到注意则很快就会消失。

②短时记忆。也称操作记忆。是指信息保持大约为一分钟的记忆。短时记忆在消费者活动中是必不可少的。例如，消费者了解广告信息等，是离不开短时记忆的。

③长时记忆。是指信息经过充分的和有一定深度的加工后，在头脑中长时间保留的记忆。他保存时间长，从一分钟以上直到许多年仍终身不忘。长时记忆是对短时记忆的加工、复述的结果。只要有足够的复述，长时记忆的容量是相对无限的。有时强烈的刺激给人造成的深刻印象，也能一次形成长时记忆。

5.1.5 记忆在营销中的作用

记忆是个体经验积累和心理发展的前提，作为一种基本的心理过程，是和其他心理活动密切联系着的，消费者的每次购物活动不仅需要新的信息、新的知识，同时还需要参照以往对商品或劳务的情感体验、知识和经验。换句话说，记忆帮助消费者积累起大量的商品知识、购买和使用经验，这些就成为以后的消费活动的参考依据。在以后的消费活动中，消费者会自觉地利用记忆材料如过去的使用经验、广告宣传、印象效果等，对商品进行评价，这有助于消费者全面准确地认识商品，并做出正确的购买决策。尤其是对一些价格昂贵的消费品，人们大都经过慎重的挑选、比较、权衡之后，才决定购买与否。因此，信息在消费者记忆中如何组织就成为专家和营销人员十分关心的问题。对工商企业来说，在了解消费者记忆的特点的基础上，在营销中可以采取的方法有：

①心理学研究表明，有意义的材料比无意义的材料容易记忆。工商企业在做广告或给商品命名时，应尽量避免生冷的词汇，少用专有名词和费解的字句。

②哈佛大学心理学家乔治 A. 米勒博士在研究中发现，人的信息加工能力是有极限的，这就是神秘的数7±2. 即米勒认为人的短时记忆能力的广度为7±2个信息

块。这个数目对于我们许多感觉通道来说，大体上是恒定的。普通人的大脑是无法同时处理7个以上的单位。说白了就是，很少有人能记住同类产品7个以上的品牌名称。这就给企业传达了一个信息，即使本企业的产品非常幸运地挤进了七者之一，也不能高兴得太早。因为影响消费者购买的往往只是前两三名，而且有人做过统计，首位的企业的产品比第二位的市场占有率高出一倍，而第二名又比第三名高出一倍。所以说，企业的产品、品牌想让消费者眷顾，就必须了解消费者记忆的特征，做好市场定位。另外，企业在传递商品信息时，要考虑消费者接受信息的记忆极限问题，尽量把输出的信息限制在记忆的极限范围之内，避免因超出相应范围而造成信息过量，使消费者无法接受。比如，在电视的5秒版广告中播出的信息应尽量安排在7～8个单位内，超出这一范围，就会大大降低广告宣传效果。

③把信息编成组块。所谓组块（Chunk）指的是把几个小单位组成大单位。通过组块使原来小的、分散的信息集合成大块信息，从而使记忆的容量得以增加。这种组块方式的识记可以是一个数字、一个汉字、一个词、一个短语，甚至是一个句子。

一般认为，每个组块所含的信息量的多少是不等的。以组块的方式进行识记，主要是以过去的知识经验为基础；也就是说，把信息单位归并成块的能力决定于对组块本身的了解，如消费者或客户能够记住七位数以上的手机号码通常采用的是组块记忆方法。记忆时，把那些没有规律、枯燥的数字，三个或四个一组，形成若干个组块，然后，以组块的形式进行记忆，使记忆的数量大大增加。再如，对数字1、9、1、9，熟悉中国历史的人能够形成一个信息块1919，知道这是“五四”运动的年代；不熟悉中国历史的人则不能形成单一的信息块，而是一串无意义的数字。以组块方式进行识记，可以提高记忆的容量和效率。

组块概念在现实生活中应用非常广泛，其内涵已扩充到一切有意义的编码，表现为由单个信息组成熟悉的或有规律的图形、符号、文字语言及其他。企业在营销中也可以有效利用组块方式，提高消费者对本企业产品、品牌、企业标识，甚至企业形象的记忆。

④适度重复可以加深消费者对广告或商品的印象。由于适度重复可以增加信息在短时记忆中停留的机会，不断地重复还有助于将短时记忆转化为长时记忆，所以在传递消费信息时，特别是新产品上市时，应尽可能多次重复有关内容，但应注意表现形式的多样化和重复时间的间隔性和节奏性。比如，新产品广告在播放5～6次之后停一段时间再播放。有些产品在进入成长期或成熟期时播放的广告，广告画面要根据市场环境的变化而变化，这样可以避免引起消费者的乏味和厌烦心理。

5.2 消费者的想象

5.2.1 想象的含义

想象是人脑对已有表象进行加工改造，创造出新形象的过程。这个概念中涉及的表象是指事物不在眼前时头脑中出现的事物的形象。表象是人脑中的知觉痕迹经信息加工后的再现。人脑在反映客观世界时，不仅能产生知觉形象和表象，而且还能创造出新的形象。这种新的形象不是表象的简单再现，许多内容是“超现实”的，是对客观现实的超前反映。然而无论想象如何新颖，想象都不是凭空产生的。因为构成新形象的一切材料如同心理过程一样都是来自客观现实。想象也是人脑对客观现实反映的一种形式，只不过是以独特的方式表现出来的。想象是在实践活动中产生、发展起来的。同时，想象也要受到时间的检验。

在消费活动中，消费者对商品的要求是非常高的，有时甚至是非常挑剔的。但也正是由于消费者的这种心理，极大地促进了消费者的创新与发展。这种心理现象就是消费者的想象，他是消费者在原有感知的基础上创造新形象的心理过程。

5.2.2 想象的种类

5.2.2.1 无意想象与有意想象

根据想象是否有目的性，可以将想象分为无意想象和有意想象。

①无意想象是没有特殊目的、不自觉地想象，又叫不随意想象。他是想象之中最简单、最初级的形式。人的梦是一种不由自主的奇异想象，是无意想象的极端情况。当消费者在外部刺激的作用下不由自主地想象某种消费对象的形象时，就是消费者的无意想象。

②有意想象是带有一定的目的性与自觉性的想象，也叫随意想象。在进行有意想象时，人给自己提出想象的目的，按一定的任务进行想象活动。消费者按照自己的某种消费需要和意向有目的地想象时，他所表现出来的想象形式就是有意想象。

5.2.2.2 再造想象、创造想象和幻想

根据有意想象的内容是否具有新颖性、独立性以及创造性，可以将其分为再造想象、创造想象和幻想。

①再造想象是根据语言的描述或图样的示意，在人脑中形成相应新形象的过程。

根据消费者想象内容的新颖性程度，消费者的再造想象是指消费者依据某种消费品的特性和实物描述，产生新表象的心理过程，它是创造想象的基础。

②创造想象是不依赖现成的描述而在人脑中形成相应形象的过程。消费者的创造想象是指消费者在某种消费品的刺激作用下，独立的构思某种消费品全新表象的心理过程。

③幻想。幻想是一种与生活愿望相结合，并指向未来的想象。有很多卡通玩具，动漫中的形象就属于幻想。

从想象与幻想的关系看，除幻想以外，还有空想和未来理想等多种表现形式。

5.2.3 想象与消费实践的关系

在这里主要谈一下想象与消费实践和企业市场营销活动的关系。想象，作为在感知的基础上改造旧表象，创造新形象的心理过程，是以时间为基础，为实践所制约的。人们在实践中常常会遇到一些困难，也产生一些新的需要，这些困难和需要促使人们去改变客观现实，从而创造新的东西，想象就是在这种实践活动的要求下发展起来的。想象在市场活动中不仅对消费者的消费行为产生影响，对经营者也会产生影响。

5.2.3.1 想象可以引发消费者的美好联想

消费者的想象与个人其他心理过程都有深刻的内在联系——想象以记忆为基础，记忆表象是想象的素材；想象过程总会伴随着一定的情感体验；想象可以成为意志过程的内部推动力。所以，消费者在评价、购买商品时常常伴随着想象活动。他们买或不买某种商品也与购买商品是否与想象中的追求相吻合有关，相吻合就购买，不相吻合则拒绝购买。很多女顾客在购买服装、床上用品时，想象的闸门大开，产生美好的联想。另外，一则好的广告必定蕴涵着丰富的想象力财富，能给消费者带来无穷的遐想空间。当消费者发挥想象力领悟其中的精髓时，一定会会心一笑，这时消费者也就记住了产品和品牌。

许多企业的名称、品牌的名称和企业的广告语都能引起消费者一定的想象。比如，“联想”“长虹”“百事可乐”等品牌名称，中国人寿保险公司的“不曾相见，但永远陪伴”的广告语，可口可乐“欢迎进入可乐生活”，百事可乐“要爽由自己”等广告语都会引起消费者美好的想象和对产品的良好情感。总之，只要消费活动存在，消费者想象就必然会发挥作用。

5.2.3.2 想象在一定程度上支配消费行为

企业利用消费者想象心理，使某些产品建立其特定的象征意义，成为吸引消费者购买的关键因素。比如，人们会把佩戴名贵钻石戒指和满天星手表的人想象为成功人士，把驾驶“奔驰”车的人想象为企业老板，或者有较好职业，收入较高的人。因而商品的设计与生产，都必须切实注意到消费者的这种心理活动，使商品无论在功能设计，外观式样上，还是在商品命名上，都能引发消费者的美好想象，使其促进购买行为的发生。

5.2.3.3 培养销售人员的丰富想象力

销售人员的工作需要有一定的想象力。销售人员在顾客服务的过程中，想象的作用不可忽视。成交率的高低在很大程度上取决于与消费人员的再创想象有无差错。优秀的销售人员应该能想象出哪种商品更适合被接待的顾客的需要。此外，销售人员在摆放商品，陈列橱窗，介绍商品，展示商品等业务中都可以发挥其创造想象的作用。

5.2.3.4 利用广告中的暗示激发消费者的想象力

企业在做商业广告时，怎么激发和调动消费者的想象力呢？往往是通过暗示的画面。比如，沃尔沃汽车的广告画面是一个核桃，暗示坚固。还有一则牛奶的广告画面是一个杯子被握住之后出现了几个手印，暗示喝了它之后将有无穷的力量，身体强壮。

5.3 消费者的思维

5.3.1 思维的含义

思维是人脑对客观现实的概况的间接的反应，是揭示事物的本质特征的理性认识过程，是人认识活动发展的高级阶段。具体地说，思维就是推理、判断、决策和解决问题。

5.3.2 思维的分类

可以站在不同的角度对思维进行分类，在这里介绍两种分类方法。

5.3.2.1. 根据思维活动的性质和方式，可以把思维分为动作思维，形象思维和逻辑思维三类

①动作思维。动作思维也叫实践思维，是以实际动作来解决直观，具体问题的思维，它是在实际的活动中进行的。消费者在实际的购买活动中需要有动作思维的

参与。

②形象思维。形象思维是指利用事物的直观表象来进行分析，比较，综合，抽象，概括等内部的加工，从而解决问题。例如消费者在购买家具时，会把眼前家具的颜色，款式与自己居室的颜色，摆放位置是否协调等进行形象思维，思维的结果影响其购买行为。

③逻辑思维。逻辑思维也叫抽象思维，使用抽象的概念和判断，推理的方式解决问题的思维。消费者的购买活动同样离不开抽象思维的参与。

5.3.2.2 根据思维的主动性和独创性，可以把思维分为常规思维和创造性思维

①常规思维。常规思维又称习惯性思维，它使用常规方法来解决问题的一种思维。这种思维缺乏主动性和独创性，功能固着。聚合思维等均属于常规思维。

②创造性思维。创造性思维是创造活动中的一种思维。它是用新的方案或程序，创造新的思维产品的思维活动。正如管理大师彼得·德鲁克所说的："不创新便死亡。"创造性思维是人类思维活动的高级过程，是一种复杂的心理活动，需要人们对已有的知识经验进行改组或重建，并在头脑中产生新的思维和想象。不论是企业的经营管理，还是企业的市场营销等都要用创造性思维做指导，不然会在竞争的市场中败下阵来。

5.3.3 思维特性与购买行为

消费者在购物时往往要经过紧张的思维活动。一方面，由于所要购买的商品在满足需要上的特性不同，或者是为了实现购买还需要克服某些困难；另一方面，由于消费者个体的差异，在思维方式上又表现出不同的特点。

5.3.3.1 思维的独立性

有的消费者在购物中有自己的主见，不轻易受外界的影响，而是根据自己的实际情况权衡商品的性能和利弊等，独立做出购买决定；缺乏思维独立性与批判型的消费者，则容易受到外界的影响，缺乏自己独立思考，随人而欲，易被偶然暗示所动摇。

5.3.3.2 思维的灵活性

有的消费者能够根据市场的变化，运用已有的经验，灵活地进行思维并及时地改变原来的计划，做出某种变通的决定。有的消费者遇到变化时，往往呆板，墨守成规，不能做出灵活的反映或不能变通。

5.3.3.3 思维的敏捷性

有的消费者在较短的时间内发现问题和解决问题，遇事当机立断，能迅速做出购买决定。相反，有的消费者遇事犹豫不决，不能迅速地做出购买决定而错失良机。

5.3.3.4 思维的创造性

有的消费者在消费活动中，不仅善于求同，更善于求异。能通过多种通道收集商品信息，在购买活动中不因循守旧，不安于现状，有创新意识，有丰富的创造想象力。

可见，消费者经过对商品的思维过程而做出的购买行为是一种理智的消费行为，是建立在对商品的综合分析基础上的。正因为消费者的思维能力有强弱的差异，从而使得他们具有不同的决策速度与行为方式。需要特别强调两点：

①思维和语言有着密切的联系。人的思维主要是借助于语言来实现的，语言成为思维的工具。因此好的广告词，如中国的移动电话，“不论您在何方，我们都在认真聆听”；在营销活动中营销人员得体的语言，会拉近与消费者的思维距离。使营销活动取得满意的效果；反之，则会使消费者产生逆反的心理，影响营销效果。

②思维是在实践中产生的。实践是思维活动的源泉，思维是加入到实践活动中去的一种特殊的心理活动，一种独立的智力活动，并且是在同实践活动的密切联系中实现的。因此，消费者只有通过消费实践才能判断每一次解决问题、每一次购买决策是否正确。

本章小结

本章论述了消费者的认识心理过程中的记忆、想象和思维等心理变量。记忆是获得信息并把信息储存在头脑中以备将来使用的过程。这一过程包括识记、保持、回忆或再议等几个基本环节。遗忘指对识记过的事物不能再认或回忆，或者表现为错误的再认或回忆。影响遗忘进程的因素主要有学习的态度、识记材料的性质和数量以及在序列中的位置等。遗忘的主要原因有三种观点：衰退说、干扰说和压抑说。德国心理学家艾宾浩斯通过实验发现了遗忘的规律：遗忘的速率是先快后慢，这个规律被称为艾宾浩斯遗忘曲线图。根据记忆的内容可以把记忆分为形象记忆、逻辑记忆、情感记忆和运动记忆四种。根据记忆保持时间的长短，可以把记忆分为瞬间记忆、短时记忆和长时记忆。

想象是人脑对已有表象进行加工改造而创建新形象的过程。根据想象是否有目的性，可以将想象分为无意想象和有意想象；根据有意想象的内容是否具有新颖性、独立性以及创造性，可以将其分为再造想象、创造想象和幻想。

思维是人脑对客观现实的概况的、间接的反应。根据思维活动的性质和方式，可以把思维分为动作思维、形象思维和逻辑思维三类；根据思维的主动性和独创性，可以把思维分为常规性思维和创造性思维。思维特性包括独立性、灵活性、敏捷性和创造性。企业营销人员应该注意思维特性与购买行为之间的关系。企业营销时还要特别注意，思维和语言有着密切的联系以及消费者的思维与实践的关系。

思考题

1. 什么是记忆？记忆的心理过程包括哪几个基本环节？
2. 什么是遗忘、艾宾浩斯记忆遗忘曲线？
3. 什么是想象，想象与消费实践有什么关系？
4. 什么是思维，包含哪些特性？

实践活动

1. 收集一些常见广告词语，然后读给小组同学听，探讨学生主体、广告内容与记忆情况之间的关系。

2. 通过学习记忆、想象与思维相关理论，尝试设计一套学习外语的有效方法。

案例阅读

金士顿是怎么在广告中传递美好“记忆”的？

近日，去年由汉威士集团旗下灵智台湾（Havas Taiwan）为金士顿打造的《记忆的红气球》品牌影片，斩获了2016年欧洲Epica广告节金奖。这也是灵智台湾今年收获的的第二座欧洲创意节金奖。

作为世界上最大的独立记忆存储设备制造商，金士顿一直致力于为人们守护最动人的记忆。为了能更强调品牌精神“记忆永远都在”，自2013年起，金士顿就携手灵智台湾合作打造了一系列微电影广告。无论是2013年的《记忆站台》，还是2014年的《88个琴键》，广告的推出成功地为金士顿树立了温暖动人的品牌形象。

去年的这支《记忆的红气球》依旧延续了金士顿微电影的创作传统，这一次他们讲述的是失去妈妈的小男孩和老警察之间的暖心故事——天真小男孩通过一位善良警官的帮助走出失去母亲的悲痛。警官通过红气球鼓励小男孩，让他彷佛能与在天堂的妈妈沟通，并从对母亲的记忆中得到治愈。

这则广告的目的在于，以打动核心受众的方式传递美好记忆的力量，展现了品牌精神——美好记忆是人们最为珍视的情感。在制作《记忆的红气球》的过程中，制作团队在台湾完美复原了美国小镇的风貌，并聘请来自好莱坞的专业演员表演，尽管只是一部微电影，但是依旧维持了相当高的制作水平。

金士顿了解美好记忆对目标消费者的重要性。鉴于此，也为了从同类强调记忆棒的存储速度及容量的品牌中脱颖而出，金士顿选择为消费者赋予科技以温情的策略。金士顿的品牌宣言"记忆永远都在"完美诠释了品牌精神。同时，基于这一理念制作的微电影反过来推动品牌不断向前。

《记忆的红气球》微电影在优酷、Youtube、微信等众多主流社交平台以及电视、电影院甚至台湾电影金马奖上播出。其中在微信、优酷与Youtube平台的在线点击量总计超过1.5亿，收获广大海内外媒体的一致好评，并取得了众多免费报导的机会。台湾著名的电影金马奖不仅免费播送这部微电影，而且还盛赞了其感人内涵。

此外，由于主题契合，《记忆的红气球》不仅被列为警察学校的范本教材，还在全台多家教会分享。另据一份独立调查表明，通过这次品牌战役，金士顿的品牌认知度跃居同类品牌第一。

（资料来源：SocialBeta，http：//socialbeta. com/t/case－kingston－red－balloons－campaign－2016－12，2016年12月9日）

思考：微电影广告《记忆的红气球》为什么能够成功？

第 6 章

消费者的学习

消费者的需要和行为绝大部分是后天习得的。学习是消费者在社会实践活动中不断积累经验、求得知识和技能的过程，也是提高对环境的适应能力的过程。同时，在学习过程中，消费者的行为也在不断地调整和改变。本章主要阐述学习的含义、特征以及对消费者行为的作用。

6.1 消费者学习的含义、作用和方法

6.1.1 学习的含义

学习是人们适应环境的动态过程，指人在生活过程中，因经验而产生的行为或行为潜能的比较持久的变化。学习是一种十分复杂的心理现象，它不仅与感觉、知觉、注意、思维等认知过程有着直接联系，而且还涉及人的情绪、动机、个性和社会化等问题。在消费者行为的研究中，我们可以将消费者的学习理解为：消费者在购买和使用商品过程中不断获得知识、经验和技能，不断完善其购买行为的过程。在这样一种关于消费者学习的界定中，有几个观点值得注意。

第一，学习是中间变量，它通常介于经验与行为之间。学习者必须凭借反复的体验，积累经验，才能产生行为或潜能的持久性变化。通俗地说，我们不能直接观察到学习本身，当消费者在外界条件的作用下，他的原有行为发生改变时，就可以认为他是在学习。比如，一位女士可能从来没有化过妆，但追求美的心理促使她要学习化妆，她可以通过观看化妆的实际表演，或是阅读杂志上化妆的宣传介绍学会化妆。这位女士通过学习完成了她从未执行过的行为，这就是消费者的学习。

第二，“学习是一个过程”，是人们的主观能动性不断发展变化的过程。这一过程开始于消费者的观察、认知、经验、练习等，经过大脑的分析、加工、处理，最后使消费者行为发生一定的变化。就上例开讲，当我们看到化了妆的那位女士后，

知道这是学习的结果，但学习的行为从她观看化妆表演或阅读杂志上刊登的化妆的宣传介绍时就已经开始了。所以，消费者不断购买商品、使用商品的过程，也就是一个不断进行消费学习的过程。

第三，行为改变是学习的必然结果，学习是如此的基本与平常，以致我们几乎意识不到。只有当学习过程在某种程度上受到阻碍或行为有显著的改变时，才会使我们注意到学习。学习的显著特征就是行为的改变。

学习既可能是来自消费者本人的亲身体验，如学习某种操作，不亲身实践就无法掌握；也可能是来自非实践的学习，如消费者想买某一产品，他可以通过广告、产品说明书、其他人的口传信息等了解产品，学习到有关商品的知识。当然，由学习导致人行为的改变，有时是立刻就会发生的，但有时是潜移默化的，行为改变要在一段时间之后才会显示出来。这种情况在广告效应中最为典型。广告效果测试显示，重复的次数多了，就会引起消费者购买行为的改变。

6.1.2　学习的作用

(1) 获取消费信息

消费者的购买决策是以获得有关购买问题的知识和信息为前提的。信息获取本身就是一种学习，而通过哪些渠道获取信息，获取哪些方面的信息，均需要借助学习这一手段。另外，在现代社会，随着产品更新换代的加快，消费者获取信息的内容也越来越多、越来越广、越来越杂，消费者或主动或被动地接触这些信息，而期中被消费者接受并能够影响消费者行为或行为潜能的可能只有一小部分，但是，正是这一小部分信息，使消费者行为不同以往，使他的购买决策更富于理性和趋于优化。

(2) 触发消费联想

联想是指消费者由此一事物而想到另一事物的心理过程。人们一提起教室，就联想到黑板、多媒体教学设备；最近几年，人们一提起“i”，就联想到苹果品牌。“i”几乎成了苹果的代名词。

联想有两种类型：一是刺激对象之间的联想，如由钢笔联想到墨水，由冬天联想到寒冷；二是行为与结果之间的联想，如由饮料联想到解渴，由面包联想到充饥等。联想在消费者行为中有着非常重要的作用，它既能触发消费者的购买行为，又能抑制或阻碍消费者的购买行为。很多企业在宣传其产品时，都试图通过语言、文字、画面促发消费者的积极联想，从而激起消费者的购买欲望。同样的刺激或暗示，对于不同的人可能会激发不同的联想，其中一个重要原因就是学习与经验使然。而且，企业营销人员发现，经由学习而产生的联想，经多次重复，日久天长，便会形成习惯，如家里的洗涤灵快用完了，消费者会自动地联想到离住处不远的“顺天府超市”和某种品牌的洗涤灵。所以，企业营销人员千方百计在产品、品牌、体验营销、学习、联想与购买之间寻找结合点，希望消费者长期购买本企业品牌的产品。

（3）影响消费决策

学习的过程常常贯穿于消费者的购买决策全过程。我们分解消费者购买决策过程，会发现消费者通过学习，获得所需要的信息，对所要购买的商品有了大致意向后，在确定方案阶段，还要通过学习进一步掌握新的信息，以做出最后决策。所以，学习的过程，也是选择购买方案的过程。需要指出的是，学习的作用会因学习的方式不同而有所区别。学习可以分为正式与非正式两种。人们往往把学校的学习、系统的培训作为正式学习。就消费者购买行为来讲，更多的学习是非正式的。比如，从商场的橱窗中观察商品的陈列，或者在购买决策过程中，来自家人、同事、朋友的意见，亲自使用某产品的体会等，都会不同程度地影响购买行为。

6.1.3 消费者学习的方法

人们从事社会实践活动的过程就是学习的过程。同样，消费者从事购买活动的过程也是学习的过程，是不断积累知识、丰富经验的过程，是一个由不知到知，由知之不多到知之较多的过程。古人说的“学而不思则罔，思而不学则殆”就是这个道理。消费者购买活动的每一步都是在学习，从感知商品到购买决策及使用体验，都是学习的过程，可见学习对消费者的重要性。这种重要性体现为三点：一是增加消费者的商品知识，丰富购买经验；二是进一步提高消费者的购买能力，促进购买活动的完成；三是有助于促发消费者重复性的购买行为。根据这三个特点，消费者可以采取不同的方法进行学习，我们在这里介绍几种消费者学习的方法。

6.1.3.1 模仿法

模仿就是仿效和重复别人行为的趋向，它是消费者学习的一种重要方法。一些演艺明星和体育明星的发型、服饰，甚至生活方式，之所以能很快在一些人群中流行开来就是模仿心理的作用。模仿可以是有意的、主动的，也可以是无意的和被动的。当被模仿行为具有榜样作用，社会或团体又加以提倡时，这种模仿就是自觉进行的。在社会生活中还有很多模仿是无意识的，如小孩模仿大人的行为，经常接触某个群体的成员，就会不自觉地带有该群体的行为特征，等等。

模仿可以是机械的模仿，也可以是创造性的模仿。比如，在上体育课时老师做示范动作，让同学们仿效；在2010年的南非世界杯比赛期间，有很多国家球迷们的装束是既模仿又创新的，让现场其他观众和电视机前的观众大开眼界。

6.1.3.2 试误法

试误法又叫尝试错误法，它是消费者通过尝试与错误，从而在一定的情境和一定的反应之间建立起联结。消费者渴了的时候，可以喝茶、咖啡、可乐或者矿泉水等等，也就是说可以做出许多不同的反应，但经过多次尝试，发现做出某种特定反应能获得最满意的效果，于是此种反应与这一情境的联结就会得以保存。如果在今后的行为练习中，做出此种反应之后总是伴随着满足，则联结的力量会增强；反之，若做出反应之后伴随的是不满和烦恼，联结的力量将减弱。

6.1.3.3 观察法

观察法是指消费者通过观察他人的行为，获得示范行为的象征性表象，并做出或避免做出与之相似的行为的过程。在消费过程中，消费者或自觉或不自觉地观察他人的消费行为，并以此指导自己的消费实践。比如，当发现同事买的某个牌子的手提电脑质量好，效果也好，就可能在头脑中留下印象，在自己需要购置手提电脑时，就会不自觉地想到同事那台手提电脑，并形成购买意向。反之，如果经过观察发现同事所买的那台手提电脑并不那么地理想，则在购买手提电脑时，可能会避免选择该牌子的产品。观察学习使个体突破直线经验的限制，获得很多来自间接经验的知识、观念和技能，它是消费者所采用的十分普遍的学习方法。

6.2 有关消费者学习的理论

消费者如何学习？这里提供行为主义学派、认知学派和观察学习理论来解释这一过程。行为主义学派研究的是主体接触到刺激后所发生的反应变化，提出了条件反射理论。认知学派把学习看作问题的解决，强调学习所带来的心理状态（态度和苛求利益）的变化。观察学习理论强调在学习过程中社会条件的作用。

6.2.1 经典性条件反射理论

运用刺激与反应之间某种既定的关系，使个体学会对不同的刺激产生相同反应的过程就叫经典性条件反射，由苏联生理学家伊万·巴甫洛夫创立。该理论认为，借助于某种刺激与某一反应之间的已有联系，经由练习可以建立起另一种中性刺激与同样反应之间的联系。这一理论是建立在众所周知的狗与铃声的实验基础上的。

试验是这样的，在每次给狗喂食之前都要打铃（称为条件刺激），经过多次反复后，狗听到铃声就会分泌唾液（成为条件反射）。这时，学习或条件联系便产生了。具体说，铃声由原来是一个中性的刺激物变成了食物的信号。

经典条件反射的原理及其所得到的科学事实，可以用于消费者的学习。比如，海上的惊涛骇浪（无条件反射）总是能够引发人们畏惧和恐惧的情感（无条件反射），瑞士银行（条件刺激）的广告背景就是一幅在海上惊涛骇浪中，奋勇搏击的帆船的图景，二者同时出现，反复多次，则瑞士银行的形象是：无论是惊涛骇浪，还是艰难险阻，瑞士银行都会勇往直前（条件反射）。再如，有的幽默广告本身引起情感的反应，开始消费者的性感仅限于对广告自身，但如果反复给消费者看这些广告，那么，广告所宣传的品牌同样会引起消费者愉快的感受，产生所谓的条件反应或者称为“移情”。在这里，消费者有意无意地习得了对特定品牌商品的积极态度和行为。换句话说，一则令人感到亲切的广告，通过经典性条件反射就可能加强消费者积极的品牌态度，而并不需要表明使用该品牌本身会带来的满足。

另外，经典性条件反射原理中的消退理论证明，知名度和美誉度的保持或巩固，同样必须不断用好的品质和优质服务来强化，否则知名度和美誉度就会消退，甚至走向反面。

经典性条件反射理论也有它的不足，巴甫洛夫是通过不断反复条件刺激和非条件刺激，在条件刺激和反射间建立刺激—反应（S→R）关系的。这是传统的学习方式，即只集中解释了大量的由于刺激而导致的非自愿性反应，而不能解释更为复杂的学习心理与行为之间的关系。

6.2.2 操作性条件反射理论

经典性条件反射理论只解释由刺激所引起的行为。但是，在大部分情况下，人的行为不仅仅是被动的行为，人是可以为了适应环境而能动地采取相应行为的。操作性条件反射理论解释的就是人为适应环境而能动地采取的行为。该理论也称工具性条件反射理论，它是由美国著名心理学家斯金纳提出来的。

斯金纳通过对白鼠进行实验发现，将饥饿的白鼠放置箱中，当白鼠乱窜碰到杠杆时，就会掉下食物，这样反复多次，每触动杠杆必得食物，于是发展到白鼠主动触压杠杆以求得到食物。如此反复，这种行为就会得到强化，形成条件反射。由于触动杠杆是获取食物的一种手段或工具，因此，这一类型的学习被称为操作性或工具性条件反射。

斯金纳的操作性条件反射与巴甫洛夫的经典性条件反射虽然基本观点一致，即学习是建立在条件反射基础上的，但是二者还是有一定区别的。在巴甫洛夫的经典性条件反射理论中，学习是先有刺激后有反应，或者说，行为反应是由刺激引发的，是一种对刺激的被动地应答活动。而斯金纳的操作性条件反射理论强调，学习是先有行为后有刺激，行为反应是自发出现的，而后才被刺激所增强。在操作性条件反射理论中强调了强化会加强刺激与反应之间的联结作用。

另外，斯金纳将强化分为正强化和负强化两种。正强化是一种积极刺激，它能引起消费者满意的体验。比如，使用一种护肤品使你的脸感觉舒服、湿润、有光泽，你就有可能多次购买这种护肤品。负强化是一种消极刺激，那些引起消费者不愉快反应的刺激物都可以看成是负强化。

操作性条件反射对理解复杂的消费者心理现象具有重要的意义。这个理论把消费者行为归为原先产品使用后的满意感的函数。按照该理论，消费者对自己的购买行为是可以主动控制的，从产品使用中获取的持续强化（反复满意）将会提高消费者再次够买这一品牌的可能性。

在操作性条件反射理论中还提到一种现象，叫做自然消退。它是指某种条件反射形成后，不再受到强化，那么这种反射就逐渐减小，甚至消失。比如，消费者在有奖销售的影响下，购买了某种商品，当他再次购买同类商品时，没有受到奖励，就有可能不再购买该商品。另外，消费者对某一种品牌或服务不再有好感，消退过程——终止刺激和预期回报之间的联系就会发生，使消费者再次购买相同品牌的可能性迅速降低。

资料：被水淋湿的小猴子

有一个著名的实验是这样的：研究人员把五只猴子关在一个笼子里，笼子一端挂了串香蕉，旁边有个自动装置，若侦测到有猴子要去拿香蕉，立刻会有水喷向笼子。实验开始后，有只猴子去拿香蕉，喷出来的水顿时把猴子们淋成了落汤鸡，每只猴子都去尝试了，发现都是如此。于是，猴子们达成了一个共识——不要去拿香蕉，因为有水会喷出来。

后来实验人员把其中的一只猴子拿走，换进一只新猴子，这只猴子进到笼子里看到香蕉，马上想去拿，结果被其他四只猴子揍了一顿，因为其他四只猴子认为新猴子会害得它们被水淋湿。新猴子尝试了几次，结果被打得头破血流，还是没有拿到香蕉，当然这五只猴子也没有被水喷到。后来实验人员把喷水装置拿走了，再把一只猴子带走，换进另外一只新猴子。这只猴子看到香蕉，当然也是马上要去拿，结果也是被其他四只猴子痛打了一顿。新猴子尝试了几次总是被打得很惨，只好作罢。再后来，慢慢地一只一只把所有的猴子都换成新猴子，可大家都不敢去动那串香蕉，但是它们都不知道为什么。

6.2.3 认知学习理论

认知心理学认为，学习是一个解决问题的过程，而不是在刺激与反射之间建立联系的过程。在许多解决问题的情境中，并没有类似建立条件联系时哪种可见的强化物，但并不以为没有任何强化。实际上，解决问题本身就是一种很重要的强化因素。

最早研究认知学习现象的是德国心理学家柯勒。在1917年柯勒报告了他对黑猩猩的学习研究。在房间中央的天花板上吊着一串香蕉，但是站在地面够不到，房间里有一些箱子，但又不在香蕉下面。开始时，黑猩猩企图通过跳跃去取得香蕉，但没有成功。于是，它就不再跳了，在房间里走来走去。，突然在箱子面前站立不动，然后很快地把箱子挪到香蕉下面，爬上箱子，从箱子上跳，取得了香蕉。如果站在一个箱子上仍够不到香蕉，黑猩猩还会把两个或几个箱子叠起来，以取得香蕉。柯勒认为，这就是对问题情境的一种“顿悟”，并且认为黑猩猩解决问题是靠领悟了事物之间的关系，对问题的情境进行改组，才使问题得以解决的，是突然实现的。认知心理学派认为学习不是尝试错误过程，而是知觉经验的重新组织，是突然的顿悟。因此柯勒的学习理论就被称为“顿悟说”。

20世纪30年代，曾在美国加利福尼亚大学的贝克莱学院执教40年的心理学家托尔曼又对白鼠的“顿悟行为”做了有名的三路迷津实验研究，看白鼠怎么样通过迷津找到食物。实验分预备练习和正是实验两个阶段。在预备阶段，先让白鼠熟悉整个环境，并确定它对自出发点到食物箱三条通道的偏好程度。结果发现白鼠选择第一条通道的偏好程度最高。在正式实验阶段，先在A处设阻，结果白鼠迅速从A处退回，改走第二通道；随后再在B处将第二通道阻塞，此时，白鼠才改走路程最远且练习最少的第三通道。实验时，以随机方式在A处或B处阻塞，以观察白鼠的反应。结果发现，白鼠能根据受阻情境随机而变，选择最佳的取食物路径。

托尔曼认为，白鼠在迷津中经过到处游走后，已掌握了整个迷津的认知地图，其随后的行为是根据认知地图和环境变化予以调整，而不是根据过去习惯行事的。托尔曼经过一连串的实验给出的结论是，人和动物不仅仅对刺激做出反应，他们也依照自己的知识和目的来行动。

关于认知学习的理论很多，这里仅仅介绍上述两种观点。这些理论虽然互有差异，但其共同点是强调心理活动，如思维、联想、推理等在解决问题、适应环境中的作用。认为学习并不是在外界环境支配下被动地形成刺激与反应之间的联结，而是主动地在头脑内部构造定型、形成认知结构的；学习是新旧知识同化的过程，即学习者在学习过程中把新信息归入先前有关结构，这在很大程度上支配着人的预期和行为。

简而言之，认知学派对学习的解释是立足于学习者对问题的解决和对所处环境或情境的主动了解。这种主动了解并不像条件联系的学习那样，“盲目地”或机械地重复，而是如何在不同的情境中使用不同的手段，即目的策略。

认知学习理论对理解消费者的购买决策过程有很大的帮助。按照这一理论，消费者的购买行为总是先从认识需要开始，随后再评估满足需求的可选品牌，接着选出他们认为最可能满足他们的产品，最后评估产品满足需求的程度。

6.2.4 观察学习理论

观察学习理论主要是由美国心理学家班图纳（A. Bandura）所倡导的。根据观察学习理论，人的许多行为是通过观察学习而获得的。所谓观察学习是经由对他人行为及其强化型结果的观察，一个人获得某些新的反应或使现有的行为反应得到矫正，同时在此过程中观察者并没有外显性的操作示范反应。根据这个定义，观察学习有以下特点：

首先，观察学习并不必然具有外显的行为反应。其次，观察学习并不依赖直接强化，在没有强化作用的情况下，观察学习同样可以发生。最后，观察学习不同于模仿。模仿是学习者对榜样的简单复制，而观察学习则是从他人的行为及其后果中获得信息，它可能包括模仿，也可能不包括模仿。

利用观察学习理论可以诱导消费者特别是潜在消费者的反应。

首先，通过模特（通常说的榜样）说明产品肯定的结果，演示产品的使用方法，就可以引起潜在消费者的注意，使他们模仿模特使用该产品。比如，宝洁公司的不同洗发香波用演艺明星做形象代言人，其目的就是通过这些演艺明星使用产品，引起潜在消费者的注意；或者消费者通过对别人行为的观察，熟悉产品的使用方法。这些都会影响消费者的重复购买行为，或扩大口碑效果。其次，消费者可以通过观察别人体验营销、体验刺激时情感的表现，决定自己的购买行为。

6.3 学习的基本特征

了解学习的一些基本特征，可以帮助营销人员掌握消费者学习心理活动的特点和规律，以便有针对性地采取措施，强化消费者对产品、广告、品牌、服务等营销活动的认知度。在学习的基本特征中，对营销人员最有价值的是学习强度、消退、刺激泛化、刺激辨别和反映环境。

6.3.1 学习强度

学习强度是指习得行为或反应不被遗忘，能够持续的程度。学习强度受四个因素的影响：学习内容或被学习事物的重要性，强化的水平或程度，重复的水平和产品或品牌的表象。一般而言，学习过程中接受的信息越多，接受的强化（或惩罚）越多，刺激重复（或练习）的次数越多，信息中包含的意象成分越多，学习就越快而且记忆也越持久。

6.3.1.1 被学习事物的重要性

所学事物对消费者越重要，消费者的学习就越有效率和效果，其持续时间也越长。一般而言，高卷入情形下，消费者会主动获取信息，因此，此时所获得的信息较低介入情形下更为完整。同时，高卷入情形下消费者学习时对强化、重复等因素的依赖程度减弱。然而，在现实企业营销中，企业面对的更多的是处于低卷入状态学习的消费者，因此，如何使企业的信息传播更切入要害，更能满足消费者的需求，如何采取有效手段引起消费者对学习对象的注意和重视，是企业营销中永远的课题。

6.3.1.2 强化

强化是指能够增加某种特定反应在未来重复发生的可能性的任何事物或活动。虽然在缺乏强化的情况下，消费者学习也常常发生，但强化对学习强度的影响是不容忽视的。比如，在很多人看来，脑白金的广告不符合广告播放的规律，但是，正式脑白金广告连续不断地播放，反复地强化，使更多的人记住了这个品牌名称。很多实践证明，强化能极大地影响学习的速度和效果。

强化分为正强化和负强化。好的结果和积极的经验，对人的行为具有积极的强化作用。坏的结果和消极的体验，对人的行为就有负强化的作用。怎样从正面强化消费者的行为呢？我们可以讨论三点，即制定强化形式、塑造和区别激励。

（1）制定强化形式

在市场营销中，针对消费者的强化形式很多，在这里介绍四种。

①固定间隔的强化。这里指固定强化之间的时间间隔。因为，人们在强化过去后的时间内反应冷淡，但在下一个强化来临时则反应积极。比如，消费者会在季节性减价的最后一天蜂拥而至打折的商店，但在两次降价的时间内却不再光顾此商店。

②变动间隔的强化。这里指强化之间的时间间隔围绕着某一均值变动。由于消费者不知道强化什么时间发生，他们必须持续不断地做出反应。比如，许多饭店为了保持较高的上座率，经常采取在一个星期内对不同菜系打折的方式，吸引顾客就餐。

③固定比率的强化。这是指强化只在一个固定数目的反应之后发生。这种强化促使人们持续不断地进行相同的行为。比如，许多商店实行“会员卡”，发放“购物券”等形式，就是通过优惠强化消费者在该商店重复购物的行为。

③变动比率的强化。这是指在刺激物的作用下，促使消费者累积更多的消费行为。一些超市或百货商店热衷于搞不定期的有奖销售、赠送活动，借此吸引更多的消费者来本商店购物。

（2）塑造

一般来讲，塑造是指调整反射条件改变某些行为发生的概率的过程。其目的不是取消这些行为，而是要提高其他行为发生的概率。通常它是通过有效强化不断接近预期反应目标的行为或与预期反应产生相关的行为达到目的。

很多零售商店进行了类似于塑造的营销活动，如设立打折或特价商品专卖区招徕顾客。一旦消费者进入商店，其购买非特价商品的概率就会比没有进入商店的概率大大提高。家用电器零售商或汽车经销商在其店门前举行大型促销活动，就是为了塑造消费者行为，因为消费者身处商店的停车场或店门前时，要比在家中更有可能进商店购物。同样，厂商的免费试用、免费品尝的销售促进方法也可以使更多的消费者接触商品，亲身体验产品的特性。房地产商的免费看房班车，也是一种塑造战术，将消费者领至购买现场是为了增加购买行为发生的概率。

（3）区别激励

在消费者发生行为前采取的手段叫区别激励。人们通常认为区别激励为行为发生创造了条件。这就是说，区别激励存在于行为发生前并直接改变营销行为的发生。实际上，区别激励是行为性条件反射理论用来解释在行为发生前采取措施可以有效改变行为的原因所依据的一个基本概念（正如大家已知的那样，强化和其他结果作品能够使发生在行为之后）。比如，麦当劳做广告，凡是购买一个大巨无霸便可以免费得到一个麦乐鸡，这就提高了消费者从麦当劳购买巨无霸的概率。在消费者发生行为之前采取的手段属于区别激励，而不是强化。很多工商企业在营销激励上各有特色，不同的品牌表示、引人注目的店铺招牌都是区别激励的例子。

由上述介绍我们可以理解，营销人员为什么一定要清楚“什么才能强化消费者得到具体购买行为”。其意义有两方面：一方面要让消费者重复购买，产品必须满足消费者所追求的目标——对产品的利益要求；另一方面，要诱导消费者做出第一次购买，促销信息必须保证恰当的强化，也就是保证产品能满足消费者的需求。

6.3.1.3 重复

重复能增加学习的强度与速度，即接触某种信息的次数越多，人们掌握它的可能性就越大。重复的效果还直接与信息的重要性和所给予的强化有关。换句话说，学习的内容越重要，并得到了积极的强化，则重复就可以减少；反之，则应提高重复的次数，以强化学习的效果。以广告为例，当某个广告内容并非消费者急需的，又无法向他们提供有刺激的利益承诺和好处，此时，重复也许就成为说服的关键。

6.3.1.4 消退

消退也可以叫自然消退。它是指撤销对原来可以接受的行为的正强化，即对这种行为不予理睬，以表示对该行为的轻视或某种程度的否定。心理学的研究证实，一旦对于习得的反应所给予的强化减弱，习得的反应不再被运用或消费者不再被提醒做出反应，消退或遗忘就会发生。

遗忘发生的速度与最初的学习强度呈负相关关系。也就是说，学习的内容越重要强化越多重复越多意向越多，学习对遗忘的抵制就越强。营销人员通常希望消费者能对本企业广告灯保持长久的记忆和深刻的印象，但如果不注意强化，这种期望就是不现实的。这在广告记忆效果调查中得到了很好的验证。在一次对13000多名成年人进行的民意测试中发现，有一半以上的人记不起刚过去的30天里看过的，听过的或读过的具体的广告。遗忘给企业的促销工作带来了很大的困难。

6.3.2 刺激泛化

刺激泛化是指由某种刺激引起的反应可经由另一种不同但类似的刺激引起。比如，一个消费者知道伊利的冰激凌好吃，就认为新推出的伊利酸奶也好吃，这种情况就是刺激泛化。泛化在营销中是一个非常重要的概念，越来越多的名牌产品运用这一原理进行品牌延伸，且极易获得成功。

在巴甫洛夫的实验中，曾经表征过这种泛化现象。研究表明，泛化的程度与两个刺激的相似性有密切关系，即新刺激与原有条件刺激越相似，泛化越明显；相反，两者差异越大，泛化越小。

现在，刺激泛化原理被广泛地运用到企业的营销活动中，特别是在品牌策略、包装策略和广告策略方面。学习中的这种泛化现象对消费者的品牌学习带来的影响在于，消费者不必对每一个刺激做出反应，只要熟悉名牌中的某一个产品，就可能随之认识他的系列产品。这也正是名牌商品的市场价值所在。比如，我国海尔电器集团最初以优质电冰箱起家，取得成功以后又推出了一系列其他类别的电器产品，如空调、洗衣机、热水器等，都冠以“海尔”品牌上市销售，虽然未做专门的广告宣传，也很快被消费者接受，再如蒙牛利乐枕液态奶在上市以后，受到消费者的好评，蒙牛集团继而又用蒙牛品牌推出各种酸奶，冰淇淋和酸酸乳，就是运用泛化原理建立消费者对这些产品的反应。实际上世界上大多数公司，据粗略统计大约有80%的新产品品牌名称是已有品牌或生产线的拓延。美国宝洁公司在20个月的时间内推出近90种产品，没有一个品牌是全新的。

然而，对于企业来说，刺激泛化是一把“双刃剑”。一方面，企业可以利用刺激泛化将消费者形成的关于本企业或产品的一些好的情感和体验传递到新产品上去，以此促进新产品的接受和购买；另一方面，关于企业或其产品的不好的信息经由刺激泛化以后，会对企业的营销活动产生不利影响，正如俗话说的一荣俱荣，一损俱损。比如，在2008年9月发生在我国的三聚氰胺事件，致使成千上万的消费者拒绝购买一些知名品牌奶粉，液态奶等奶制品，而且还泛化到其他一些小食品上，甚至拒绝购买这些乳制品企业的所有产品。

6.3.3 刺激辨别

刺激辨别是指人们将某一类刺激与另一类刺激相区分的学习过程，或者说，它是指消费者对相互类似的刺激予以不同反应的学习过程。

刺激的辨别（或识别）与刺激的泛化是具有紧密内在联系的学习现象。我们对新刺激的最初反应通常是接近于对以往类似刺激所做的反应。消费者接受新产品的过程基本上也是这样。一般这是因为购买者对新产品的第一反应就是弄清楚与该产品最相似的产品是什么。只有弄清楚这一问题，购买者才会将已知产品的某些特性赋予到新产品上，也就是对刺激予以泛化。当然，新产品获得成功仅仅停留在这一阶段还不够，还要使购买者感觉到他具有某些不同于已有产品的特性。正是这种独特性。使新产品和原来同属一类的其他产品区分开了。

另外，刺激辨别要求消费者在品牌学习中避免出现泛化的现象。因为相似性越来越小的刺激都被同样对待，不利于品牌的识别。这时厂商必须想办法对刺激做出区分，以使消费者对他们做出不同的反应。比如，拜耳的阿司匹林与其他品牌的阿司匹林不同，但是消费者不是购买专家，常常不能清楚地辨别他们的差异。为了使消费者对拜耳阿司匹林的识别，并形成品牌记忆，企业的首要任务就是教会消费者区分拜耳阿司匹林和其他品牌的不同。

刺激辨别在市场中不是个别现象。随着市场竞争加剧，同类产品繁多，产品同质化现象日趋突出，产品之间的差异变得越来越小，要让消费者对不同产品做出准确判断，不是一件容易的事情。目前，广告宣传是大多数企业用于帮助消费者进行刺激辨别的主要手段。通过各种传播渠道，引导消费者注意本企业产品的特征，强化差别认识，如产品的一切外部特征，包括品牌、品名、色彩、外观、包装等，最终把自己的产品从同类产品中区分出来。

6.3.4 反应环境

反应环境指消费者学习信息和回忆信息时所处的环境。现实中常常出现这样的情况，在需要的时候我们找不到存储在记忆中的相关信息。影响信息提取能力的因素有两个，即最初的学习强度与回忆时所处的环境，是否与最初的学习环境具有相似性。最初的学习强度越大，在需要的时候，提取相关信息的可能性就越大。在回忆时提供越多与当初学习该信息时相似的环境线索，回忆就越有效。反应环境对消费者的品牌学习有着基本的意义，通过反应环境有助于唤醒和强化品牌记忆。企业利用反应环境强化品牌记忆时，首先要研究消费者的购买习惯，了解他们购买决策发生的时间和地点，便于营造能唤起消费者环境记忆的线索。比如，一个企业在其口香糖的广告中将一幅有趣的画面与该口香糖品牌的发音配对出现，以使消费者对于该品牌产生正面情感（经典条件反射），但是广告中没有清楚地显示该口香糖的包装和品牌字样。当消费者在购买环境中面对众多的口香糖时，由于只能看到各种口香糖的外观与包装，而没有与品牌相对应的声音刺激，这样的购买环境就很难唤起消费者对特定品牌的记忆。正确的做法是广告在提供品牌声音刺激的同时，还应在画面中显示产品品牌的包装画面，这样才能为消费者提供一个完整的刺激环境，帮助消费者唤起记忆。

本章小结

本章对消费者学习进行了较详细阐述。学习是人们适应环境的动态过程，消费者购买活动的每一步都是在学习。消费者的学习有多种方法，本章主要介绍了模仿法，试误法和观察法。

关于消费者如何学习，行为主义学派和观察学习理论的观点不一样。行为主义学派中的巴甫洛夫经典性条件反射理论认为，借助于某种刺激与某一反应之间的已有联系，经由练习可以建立起另一种中性刺激与同样反应之间的联系。斯金纳操作性条件反射理论认为，如果出现后不再有强化刺激跟上，该反应出现的概率就会减弱，直至不再出现。经典性条件反射理论和操作性条件反射的理论虽然基本点是一致的，但他们还有一定的区别。最主要的区别是在巴氏的理论中，反应是由刺激引发的，个体处于被动地位；而在斯氏理论中，反应是自发的，不是由外界刺激引起的，所以个体处于主动地位。

认知学派十分强调学习是一个解决问题的过程，而不是在刺激与反射之间建立联系的过程。在解决问题的情境中，并没有类似建立条件联系时那种课件的强化物，但并不意味没有任何强化。实际上，解决问题本身就是一种很重要的强化因素。观察学习理论主要由美国心理学家班图纳所倡导。所谓观察学习是经由对他人行为及其强化性结果的观察，一个人获得某些新的反应，或使现有的反应得到矫正，同时在此过程中观察者并没有外显性的操作示范反应。利用观察学习理论可以诱导消费者特别是潜在消费者的反应。

消费者的学习有一些基本特征：学习的强度，刺激的泛化，刺激的辨别和反应环境。企业不仅要把握消费者学习的一些基本原理，也要把握消费者学习的基本特征，以便采取有效的营销策略。

思考题

1. 什么是学习，学习在购买过程中有哪些作用？
2. 消费者学习的方法主要有哪些？
3. 经典性条件反射理论与操作性条件反射理论有何异同？
4. 运用认知学习理论，分析认知因素对消费者行为的影响。
5. 试述刺激的泛化原理和刺激的辨别原理。

实践活动

1. 运用本章所学理论，为你熟悉的企业设计一个广告，并讨论如何让消费者迅速记住广告。

2. 访问周围的同学或亲朋好友，了解他们是哪家商店或俱乐部的会员，询问他们得到过哪些更优惠的促销待遇，讨论得到更优惠的待遇与重复购买之间的关系。

案例阅读

万宝路香烟的广告

世界上运用经典性条件反射理论最为成功的要数万宝路香烟的广告，它令品牌形象与产品个性建立起积极联系。具体的万宝路牛仔广告基于这样一个事实，即在美国，人们普通把牛仔看作力量、阳刚之气及诚实正直的化身，是英雄主义的代表。牛仔是初始的或非条件的刺激，牛仔激起的积极感受（力量、阳刚之气、英雄气概）是无条件反射。消费者通过以下两方面把万宝路香烟与牛仔结合起来：①反复的广告；②无条件和条件刺激结合（牛仔总是与万宝路香烟相联系）。在这里产品就变成了条件刺激，因为它可以像牛仔那样激起相同的积极感受。万宝路广告运作的成功，正是因为这种积极的联想。因为牛仔影响了烟民，是他们购买万宝路，而对万宝路的回味又使烟民再次购买，使品牌购买形成了一种条件反射。

思考：通过万宝路香烟的广告，得到什么启示？

第 7 章

消费者的需要与购买动机

在现实生活中，消费者各种各样的购买行为，都是由消费者的购买动机引起的，而消费者购买动机的基础是人类的各种需要。消费者购买行为的一般规律是：需要决定动机，动机支配行为，这是一个不间断的循环过程。围绕这个重要问题，本章主要讨论消费者的需要与购买动机，以及常见的购买动机类型及购买动机调查方法，为企业有效地进行市场营销提供依据，并且为以后各章的继续分析奠定基础。

7.1　消费者需要概述

7.1.1　消费者需要的含义

7.1.1.1　一般意义的需要

需要是指人们在个体生活和社会生活中感到某种缺乏而力求获得满足的一种心理状态。其实质是个体对延续和发展生命，并以一定方式适应环境所必需的对客观事物的需求反映，这种反映通常以欲望、渴求、意愿的形式表现出来。

形成需要有两个条件：一是不足之感，即人感到在生理上和心理上有某种缺乏。人在生活环境中往往存在一些客观的需求，但由于收入水平、价值观念等因素的限制，个人在主观上还没有产生欠缺感，因此未产生心理失衡，这时需要就没有产生。只有当条件发生变化，个人意识到一种不完满状态，才会萌生需要。二是求足之愿，即个人产生追求满足的欲望。由于经济收入的限制或看轻欠缺因素而产生自我抑制，需要也不能形成。

人的需要心理是如何产生的呢？一种叫作“均衡论”的理论认为，在正常条件下，人的生理和心理处于平衡或均衡状态。一旦生理或心理的某个方面出现“缺乏”时，便会导致原有平衡状态的破坏，变为不均衡。这时人的生理或心理便出现了一种不舒服的“紧张”感只有减少或消除这种“紧张”感，人体才能恢复正常的均衡。依据这种理论，需要可以看作减少或消除“紧张”状态的心理反应。

7.1.1.2 消费者需要的含义

消费者需要指消费者对以商品和劳务形式存在的消费品的要求和欲望。消费者需要是包含在人类一般需要之中的。需要是消费行为的基础，没有需要就不会产生相应的消费行为。在理解这个概念时要特别注意两个问题。

其一，需要有时也称为需求。一般来说，这两个概念没有实质上的差别，只是使用的场合不太一致，在谈到消费者的需求时，主要是指一种心理活动，这种心理活动会强烈地推动消费者去实现自己的行动；而在谈到消费者需求时，主要是从营销手段或营销策略上说的，当市场上已经存在相应的商品，经营者正在考虑使用什么样的手段才能把这些商品推销出去时，更经常地使用需求这一词。需求是指针对特定产品的欲望。这种欲望必须具备两个条件：第一，有支付能力；第二，愿意购买。

其二，在市场营销活动中，由于影响因素的复杂性决定了消费者需要不是一个笼统的概念，而是由各种相关因素构成的组合体。具体包括：需要的消费者构成，即产生需要的消费者总体数量、性别、年龄、职业、消费习惯、收入水平等基本特征；需要的消费品种类与总量；需要的市场区域；需要的时机与时期；需要的实现方式和需要的市场环境。

7.1.2 消费者需要的划分

消费者需要的类别极其丰富多样，对其研究的角度不同，分类的结果也就不相同。

（1）按照需要的起源，可以将需要分为生理需要和心理需要

①生理需要是消费者为维持和延续生命，对于衣、食、住、安全等基本生存条件的需要。这种需要是人作为生物有机体与生俱来的，是由消费者的生理特性决定的，因而叫生理需要。

②心理需要是消费者在社会环境的影响下，所形成的带有人类社会特点的某些需要，如社会交往的需要、对荣誉的需要、自我尊重的需要、表现自我的需要。这种需要是人作为社会成员在后天的社会生活中形成的，是由消费者的心理特性决定的，因而叫心理需要。

（2）按照需要的对象，可以将需要分为物质需要和精神需要

①物质需要是指消费并对以物质形态存在的、具体有形的商品的需要，这种需要反映了消费者在生物属性上的欲求，其中又可以进一步划分为低级和高级。低级

的物质需要指向维持生命所必需的基本对象；高级的物质需要是指人们对高级生活用品，如家用电器、高档服装、健身器材、家庭轿车等，以及用于从事劳动的物质对象如劳动工具的需要。

②精神需要是指消费者对意识观念的对象或精神产品的需要，如获得知识，提高技能，艺术欣赏，情操陶冶和追求真理等方面的需要。这种需要反映了消费品在社会属性上的欲求。

（3）按照需要的层次，可以将需要分为生理需要、安全需要、社交需要、尊重需要和自我实现需要五个层次

美国人本主义心理学家马斯洛于1943年提出了“需要层次论”，把人类多种多样的需要划分为上述五个层次：即生理需要、安全需要、爱与归属需要、尊重需要和自我实现需要。马斯洛的需要层次理论对研究和划分消费者的需要类别以及各类需要之间的相互关系具有重要的指导意义，因而受到广泛关注、由于在6.4讨论购买动机理论时要对马斯洛需要层次论做进一步的论述，在这里不予赘述。

（4）按照需要的商品性能不同划分，可以将需要分为对商品使用价值、审美功能、时代特征、社会象征和良好服务的需要

①对商品使用价值的需要是消费者需要的基本内容，使用价值是商品能够满足人们某种需要的属性，消费者对商品的需要，首先表现为要求商品具有特定的使用价值，包括对商品的基本功能、质量、外观、规格、品种、安全性能、便利程度、供应数量，以及同类商品可供选择的余地等方面的要求。

②对商品审美功能的需要主要体现了人类追求、向往美好事物的天性。特别是在生活水平不断提高的今天，消费者在重视商品使用价值的同时，迫切希望商品在工艺设计、造型式样、色彩、装潢、风格等方面具有符合审美情趣的特点。

③对商品体现时代特征的需要，反映了消费者需要的发展属性，体现出消费者不断感受社会环境的发展变化，调整自身的消费观念和消费方式，以顺应时代前进潮流的精神，这一需要在消费中表现为要求商品新颖、新潮、富于变化、能反映当代新鲜事物和思想，具有浓厚的时代气息。

④对商品社会象征性的需要，是消费者希望通过购买和拥有某种商品来显示富有或身份，提高自身的社会地位或知名度，或者借以传递和表达某种情感。它是消费者的社交、尊重、自我实现等高层次需要在商品性能上的体现。对商品社会象征性的需要，具体表现为要求商品具有高档、名牌、个性化等特征。

⑤对提高良好服务的需要，反映了消费者不仅购买商品，同时还购买服务的现代需求观念，是现代消费者主体意识和权益保护意识的体现。这一需要具体表现为

消费者对良好的售前、售中、售后服务，舒适的购物环境，良好的企业形象和产品信誉等方面的要求。良好的服务可以使消费者获得尊重、情感交流、个人价值认定等多方面的心理满足。

除上述分类外，消费者需要还可以从不同角度做多种分类。各种分类对于政府根据消费者需要的特点，制定相关的产业政策、消费政策具有不同的意义，对于企业根据消费者需要的特点，制定市场营销战略与策略也具有不同的意义。

7.1.3　消费者需要的特点

现实生活中，人们的消费需要丰富多彩，纷繁复杂，并随着社会经济的发展而不断丰富和变化，尽管如此，人们的消费需要还是有一定规律可循的。这些规律体现在消费需要的基本特征之中，具体包括以下几个方面：

7.1.3.1　消费需要的多样性

消费需要的多样性，首先体现在人们需要的差异性上。消费者由于民族传统、宗教信仰、文化程度、收入水平、个性特征、生活方式等方面的不同，具有不同的价值观念和审美标准，每个消费者都按照自身的需要选择、购买和评价商品，因此导致多种多样的消费需要。就同一消费者而言，消费需要也是多方面的每个消费者不仅有生理的、物质的需要，还有心理的、精神的需要不仅要满足衣、食、住、行方面的基本要求，而且希望得到社会交往、文化教育、娱乐消遣、体育休闲、艺术欣赏等高层次需要的满足。这些都体现出消费需要的多样性，此外，同一消费者对某一特定的消费对象常常同时兼有多方面的要求，如既要求商品质量好，同时又要求其外观新颖、务实和经济实惠。

7.1.3.2　消费需要的层次性

尽管消费者的需要是多种多样的，但它有一定的层次性可循。按照不同的划分方法，可以把消费需要划分为若干个高低不同的层次，一般来说，人的消费需要总是由低层次向高层次逐渐发展和延伸的。即低层次的、最基本的生活需要满足以后，才会产生高层次的精神需要。但在特殊情况下，需要的层次顺序也可能发生变化。有些人在高层次需要得到相应程度的满足之后，转而寻求低层次的需要的满足。

7.1.3.3　消费需要的发展性

在讨论消费需要的层次性时，实际涉及了消费需要的发展性。因为，消费者的消费需要层次是一个由低级向高级、由简单向复杂不断发展的过程。消费需要的发展主要体现在两个方面一是需要层次的发展变化，一般是较低层次的需要得到满足之后，逐步向较高层次推进；从简单需要向复杂需要发展从物质需要向精神需要发展从单纯追求数量上的满足向追求质量和数量的全面充实发展。这样就形成阶梯式发展趋势。二是消费需要随时代进步而发展变化。时代的进步往往产生许多新的商品、新的观念、新的社会风尚，这必然引起消费需要的发展，没有消费需要的发展，就不会有时代的进步。同样，没有时代的进步，消费需要的发展也将受到局限。

7.1.3.4 消费需要的周期性

人类社会的消费是一个无止境的活动过程，就个人而言也是如此，而消费需要的满足是相对的。某些消费者需要在获得满足后。在一段时间内可能不再生产，但随着时间的推移，已经消退的需要也重新出现，周而复始，呈现出周期性。消费需要的周期性主要由消费者的生理运行机制及某些生理特征引起，并受自然环境变化的周期、商品生命周期和社会史上变化周期的影响。但周期性不是一直在原有水平上的循环。重新出现的需要不是对原有需要的简单重复而是在内容形式上都有所发展和提高。例如，唐装在消退 20 年后，2002 年春节前后，也成为服装市场中流行的商品，只不过现在的唐装，无论在面料、款式、颜色和做工等方面都与过去大不一样。

7.1.3.5 消费需要的伸缩性

伸缩性又称需求弹性。消费需要来源于消费者的心理和生理满足欲望，但它又受社会环境诸多因素的影响和制约。这些因素都可能对消费者需要产生促进和抑制作用，这就是消费需要的伸缩性的特点。一般来说，当客观条件限制了需要的满足时，需要可能抑制、转化、降级；可能停留在某一水平上，也可能以某种可能的方式、同时满足几种不同性质的需要。消费者需要的伸缩性既可能是由消费者本人需要欲望的特征、强度及货币支付能力等自身因素引起的，也可能是由商品的供应状况、价格、广告宣传、销售方式、他人的实践经验，储蓄利率等外部环境因素引起的。

7.1.3.6 消费需要的可诱导性

客观现实的各种刺激对消费者需要的产生起一定的作用。消费者行为能够引起消费者需要的外部刺激（或情景）诱因。消费诱因应按性质可以分为两类：凡是消费者趋向或接受某种刺激而获得满足的，称为正诱因；凡是消费者逃避某种刺激而获得满足的，称为负诱因。心理学研究表明，诱因对产生需要的刺激作用是有限度的。诱因的刺激强度过大或过小都会引起个体的不满或不适，从而抑制需要的产生。比如，如果处在一个连续不断的电视广告宣传的环境中，消费者就可能产生厌烦或抗拒心理，拒绝接收这些广告，甚至拒绝购买这类产品。需要的这一特征说明消费需要可以通过诱导和培养形成，也可以因外界的干扰而受到削弱和交换。因此，诱导需要，甚至开发和创造需要是企业营销管理的主要任务。

7.2 消费者需要的基本形态与研究方法

7.2.1 消费者需要的基本形态

研究消费者需要的存在形态，对于了解市场需要的构成状况和变动趋势具有重要意义。从消费需要和购买行为的关系来看，消费者需要具有以下基本存在形态：

①现实需要。指消费者已经具备对某种商品的实际需要，且具有足够的货币支付能力，而市场上也具有充足的商品，因而消费者的需求随时可以转化为现实的购买行为。

②潜在需要。指目前尚未呈现或明确提出，但在未来可能形成的需要。潜在需要通常由于某种消费条件不具备所致。比如，市场上缺乏能够满足需要的商品。消费者的货币支付能力不足，缺乏充分的商品信息。消费意识不明确，需求强度低、弱等。然而，上述条件一旦具备，潜在需要可以立即转化为现实需要。

③退却需要。指消费者对某种商品的需要逐步减少，并趋向进一步衰退中。导致需要的衰退的原因，通常是时尚变化。消费者兴趣转移；新产品上市，对老产品形成替代；消费者对经济形势、价格变动、投资收益的心理预期等引起。

④不规则需要。又称不均衡或波动性需要。指消费者对某类商品的需要在数量和时间上呈不均衡波动，例如许多积极性商品、节日礼品以及对旅游交通运输都有明显的不规则性。

⑤充分需要。又指饱和需要。指消费者对某种商品需求总量及时间与市场商品供应量及时间基本一致供求之间大体趋向平衡。这是一种理想状态。但是，由于消费需要受多种因素影响，任何一种因素变化，如新产品面世、消费时尚改变等都会引起需求的相应变动。因此，供求平衡的状况只是暂时的、相对的，任何充分需要都不可能永远存在下去。

⑥过度需要。又称饱和需要。指消费者的需要超过了市场商品供应量，呈现供不应求的状况。这类需要通常由外部刺激和社会心理因素引起，比如因为通货膨胀，对某种商品的抢购行为；对未来经济形势不乐观的心理预期等。

⑦否定需要。指消费者对某类商品持否定、拒绝的态度，因而抑制其需要。之

所以如此可能由于商品本身不适合商品需要，也可能由于消费者缺乏对商品的正确认识，或者因旧的消费观念束缚，错误信息误导所致。

⑧无益需要。指消费者对某些危害社会利益或有损于自身利益的商品或劳务的需要，如对香烟、烈酒、赌具、毒品、色情书刊或服务的需要，无论于消费者个人或社会都是有害无益的。

⑨无需要。又称零需要。指消费者对某类商品缺乏兴趣或漠不关心，无所需要。无需要通常是由于商品不具备消费者所需要的效用，或消费者对商品效用缺乏认识，未与自身利益联系起来。

从上述消费者需要的基本形态分析中可以看出，并不是任何需要都能直接激发购买动机，进而形成消费行为的。现实中，有的需要，如潜在需要、零需要、否定需要、退却需要等，必须给予明确的诱因和强烈的刺激，如以诱导、引发，才能达到驱动行为的足够强度。此外，并不是任何需要都能够引起正确、有益的消费行为。有些需要如过度需要、无益需要等，就不宜进一步诱发和满足，而必须加以抑制或削弱。因此，不加区分的倡导满足消费者的一切需要，显然是不适当的。正确的方法应当是区分消费者需要的不同形态。根据具体形态的特点，从可能性和必要性两方面满足需要的方式和程度。

7.2.2 掌握消费者需要的具体方法

从消费者需要的基本形态可以了解，需要不仅是消费者购买行为的动力，它还是动态的，这样一来，消费者需要是永远不会彻底满足的，所以他们的购买行为也永远不会停止。如何去探索、认识消费者的需要呢？可以用观察法、调查法，包括问卷调查、访谈、电话调查、小组讨论和线上调查等具体方法，还可以用二手资料分析法了解消费者需要。

资料：和尚需要梳子吗？

有一家效益相当好的大公司，决定进一步扩大经营规模，高薪招聘营销主管。广告一打出来，报名者云集。面对众多应聘者，招聘工作的负责人说：“相马不如赛马。为了能选拔出高素质的营销人员，我们出一道实践性的试题，就是想办法把木梳尽量多地卖给和尚。”

把梳子卖给和尚，天方夜谭，正如把冰卖给爱斯基摩人，把防毒面具卖给森林中的马鹿一样，推销的都是客户并不需要的产品，看上去都是一件不可能完成的任务，对大多数推销员而言，都会是不可能有结果的结果。绝大多数应聘者感到困惑不解，都表示怀疑，甚至愤怒：出家人剃度为僧，要木梳有何用？岂不是神经错乱，这怎么可能呢？搞错没有？拿人开涮？许多人都打了退堂鼓，应聘者接连拂袖而去，几乎散尽。最后只剩下三个应聘者：小伊、小石和小钱勇敢地接受了挑战。

一个星期的期限到了，三人回公司汇报各自销售实践成果。

负责人问小伊："卖出多少？"答："一把"。"怎么卖的？"小伊讲述了历尽的辛苦，他跑了三座寺院，以及受到众和尚的指责和追打的委屈。但仍然不屈不挠，好在下山途中遇到一个小和尚一边晒太阳，一边使劲挠着头皮。他灵机一动，递上木梳，小和尚用后满心欢喜，于是买下一把。

负责人又问小石："卖出多少？"答："10把"。"怎么卖的？"小石说他去了一座名山古寺。由于山高风大，把前来进香的善男信女的头发都吹乱了。小石找到了寺院的住持方丈说："蓬头垢面是对佛的不敬。应在每座庙的香案前放把木梳，供善男信女梳理鬓发。"住持方丈认为有理采纳了小石的建议。那山共有10座庙，10座香案，于是买下了10把木梳。

负责人又问小钱："卖出多少？"答："1000把。"负责人惊问："怎么卖的？"小钱说他到一个颇具盛名、香火极旺的深山宝刹，朝圣者如云，施主络绎不绝。小钱对住持方丈说："凡来进香朝拜者，多有一颗虔诚之心，宝刹应有所回赠，以做纪念，保佑其平安吉祥，鼓励其多做善事。我有一批木梳，您的书法超群，可刻上'积善梳'三个字，然后便可做赠品。"住持方丈听罢大喜，立即买下1000把木梳，并请小钱小住几天，共同出席了首次赠送积善梳的仪式。得到积善梳的施主与香客，很是高兴，一传十，十传百，朝拜者更多，香火也更旺。于是，方丈再次向小钱订货。同时住持方丈希望小钱再多买一些不同档次的木梳，以便分层次地赠给各类型的施主与香客。这样，小钱不但一次卖出1000把梳子，而且获得长期订货。

由于小钱过人的智慧，公司决定聘请他为市场部主管。

资料来源：中国营销传播网，http：//www. emkt. com. cn/

7.3 消费者购买动机

购买动机是在消费需要的基础上产生的，是引发消费者购买行为的直接原因的动力。相对于消费者的需要而言，购买动机更为清晰显现，与消费行为的联系也更加直接具体。

7.3.1 购买动机的含义和形成

7.3.1.1 购买动机的含义

动机的原意是引起动作。心理学将动机定义为引发和维持个体行为并导向一定目标的心理动力。所谓购买动机，指的是消费者为满足自己一点的需要，而引起购买某种商品或劳务的愿望或意念。

动机是一种内在的驱动力量。当个体采取某种行动时，总是受到某些迫切需要实现的意愿、希望和要求的驱使，而这些内在的意愿、希望和要求具有能动的、积极的性质，能够激发和驱动特定行为的发生，由此就构成该行动的动机。通常，人们在清醒状态下采取的任何行动都是由动机引起和支配的，并通过动机导向预订目标。消费者的消费行为也是一种动机性行为，他们所从事的购买行为直接源于各种各样的购买动机。

7.3.1.2 购买动机的形成

消费者购买动机是一种基于需要而由各种刺激引起的心里冲动。它的形成要具有一定的条件。

首先，购买动机的产生必须以需要为基础。只有当个体感受到某种生物或发展条件的需要，并达到足够强度时，才有可能产生采取行动以获取这些条件的动机。购买动机实际上是需要的具体化。购买动机不仅建立在消费需要的基础上，也受消费需要的制约和支配。

其次，购买动机的形成还要有相应的刺激条件。当个体受到某种刺激时，其内在需求会被激活，使内心产生某种不安情绪，形成紧张状态。这种不安情绪和紧张状态会演化为一种动力，由此形成动机。

最后，需要产生以后，还必须有满足需要的对象和条件，才形成动机。比如，消费者普遍具有御寒的需要，但是，只有当冬季来临，消费者因寒冷而感到生理紧张，并在市场上发现待售的冬装时，才会产生购买冬装的强烈动机。

在消费者购买动机的形成过程中，上述三个方面的条件缺一不可，其中尤以外部刺激更为重要。因为在通常情况下，消费者的需要处于潜伏或抑制状态，需要外部刺激加以激活。外部刺激越强，需要转化为动机的可能性就越大，否则，将需要维持原来状态。

购买动机的形成过程告诉我们，企业在营销活动中多方位地满足消费者的需要和强化商品或服务的刺激，对于促成消费者产生购买动机是非常重要的。

7.3.2 购买动机的功能

购买动机是发动和维持消费者行为的内在原因和直接动力，因此，购买动机在激励消费者行为活动方面主要具有以下功能：

7.3.2.1 发动和终止行为的功能

动机是人们行为的内部驱动力，它具有引发个体活动的作用，消费者的购买行为是由购买动机的发动引起的，而当购买动机指向的目标达成，即消费者在某方面的需要得到满足之后，该动机会自动消失，相应的行动活动也告终。

7.3.2.2 指引和选择行为方向的功能

动机不仅能引发行为，而且还能使行为指向一定的方向。动机的这种功能在消费活动中，首先表现为在多种消费需求中确认基本的需求，如生理、安全、社交或成就等。其次表现为促使基本需求具体化，成为对某种商品或服务的具体购买意愿。在制定特定商品或服务的同时，动机还势必影响消费者对选择标准或评价要素的确定。通过上述过程，动机是消费行为指向特定的目标或对象。与此同时，购买动机还可以促使消费者在多种需求的冲突中进行选择，使购买行为朝需求最强烈、最迫切的方向进行，从而求得消费行为效用和消费者需求满足的最大化。

7.3.2.3 维持与强化的功能

动机的实现和需要的满足要有一定的时间过程。在这个过程中，动机会贯穿某一具体行动的始终，为人的行动提供动力，直到动机实现。另外，动机对行为还具有重要的强化功能，即由某种动机引发的行为结果对该行为的再生具有加强或减弱的作用。即行为的结果对动机的"反馈"，满足动机的结果能够保持和巩固该行为，叫作"正强化"；反之，减弱或消退该行为，叫作"负强化"。

7.3.3 购买动机与购买行为的关系

与需要相比，消费者的购买动机更为具体直接，有着明确的目的性和指向性，但同时也具有更复杂的特性。购买动机与购买行为的关系表现在以下几方面：

7.3.3.1 购买动机的主导性

现实生活中，每个消费者都同时具有多种动机。这些复杂多样的动机之间以一定的方式相互联系，构成完整的购买动机体系。在这一体系中，各种动机所处的动机及所处的作用互不相同。有些动机表现得强烈、持久，在动机体系中处于支配性地位，属于主导动机；有些动机表现得微弱而不稳定，在动机体系中处于依从性地位，属于非主导性动机。一般情况下，人们的行为是由主导性动机决定的。比如，现阶段买房、买车、出国旅游是很多人共同的购买动机，但受经济条件的限制，上述购买动机无法同时实现时，需要改善住房条件或者等房结婚的人，是一定要把钱投向买房的需要上面来的，不敢轻易随便花钱买车和出国旅游，这就是主导动机起作用的结果。

7.3.3.2 购买动机的实践性

购买动机不是朦胧的意向，它已经与一定的作用对象建立了心理上的联系，所以购买动机一旦形成，必将导致行为。因此，我们可以说，购买动机是消费活动的推动力，有购买动机产生就有消费者的活动行为。消费者可能用不同的方法达到不同的目的，但却都是在动机的驱使下进行的。

7.3.3.3 购买动机的内隐性

购买动机是消费者内在的心理活动，由于主体意识的作用，往往使购买动机形成内隐层、过渡层、表露层等多层次结构。而在现实中，消费者较复杂的消费活动往往将真正的动机隐蔽起来。比如，某消费者购买奔驰品牌的小轿车，他也许会说买车是家庭消费需要，但真正的购买动机可能是要向别人显示他事业的成功、生活的优越和家庭的富有。这就是动机的内隐性。

7.3.3.4 够买动机的复杂性

购买动机虽然是引起消费行为的动力，但动机在引发行为时可能有多种情况。有些动机本身直接促成一种购买行为，而有些动机会促进多种消费行为的实现，也有可能在多种动机的支配下才促成一种消费行为。

7.3.3.5 购买动机的冲突性

当消费者同时具有两种意向的动机且共同发生作用时，动机之间就会发生矛盾和冲突。这种矛盾和冲突可能是由于动机之间的指向相悖或相互抵触，也可能是由于各种消费条件的限制，我们知道，人们的欲望是永无止境的，而拥有的时间，金钱和精力是有限的。当多种机制不肯同时实现时，动机之间的冲突是不可避免的。解决动机冲突的方法影响消费者的消费方式，所以对企业营销者来说是有意义的。也就是说，营销者分析产生动机冲突的可能性或情况，并向消费者提供解决方案，是面临动机冲突的消费者选择最合理的购买行为，一般来说。购买动机冲突的形式有三种：

①接近—接近冲突，又称趋势冲突（双趋冲突），是指一个人以同样的强度来追求同时并存的两个目的又不能兼得时的内心冲突。在这种情况下，相互冲突的各

种动机都会给消费者带来相应利益，因而对消费者具有同样的吸引力。但由于消费条件的限制，消费者只能在有吸引力的各种可行性方案中进行选择。因此，吸引力越均等，则冲突越厉害。比如，某消费者获得一笔可观的年终奖金，他希望将这笔钱用到渴望已久的澳大利亚旅游，以满足求奇的动机；但又渴望购置一套高档家庭影院，以满足休闲享乐动机，这两种选择都可能给这位消费者带来利益，且对他都有强烈的吸引力，因而动机之间产生了冲突。这种冲突有时也发生在类似的产品的选择上，如大屏幕液晶彩电与“家庭影院”的选择上，还可以是在同一类型的品牌选择中产生。这时候厂商可以通过强调与竞争产品不同的特性的差别化策略来解决消费者的动机冲突。

②接近—回避冲突，又称趋避冲突，是指一个人对同一消费目标同时产生两种对立的动机，一方面好而去之，另一方面恶而避之的心里矛盾冲突。在这种情况下，消费者面临着同一消费行为既有积极后果，又有消极后果的冲突。其中，具有积极后果的动机是消费者极力追求的，具有消极后果的动机又是消费者极力避免的，因而使之经常处于利弊相伴的动机冲突中，如许多消费者既喜欢吃各种美食，又害怕身体发胖，品尝美味佳肴的动机与避免体重增加的动机之间就经常发生冲突。解决这类冲突的有效措施是尽可能减少不利后果的严重程度，或采取替代品抵消有害结果的影响。

③回避—回避冲突，又称双避冲突，是指一个人同时遇到两个威胁的事件，但又必须接受其一，才能避免其二的内心冲突。在这种情况下，由于两种结果都是消费者企图回避或极力回避的，但因条件所迫又必须对其做出选择，因此两种不利动机之间就会产生冲突。比如，对部分收入低的消费者来说，物价上涨将使他们的购买力降低，而提前购置大屏幕液晶彩电，变频空调等新一代家用电器，又面临占用资金，挤占其他消费开支，产品更新换代等问题，避免涨价损失的动机与减少购买风险的动机之间便产生冲突。面对这类冲突，消费者总是趋向选择不利和不愉快程度较低的动机作为实现目标，以使利益损失减少到最低限度，此时，企业如果采取分期付款，承诺售出产品可以以旧换新的营销策略，可以使消费者的购买风险大大降低，从而使这种冲突得到明显缓和。

7.3.4 购买动机的分类

7.3.4.1 消费者一般的购买动机

由于消费者需要和外在影响因素的多样性，购买动机的表现十分复杂细微，但是，在现实生活中，消费者的购买动机又呈现出一定的共性和规律性。不论购买个体在购买动机上表现出多么大的差异，共性和规律性却始终存在。在这个问题中，我们把消费者在各种消费活动中普遍存在的购买动机概括为两种类型：

（1）生理购买动机

生理购买动机是指消费者为保持和延续生命有机体而引起的各种需要所产生的购买动机。这种购买动机都是建立在生理需要基础之上的。具体可以分为四种类型：

①维持生命的购买动机。消费者饥时思食，渴时思饮，寒时思衣所产生的对食品，饮料，衣服等的购买动机均属于这一类。

②保护生命的购买动机，消费者为保护生命安全的需要而购买商品的动机。比如，购买建筑材料建房子，为治病而购买药品的动机等，就属于这一类。

③延续生命的购买动机消费者为组织家庭，繁殖后代，哺育儿女的需要而购买有关商品的动机，就属于这一类。

④发展生命的购买动机，消费者为了生活过得舒适、愉快，为了提高文化科学知识水平，为了强身健体，而购买有关商品的动机就属于这一类。

（2）心理购买动机

心理购买动机是指由消费者的认识情感意志等心理过程引起的购买动机，具体包括情绪动机，情感动机，理智动机和惠顾动机。

①情绪动机。是由人的喜怒哀乐欲爱乐惧恶，等情绪引起的购买的动机，情绪动机推动下的购买行为，一般具有冲动性，情境性，不稳定性的特点。

②情感动机，是由人的道德感理智感和审美感等人类高级情感引起的购买动机，情绪动机推动下的购买行为，一般具有稳定性和深刻性的特点。

③理智动机，是建立在消费者对商品客观全面认识的基础上对所获得的商品信息经过分析比较和深思熟虑后产生的购买动机，理智动机推动下的购买行为具有客观性周密性，和控制性的特点。

④惠顾动机，是建立在以往购买经验的基础之上，推动的商品品牌商店等产生特殊的信任和偏爱，是消费者重复前往购买的习惯的一种购买动机，消费者个人的购买活动体现对惠顾动机的形成有重要影响，惠顾动机推动下的购买行为具有经验性，稳定性和重复性的特点。

7.3.4.2 消费者具体的购买动机

消费者一般的购买动机在一次具体的购买中是通过具体的购买动机表现出来的，在市场营销实践中常见的具体购买动机有以下几种：

（1）求实购买动机

这是以追求商品或劳务的使用价值为主要目的的购买动机，具有这种购买动机的消费者，在选购物品时，一方面比较注重商品的功用和质量，要求商品具有明确的使用价值，讲究经济实惠，经久耐用，另一方面比较重视所购买的商品，能为使用者带来更多的实际利益，如方便，适应，省时，省力，减轻家庭负担，增加休闲娱乐，时间等，他们不过多强调商品的品牌包装和新颖性。从现在看，具有这种购买动机并不一定与消费者收入水平有必然联系，而主要取决于个人的价值观和消费态度。

（2）求新购买动机

这是以追求商品的时尚，新颖和奇特为主要目的的购买动机，具有这种购买动机的消费者，非常重视商品的外观造型，款式，色彩，装潢，以及时尚性。喜欢那些别出心裁，标新立异，与众不同的商品。而不太注重商品的使用程度和价格高低。

（3）求美购买动机

这是以追求商品的欣赏价值和艺术价值，为主要目的的购买动机，具有这种购买动机的消费者，一方面重视商品本身存在的客观的美的价值，如色彩美，造型美，艺术美等，另一方面重视商品能为消费者创造出的美和美感来，如美化了自我形象，美化了个人生活环境等，因此这些人选购商品时，特别重视商品的外观造型，色彩和艺术品位，而不太看重商品的价格。

（4）求廉购买动机

这是以追求商品价格低廉，希望以较少货币支出获得较多利益为主要目的购买动机，具有这种购买动机的消费者，在选购商品时，特别注重价廉和物美，非常注意商品的价格变动，他们宁可多花体力和精力，多方面了解有关商品的价格信息，并对商品之间的价格差异进行详细之比较反复衡量，他们喜欢选购优惠价，特价，折扣的商品，不太计较商品的外观质量和包装，这类购买动机，与消费者的经济条件有关，但收入较高而节俭成性的人，也会保持求廉购买动机。

资料：百佳瞄准求廉动机

“最贵的地段，最低的价格”，百佳秉承了李嘉诚在香港开始零售企业的风格，高端选址，低端价位。百佳在中国内地一直保留着这个非常显著的特色来开创百佳店铺品牌。

百佳的店铺选址一般选择在高档社区或是黄金地段，或者是CBD黄金旺地。比如，百佳在广州的一家店铺就选择在中山五路百汇广场，这里的租金之高足以令人咂舌。百佳很多大超市也选择在人气最高的地点，哪怕这些地方租金贵得离谱。而百佳进入内地“长三角”以后，也是采取高调占领黄金地段的策略。高端选址必定带来高昂的物业成本，但是百佳商品的价格却并不高，它甚至号称“最低价”。在百佳的店里，“省钱精明眼”“破低价”“长期最低价”等标志随处可见，时时打动顾客。如此高的租金与如此低的价格相比，不得不令人怀疑百佳这种行为是不是一种噱头。

事实上，百佳就是利用这样的反差来塑造企业“在最贵的地方卖最便宜的东西”的独树一帜的企业经营特色，从而吸引消费者购买商品。在商品价格上，百佳主要采取两大杀手锏来保证产品低价：一是百佳采购部门可以凭借大规模的采购量向供货商争取到最低进货成本；二是在整合物流供应链上下功夫，最大化地降低综合成本，最终可以让消费者获得价格上的实惠。在物业租金上，百佳自身的高端定位也会引来当地黄金地产主的青睐，因为百佳的形象和定位与这些高端社区和黄金商圈是吻合的，地产商也需要这样的高端超市来提升人气，正所谓“凤栖梧桐，各取所需”。因此，很多地产开发商会主动邀请百佳加盟，也会尽量提供给百佳较为理想的租金定位。

“身处旺地，贵客临门”，正是由于这样的选址和经营决策，为百佳树立了独有的鲜明特色，也使百佳得到越来越多的顾客的了解和认可。

（资料来源：李俊阳．零售学［M］．北京：科学出版社，2009．有修改）

（5）求名购买动机

这是以追求名牌、高档商品和仰慕某种传统商品的名望，借以显示或提高自己身份、地位和威望为主要目的的购买动机。具有这种购买动机的消费者特别重视商品的品牌、产品、声誉以及象征意义。他们对商品的使用价值不太注重。崇尚名牌产品已成为现代消费市场的一大趋势。

（6）求便购买动机

这是以追求商品使用方便、购买方便为主要目的的购买动机。具有这种购买动机的消费者对时间、效率特别看重，厌烦反复地挑选比较，希望能快速方便买到中意、适合需要的商品。同时，他们也希望购买的商品携带方便，使用、维修方便，减少麻烦。随着我国人民生活节奏的加快和社会竞争的加剧，具有求便购买动机的消费者在社会各阶层中，尤其在城市人口中会越来越多。

（7）从众购买动机

这是以在购买某些商品方面要求与别人保持同一步调为主要特征的购买动机，所以也叫模仿购买动机。具有这种购买动机的消费者，其动机是在参照群体和社会风气的影响下产生的。从众动机驱使这类消费者购买和使用别人已经拥有的商品，而不充分顾及自身的特点和需要。因此，这类消费行为往往有盲目性和不成熟性。

（8）储备购买动机

这是以储备商品的价值或使用价值为主要目的的购买动机。一是表现为购买金银首饰、名贵工艺品、名贵保值的收藏品等进行保值储备。这类商品的价值较稳定，不仅能保值而且还能在收藏期间出现增值的情况。二是购买有价证券进行保值储蓄。三是在市场出现不正常的现象，如商品供不应求、社会动乱的时候，尽可能多地购买商品以备将来需要。

以上列举的仅是现实购买活动中常见的一些购买动机。需要指出的是，消费者的购买动机是一个复杂的动机体系，实际当中人们的消费行为往往不是由一种动机引发的，而常常是由多种动机共同作用的结果。同时，消费者又不愿或根本说不清真实的购买动机。要了解消费者的购买动机，营销人员必须采用一系列调查方法，如问卷调查、观察法、实验法等。但是要记住，购买动机或者简单说购买原因一般是难以全部通过询问直接了解到的。

7.4 关于购买动机的理论

在很长一段时间里，国外专家学者就消费者购买动机进行了大量的研究。购买动机理论研究的中心问题是消费者行为中“为什么”的问题。比如，消费者为什么愿意购买联想 ThinkPad 系列手提电脑？为什么消费者对联想该系列的广告宣传抱有积极的态度？为什么消费者愿意惠顾联想专卖店？在研究的过程中，专家学者提出了一些很值得研究的理论。在这里对主要理论和当前比较流行的理论做要点介绍。

7.4.1 本能理论

本能说是解释人类行为的最古老的学说之一。最初的本能理论只不过是人们对所观察到的人类行为予以简单命名或贴上标签而已。比如，20 世纪初美国心理学家麦克道尔（W. McDougall）提出人类具有觅食、性欲、恐惧、憎恶、好奇、好斗、自信等一系列本能。按照本能说的解释，人生来具有特定的、预先程序化的行为倾向，这种行为倾向纯属遗传因素；无论是个人还是团体的行为，均源于本能倾向。换句话说，本能是一切思想和行为的基本源泉和动力。

本能性行为必须符合两个基本条件：其一，它不是通过学习而获得的；其二，凡是同一种属的个体，其行为表现模式完全相同，像蜜蜂将蜂巢筑成六角形，蝙蝠倒挂着睡觉，候鸟定期迁徙，都属于本能行为。人类也有很多本能性行为，如婴儿天生就有对母亲的特殊反应倾向，有对黑暗的恐惧感等。从市场营销角度来看，本能性反应的价值在于，它能针对这些行为的特定的营销刺激更具有效性。比如，在广告宣传中以母爱为诉求，可能很容易唤起成年人对某些儿童用品的好感，从而有助于这些产品的销售。

相对于多样、复杂的人类行为，本能性行为只是很小的一部分，而且很多被视为具有“人类天性”的行为也可以通过学习来加以改变。基于此，现在很少有学者坚持用人的天性或本能作为人类复杂行为后的动因。

7.4.2 动因理论

为克服本能说的局限性，20 世纪 20 年代出现了动因理论。根据这一理论，人也与动物一样，由于受外部刺激而做出行为，根据过去所获得的经验来反应，刺激行为的能源在于有机体内部。前面已经提出，本能性行为是一种先天程式化的行为。某些定期迁徙的动物，即使是在不与其同类成员接触的环境下喂养大，仍能够找到其出生地。换句话说，在不经学习的条件下，这些动物凭本能就能找到回家的路线。与此不同，动因理论假定，人与动物的行为均是受内部能量的驱使，是经由学习而不是由遗传所引起的。

伯科威茨（Berkowitz）在 1969 年出版的《社会心理学手册》一书中写道：“自从动因一词最初由伍德沃斯于 1918 年引入心理学，动因一直是指促进个体采取行动的内部刺激，这种刺激源与个体的被剥夺感和与被剥夺状态相伴随的机体内某些物质的过剩或匮乏。不管受剥夺的特定性质如何，机体会产生外表的兴奋，如在饥饿时会伴随胃的收缩，由于会推动个体采取行动，直到找到能满足机体内在需要的满足物，剥夺状态才会消除。”处于剥夺状态或匮乏状态的个体必须了解何种物体能满足其特定的内在需要，以及应当采用何种行动才能获得这些满意物。所以，学习在动机理论中占有重要地位。

从上述的伯科威茨论述中，对动因似乎可以做这样的理解：它是由个体生理或心理的匮乏状态所引起并促使个体有所行动的促动力量。动因为个体消除匮乏感或满足其需要的各种活动提供能量，它总是与个体生理或心理上的失衡状态相联系的；动因的减少，伴随着个体的愉快感和满足感，因此，它是个体所追求的。动因减少所带来的奖赏效果会导致个体的学习行为，经由学习积累经验，会使个体对哪些满足物和采用何种方式消除其匮乏感有深刻认识，并在此基础上形成习惯。所以，动因理论认为，动因为行为提供能量，而学习中建立的习惯决定着行为的方向。

美国学者赫尔（Hull）提出的 $E=D \cdot H$ 公式实际上反映了动因理论的基本观

点。式中，E 表示从事某种活动或某种行为的努力或执着程度；D 表示动因；H 表示习惯。赫尔的公式表明，消费者追求某种产品的努力程度将取决于消费者由于匮乏状态而产生的内动因，以及由观察、学习或亲身经历所获得的关于这一产品的消费体验。赫尔特别强调建立在经验基础上的习惯对行为的支配作用。他认为，习惯是一种习得体验，如果过去的行为导致好的结果，人们有反复进行这种行为的趋向；过去的行为如果导致不好的结果，人们有回避这种行为的倾向。

7.4.3 诱因理论

诱因理论是 20 世纪 50 年代提出来的动机理论。认为不仅内部动机因引起行为，而且诱因这样的外部刺激也会引起行为。一项对老鼠的食物剥夺研究表明，在没有呈现食物的情况下，有食物剥夺和没有食物剥夺的老鼠呈现同样的活动水平；当呈现食物时，前者较后者有更加积极的反应。虽然该研究的后一部分发现是与动因理论相容的，但它仍没有回答为什么有机体在同样的匮乏状态下，会因为是否出现奖赏物或刺激物而表现出不同的活动状态。比如，为什么在实验室里，因为迷宫的另一端放有一块蛋糕而使老鼠的跑动速度加快。

动因论的学者采用两个概念，即感受—激励机制和预期—激励机制，来处理前面叙述的问题。

感受—激励用来解释个体对特定刺激物的敏感性，以及由此对行为产生的激励作用或激励后果。比如，当闻到食物的香味或看到刚出炉的黄澄澄的面包时，你会顿生饥饿之感。此时，饥饿感可能并非源自于通常意义上的生理需要，而是由于另外的生理机制在起作用。这类特定的生理机制并不对个体产生驱动作用，而只是使个体对某些类型的刺激物特别敏感。波利（Powley）的一项研究表明，诸如分泌唾液、胃液、胰岛素等引起饥饿感的预备反应是有食物的感觉属性，如外观、气味等所引发的，由此说明外部诱因可能对行为起一种牵引作用。

预期—激励机制是指因对行为结果的预期而产生的行为激励后果。诱因论者认为，个体关于行为奖赏的预期将直接影响其活动状态。如果行为预期的奖赏效果好，个体将处于更高的活动水平；反之，将处于较低活动水平。这实际上隐含着个体受目标导引而且知悉行为结果这一基本假设。

诱因论与动因论的一个很大不同点是，前者侧面从外部刺激物对行为的影响能力来分析行为动机，后者则是主要从个体的内部需要寻求对行为和动机的解释。需要注意的是，诱因论并没有否认个体内在动机的地位与作用，而只是将关注点放在潜伏于个体身上的内在动机在多大程度上能够被特定的外部刺激物所激活的引导上。

从这个意义上讲，诱因论并不是对动因论的排斥，而应视为是对后者的补充与发展。将动机研究的侧重点放在外部刺激上，对市场营销有重要的现实意义。营销人员是无力对消费者的原始动因或衍生动因予以控制的，然而却可以通过对刺激物的操作，达到影响消费者行为的目的。比如，生产企业可以通过对消费者测试决定产品应具有哪些特征，以便更好地适应目标市场需要；经营高档时装的零售企业可以通过各种方式创造一种气氛和环境，使买者产生激动人心的预测。总之，营销人员可以通过营销变量的有效组合，引发消费者对购买产品的收益预期，从而促使消费者采取购买行为。

7.4.4 唤醒理论

依照传统动因理论，人的行为旨在消除因匮乏而产生的紧张，但人类某些追求刺激的冒险的行为，如登山、探险、观看恐怖电影等，恰恰是为了唤起紧张而不是消除紧张。这类现象是动因理论无法解释的。为此，一些学者提出了唤醒理论，认为个体在身心两方面，各自存在自动保持适度兴奋的内在倾向，缺少则寻求增加，过多则寻求减少。

所谓唤醒或激活是指个体的激活水平或活动水平，即个体是处于怎样一种警醒或活动反应状态。人的兴奋或唤醒程度可以很高，也可以很低，从熟睡时的活动几近停止到勃然大怒时的极度兴奋，中间还有很多兴奋程度不等的活动状态。

刺激物的某些特性，如新奇感、变动性、模糊性、不连贯性、不确定性等均可以引起人们的兴奋感。根据唤醒理论个体寻求保持一种适度的兴奋水平，既不过高也不过低，因此人们总是偏好那些具有中度唤醒潜力的刺激物。影响个体最适度兴奋水平的因素很多，如一天中不同的时间段、刺激物的类别、个体本身的差异等。一般而言，个体倾向于使兴奋水平处于小范围的起伏状态，追求那些具有中度不确定性、新奇性和复杂性的刺激物。

唤醒理论可以解释很多市场营销与购买行为关系。比如，对某一品牌形成忠诚度的消费者在连续选择该产品一段时间后，往往会由于对该品牌的“饱和感”而尝试选择新的品牌。可是，如果后者没有特别的吸引力，该消费者又会恢复选择原来的品牌。这种消费行为在食品、冷饮、洗涤用品、衣着鞋帽等商品上比较常见。又如，适度兴奋理论可以很好地解释，为什么消费者有时会大量搜寻信息，以降低购买风险，从而使决策简单化；而在另外的情况下，则存在使购买决策复杂化的倾向。现在，更多的企业发现，在宣传企业产品时，隔一段时间对广告画面或文案做些变动，广告效果会更好，这实际上也运用了唤醒理论。

7.4.5 马斯洛需要层次理论

在前面讨论消费者需要的分类时，已经涉及了马洛斯需要层次性。该理论既是一种动机理论，又是一种激励理论。

马洛斯把人类多种多样的需要划分为五个层次，即生理需要、安全需要、社会需要、自尊需要、自我实现需要。

①生理需要，是个体为了维持生存和发展对基本生活资料的需要，也是各类需要中必须首先满足的最基本的需要。唯有生理需要获得满足后，人们才有可能产生新的更高一层的需要。

②安全需要，是人们表现为要求稳定、安全、受到保护、有秩序，能免除恐惧和焦虑等的欲求。当人的生理需要得到了一定程度的满足后，紧接着就会出现对安全的需求，其目的是降低生活中的不确定性，保障个体生活在一个免遭危险的环境中。例如，人们希望有稳定的工作，较好的生活环境等。

③社会需要，也称爱与归属需要，是人们作为社会成员，希望获得友情、亲情和爱情，与他人保持密切交往，同时归属于某一社会群体，得到群体的关心和帮助。

④尊重需要，包括自我尊重和受到他人尊重两方面的要求。具体表现为渴望实力、成就、独立于自由；渴望名声，受到别人的赏识和高度评价。

⑤自我实现需要。这是最高层次的需要。指人们希望发挥自己的特长和潜能，实现对理想、信念、抱负的追求，取得事业的成功，使自我价值得到充分实现。

在 20 世纪 50 年代，马斯洛在上述分类基础上又增添了认识和审美两种需要。认识的需要产生于人们对未知事物的好奇心和对客观世界的探索欲望。审美的需要是处于人类爱美的天性，表现为对美好事物的追求和向往。

在马洛斯看来，各层次的需要间存在着一定的关系：

首先，各种需要并不是杂乱无序的，而是相对排列成层次，阶梯状由低到高逐层递升，最基本的生理需要和安全需要得到满足后，高层次的需要才能依次出现并得到满足。当然，每一层次的需要并不是截然分开的，各层次的需要之间有密切联系，在实际消费生活中。生理需要往往与其他需要交织在一起。其次，同一时期内，一个人可能同时存在几种需要，但必须有一种需要占主导地位，成为推动行为的主导动机。这种占主导地位的需要叫作优势需要。人在不同的时期，有不同的优势需要。马斯洛认为，若优势需要长期得不到满足，则会引起一系列无礼行为或个性缺陷。由于优势需要对人的行为起决定作用，利用和激发消费者的优势需要是营销人员必须重视的问题。最后，人的需要满足是相对的。五种需要都不可能完全得到满足。越是高层次需要，满足程度越低。

应该指出的是，马斯洛需要层次论提出的许多观点与结论无法在实证水平上予以证实或反驳，其科学性经常受到争论。但正如美国学者莱维特所指出，这一理论的效用在于它可以为人们提供一种有用的思考工具，瑕不掩瑜，其优点似乎总是超过它存在的问题。从消费者行为分析角度看，这一理论对理解消费者的行为动机，对于厂商针对消费者需要特点制定营销策略，具有重要价值：

首先，它提醒我们，消费者购买某种产品可能是出于多种需要与动机，产品、服务与需要之间并不存在一一对应的关系。在现代社会如果认为消费者购买青岛“双星”鞋仅仅是为了走路，那将大错特错。其次，只有低级需要获得充分满足后，高级需要才会更好地得到满足。企业在开发、设计产品时，既应重视产品的核心价值，也应重视产品为消费者提供的附加价值，因为前者可能更多地与消费者的某些基本需要相联系，后者则更多地与其高层次需要相联系，用产品的附加功能取代其核心功能是注定要失败的。再次，越是涉及低级需要，人们对需要的满足方式与满足物就越明确；越是涉及高级需要，人们对满足这类需要越不确定。比如，饿了要吃食物，渴了要喝水喝饮料，对此，消费者十分明确。但对如何才能获得别人尊重，如何获得友谊，如何使生活更加美好，对于这一类高级需要如何满足或以何种方式满足，消费者并不完全清楚。这实际上也意味着，越是满足高级需要的产品，企业越有机会和可能造成产品差异。最后，越是高级需要，越难以得到完全满足，原因在于满足需要的愉快体验中会产生更高的需要，一听“百事可乐”或许已经大部分解决了个体由于口渴所产生的不舒适感，而人们对爱、尊重和知识的渴望与追求几乎是无限的。比如，美国芝加哥大学教授加里·贝克尔是1992年诺贝尔经济学奖得主，他自1985年开始为美国《商业周刊》杂志写专栏，坚持每月一篇，直到2005年，整整写了20年！他没有因为1992年戴上诺贝尔经济学奖桂冠而就此满足，相反，贝克尔仍能沉下心来坚持为杂志写文章，图的不是稿酬，也不是名声，而是一位经济学家“研究实际问题”、为社会发展“指点迷津”的社会责任使然，这是一种更高的境界、更高的追求。消费者的需要，尤其是高层次的需要同样没有终极的时候。

7.4.6 双因素理论

双因素理论是美国心理学家赫茨伯格于1959年提出来的。20世纪50年代末期，赫茨伯格和他的同事们对皮茨堡附近一些工商业机构的约200位专业人士做了一次调查，主要是想了解影响人们对工作满意和不满意的因素。结果发现，导致对工作满意的因素主要有五个：成就、认可、工作本身的吸引力、责任和发展；导致对工作不满意的主要因素有：企业政策与行政管理、监督、工资、人际关系及工作条件等。

赫茨伯格将导致对工作不满的因素称为保健因素，将引起工作满意感的一类因素称为激励因素。保健因素，诸如规章制度、工资水平、福利待遇、工作条件等，对人的行为不起激励作用，但这些因素如果得不到保证，就会引起人们的不满，从而降低工作效率。家庭因素，诸如提升、提职、工作上的成就感、个人潜力的发挥等，则能唤起人们的进取心，对人的行为起激励作用。要使人的工作效率提高，仅仅提供保健因素是不够的，还需要提供激励因素。一个单位固然要为员工提供具有吸引力的工资福利待遇和生产、生活条件，但如果这些待遇条件采用平均分配的办法，不与个人的责任大小、工作业绩或成就挂钩，就只能起一种“保健作用，起一种减少牢骚和不满的作用”，无法激励员工不断进取和努力。

将赫茨伯格双因素理论运用于消费者机动分析，亦具有多重价值与意义。商品的基本功能是为消费者提供基本利益与价值，实际上可视为保健因素。这类基本的利益和价值如果不具备，就会使消费者不满。比如，空调如果不能很好地制冷，手机干扰较大，都会使消费者产生强烈的不满情绪，甚至导致对企业的不利宣传、要求退货、赔偿损失、提起法律诉讼等对抗行动。然而，商品具备了某些基本利益和价值，也不一定能保证消费者对其产生满足感。要使消费者对产品、服务形成忠诚感，还需在基本利益或基本价值，如使产品或商标具有独特的形象，产品的外观、包装具有与众不同的特点等。因为后一类才属激励因素，对满足消费者更高的社会层次的需要具有直接意义。

商品的哪些特征、利益具有保健因素的成分，哪些特征、利益具有激励因素的成分，不是固定不变的。比如，在电视刚发明面世的阶段，能够放出图像并伴有声音就足以触动一些消费者购买了，如果企业的产品还提供一些其他的功能和服务，消费者可能会非常满意，而现阶段，清晰的图像、优质的音响效果几乎成为一种必需。更多的功能、更漂亮的外观，超薄的体积、品牌的声誉，以及企业不断创新的形象，由于能更多地体现消费者较高层次的需要，因而带有较多的激励成分。另外品牌所具有的保健因素与激励因素还会因目标市场的不同、因目标消费者生活方式和价值取向的不同而存在差别。

本章小结

需要是购买动机的基础，是消费行为的起点，是人们在生活中感到某种缺乏而力求获得满足的一种心理状态。消费者需要包含在人类一般需求之中。消费者需要指消费者对以商品和劳务形式存在的消费品的要求和欲望。现实生活中，消费者需要是非常复杂的，要从多个角度进行分类。其中，马斯洛的需要层次论，将需要从低级到高级分为五个层次，这一分类法至今仍有广泛的影响和重要的现实意义。

购买动机是一种升华到足够强度的需要，是购买行为的驱动力。它能够及时引导消费者去探求满足需要的目标。心理学家认为，动机在激励人的行为方面具有始发、导向、维持、强化和终止等作用。本章概括介绍了消费者生理和心理两大类一般购买动机和八种具有购买动机类型。国外主要的和流行的购买动机论有本能理论、动因理论、诱因理论、唤醒理论、马斯洛需要曾理论、赫兹伯格的双因素理论。

思考题

1. 简述消费者需要和消费者购买动机之间的联系与区别。
2. 常见的消费者购买动机有哪些?
3. 试述唤醒理论的基本观点。
4. 简述马斯洛需要层次论及其启示意义。
5. 简述赫兹伯格双因素理论。

实践活动

1. 以手机产品为例，访谈你周围的朋友，探讨他们购买手机的动机。
2. 运用马斯诺需要层次理论，分析近几年你对商品需求的变化。

案例阅读

依据消费者的潜在需求，玩具反斗公司傲视群雄

当人们的物质生活越来越丰富的时候，就会需要各种方式的精神消遣。在欧洲自古就有玩玩具传统，从小玩到老，在他们生活中，玩具是很重要的一部分。

然而，长期以来，玩具都被认为是一种儿童专用的商品。据统计，在美国市场常年销售的玩具在15万种以上，每年约有3000种以上的新产品问世。进入20世纪80年代后，玩具打破了从前只属于儿童的专利的常规，越来越受到各种年轻人士的青睐。资料显示，美国每年的玩具市场能产生100亿美元的效益，成人玩具占据了其中的40%。

以美国玩具反斗公司为例。该公司创立时间并不长，在短短的30多年中即发展成为世界上最大的玩具连锁集团。现在它在美国有300多家连锁店，在国外有100多家连锁店。该公司成功的主要原因，就是它在进行了周密的市场调查的基础上，

通过市场细分策略，了解了消费者的潜在需求，及时地生产出满足消费者需求的产品，从而取得了不俗的业绩。比如，该公司曾派出市场调查人员深入到不同年龄层次的市民中去访问，他们了解到60岁以下的已婚男女经常会购买各种玩具，主要是买给他们的年幼儿女或孙子的；60岁的未婚或者婚后无子女的人也常购买各种玩具，主要是给亲戚朋友送礼而买，他们除了逢节日给自己的孙子或朋友的孙子买之外，更多的是为自己购买。根据以上的调查资料，玩具反斗公司细分出一个成人玩具市场来，他们认定这个细分市场前景广阔。他们的依据是这样的：美国的老人约占全美人口的1/4以上，大约有6000多万人。美国人的生活习俗是子女长大后，各自离家独立生活。老人夫妇独自生活，且退休后，无所事事，就产生了一种孤独感。而美国人也不像中国人那样喜欢群居，他们普遍都是每家单独住一座小房子，这样单家独户的生活，邻里之间一般没有任何交往，即便有子孙的老人也只不过是在节日之时才与他们聚会一下。在这样一种生活环境中，老人们会产生种种心理需求：会返老还童般地找些玩具来娱乐身心，会找些赏心悦目的玩具娃娃陈列做伴，会找些惟妙惟肖的玩具动物养目顺心，会找些具有现代科技面貌的玩具模型装饰生活……

玩具反斗公司的决策人根据这种细分市场的潜在需要，投入各种针对性强的玩具设计及生产，并开展广泛的广告宣传，果然十分成功，使公司的销售额成倍增长。因为成年人所消费的玩具层次高，售价也特别贵。更值得一提的是，玩具反斗公司所细分的新市场，不局限已退休的老人，还包括大量的年轻或中年的无子女夫妇和单身贵族，他们也同样有各种心理需求。所以说，能满足各种市场需求的营销才是成功的营销。

（资料来源：文光．营销的100条黄金法则［M］．北京：中央编译出版社，2004．有删改）

思考：美国玩具反斗公司如何开发消费者的需求的？

第 8 章

消费者的态度形成与改变

态度在心理学领域是非常重要的研究变量。消费者态度来自于消费者以往的消费体验以及个体差异，直接影响消费者的购买行为。在消费者的行为研究中，十分重视消费者态度的研究。而研究消费者态主要围绕态度的构成与功能、消费者态度的形成、测量与改变。本章也将围绕以下几方面进行论述。

8.1　消费者态度的基本构成

8.1.1　态度的含义

态度（Attitude）是个人对特定对象以一定方式做出反应时所持的评价性的、较稳定的内部心理倾向。对于这个定义应作几点说明。

（1）态度是一种内在的心理倾向

人们通常理解，态度总是显露在脸部表情上、谈吐与举动中的各种表现，如发表肯定或否定等意见，表现出喜欢或厌恶等感情，做出接近或拒斥等行为。事实上，态度可以而且一般都会表现于外，这称作态度行为或表态；但也可以不以外显的形式表现出来，有些甚至深藏于内心，一辈子都不表露，成为未表的态。任何一种行为，都可以分为两个阶段，一是内在准备阶段，二是外部完成阶段。态度是指人依据自己的经验或观点、对特定的事物在内心进行意义估量或凭直觉做出如何对待的一种心理倾向。它是一种尚未表现于外的内心历程或潜在的心理状态。

（2）态度总有一定的对象

态度是包罗万象的，其中如人（他人、自己）、物、事件、群体、制度、民族、国家以及代表各类事物的观念等。这些人与事物一旦成为态度的对象，就称作态度客体。没有客体的态度是不存在的。任何一种态度都有针对性，总是对一定的客体而发生，所以它反映了主体与客体间的关系。

（3）态度具有价值判断的成分和感情色彩

任何态度都是对特定事物的意义性或重要性进行估量（评价）后所产生的某种看法、体验或意向，如重视或轻视、肯定或否定、赞同或反对、喜爱或厌恶、趋向或回避、接受或拒绝，以及处于上述两极端之间的一种中性位置状态。态度，不管是通过直觉还是通过分步思维过程而产生，它总是关于事物对自己有多大利害关系的一种价值判断或情绪评定的结果。

（4）态度具有一定的稳定性与持续性

它一旦形成，就将持续一段时间，不轻易改变，这叫作态度的抗变性。这个特点之所以出现，是由于态度的形成具有深层的原因，即它是客体的特性和主体已有的种种需要、习惯、经验、理念交互作用并建立较稳固联系的结果。要改变一种态度就要涉及整个或部分联系系统的改造，它不是轻而易举的事。

态度作为一种心理倾向，通过语言形式的意见，或非语言形式的动作、行为作为态度自身的表现。因此，通过对意见、行动的了解、观察，可以推断人们对某一事物的态度。同样，通过消费者对某类商品或服务的意见、评价，以及积极、消极那只拒绝的行为方式，也可以了解其对该类商品或服务的态度。

8.1.2 态度的构成要素

消费者的态度是由认知、情感和行为倾向三种要素构成的复合系统。各个要素在态度系统中处于不同的层次地位，担负不同的职能。

8.1.2.1 认知成分

认知成分包括对态度对象的解释以及由此所产生的知识、信念和意义。对消费者来说，有关产品属性、使用结果和价值的认知是特别重要的。因此，消费者要对某种产品或服务产生态度，必须获得最低限度的信息。认知成分是态度的基础，在消费方面表现为消费者对所要购买商品的有关特性，包括商品的质量、外观、性能、功效、安全性、价格、品牌、包装、厂商服务与信誉等的印象、理解、观点、意见等。消费者只有在对上述情况有所认知的基础上，才有可能形成对某类商品的具体态度。而认知是否正确，是否存在偏见或误解，将直接决定消费者态度的倾向性或方向性。因此，保持公正准确的认知是端正消费者态度的前提。

8.1.2.2 情感成分

感情要素是指消费者对态度对象所产生的情感体验。它表现为消费者对有关商品质量、品牌、信誉等产生的喜欢或不喜欢、欣赏或反感等感情反应。这种情感体验一方面依赖于消费者建立认知基础上的评价，另一方面也依赖于消费者对产品或服务的直接体验。感情对于消费者态度的形成具有特殊作用。在态度的基本倾向已定的情况下，感情决定消费者态度的持久性和强度，伴随着消费者购买活动的整个过程。

8.1.2.3 行为倾向

行为倾向是指个人对态度的对象的肯定或否定的反应倾向，即行为的准备状态。在消费过程中它表现为消费者对有关商品、服务采取的反应倾向，其中包括表明态度的语言和非语言的行动表现。比如，某人了解到联想乐 Phone 智能手机的性能价格比合适，于是向亲朋好友宣传产品的优越性，并实际从事购买等。行为倾向是消费者的外在显示同时也是态度的最终体验。只有通过行为倾向，态度才能具有完整功能的有机系统。此外，行为倾向还是态度系统与外部环境进行交流和沟通的媒介。通过语言和非语言行为倾向，消费者可以向外界表明自己的态度，其他社会成员、群体、生产厂家及商品经营者也可以从行为倾向中充分了解消费者的真实态度。

一般情况下，态度的三个要素作用方向是相互协调一致的，消费者态度表现为三者统一。但在特殊情境中，上述三种要素亦有可能发生背离，呈反向作用致使消费者的态度呈现矛盾状态。比如，有一位消费者根据自己掌握的信息，预先判断某种品牌的轿车有很大的降价空间，如果再等等，可以买到质量好、价格低的车。但由于对此款轿车具有强烈的好感，加上亲朋好友一个接一个都买了车，因而促成“明知故买”。又如，对某品牌的家庭影院，消费者认为有必要且愿意购买，但在行动上却因某种原因一再拖延。由此可见，在态度的三个构成要素中，任何一项要素发生偏离，都会导致消费者态度的失调和作用的不完整。而其中尤以情感定势和行为习惯对完整态度的形成具有特殊作用。

8.2 态度的特性和基本功能

8.2.1 消费者态度的一般特性

态度作为消费者的一种复杂的、复合型的心理活动，具有以下特征。

①态度的社会性。消费者对某类商品或服务的态度并非与生俱来，而是在长期的社会实践中不断学习、不断总结经验逐步积累而成的。离开社会实践，特别是消费实践活动，离开与其他社会成员、参照群体、组织的互动，以及将社会信息内化的过程，就无法形成一定的态度。因此，消费者的态度必然带有明显的社会性和时代特点。

②态度的等级性。等级性是指态度不同的程度，即对态度对象肯定或否定的程

度。一般来说，越是强烈的态度就越难改变。另外，肯定或否定是对态度两个极端表达，在这两个极端的态度上存在着中间的态度等级。在对消费者进行市场调查与预测时，我们经常使用一定的方法和指标来表示这个中间的态度等级。

③态度的稳定性。态度的形成需要相当长的一段时间，一旦形成了某种态度就趋向于相对稳定状态，如对某种品牌的偏爱，对某家老字号商店的信任等。态度的稳定性使消费者的一些购买行为具有一定的规律性、习惯性、从而有助于某些购买决策的常规化、程序化。

④态度的价值型。在消费活动中，消费者之所以对某类商品或服务持有这样或那样的态度，主要取决于该商品或服务对自己具有的价值大小，如地位（显示社会价值）、欢乐（情感价值）、强壮身体（使用价值）等。凡实现价值大的，消费者就持有积极的态度的倾向；反之，实现价值小的，或无价值的，则持消极的态度倾向。因此，在一定意义上价值成为决定消费者态度的本质特性。但是事物对人的价值大小，要受人的需要、兴趣、爱好、性格、信念、理想等因素的制约。人们的价值观念不同，对同一事物可能形成不同态度。

8.2.2 消费者态度的基本功能

消费者对产品、服务或企业形成某种态度，并将其贮存在记忆中，需要的时候，就会将其从记忆中提取出来，以应付或帮助解决当前所面临的购买问题。通过这种方式，态度有助于消费者更加有效地适应动态的购买环境，使之不必对每一新事物或新的产品、新的营销手段都以新的方式做出解释和反应。从这个意义上，形成态度能够满足或有助于满足某些消费需要，或者说，态度本身具有一定的功能。虽然学术界已经发展起了不少关于态度功能的理论，但其中受到广泛注意的则数卡茨（D. Katz）的四功能说。

①适应功能（Adjustment Function），亦称实利或功利功能。它是指态度能使人更好地适应环境和趋利避害。人是社会性动物，他人和社会群体对人的生存、发展具有重要的作用。只有形成适当的态度，才能从某些重要的人物或群体那里获得赞同、奖赏或与其打成一片。

②自我防御功能（Ego Defense Function）。是指形成关于某些事物的态度，能够帮助个体回避或忘却那些严峻环境或难以正视的现实，从而保护个体的现有人格和保持心理健康。

③知识或认识功能（Knowledge Function）。指形成某种态度，更有利于对事物的认识和理解。事实上，态度可以作为帮助人们理解世界的一种标准或参照物，有

助于人们赋予变幻不定的外部世界以某些意义。

④价值表达功能（Value - Express Function）。指形成某种态度，能够向别人表达自己的核心价值观念。在20世纪70年代末、80年代初，对外开放的大门刚刚开启的时候，一些年轻人以穿花格衬衣和喇叭裤为时尚，而很多中老年人对这种装束颇有微词，由此实际上反映了两代人在接受外来文化上的不同价值观念。

资料：态度改变一切

有位秀才第三次进京赶考，住在一家经常住的店里。考试前两天他做了两个梦：第一个梦是梦到自己在墙上种白菜；第二个梦是下雨天，他戴了斗笠还打伞。

秀才第二天赶紧找了个算命的解梦。算命的一听，连拍大腿叹气到：“你还是回家吧！你想想，高墙上种白菜不是白费劲吗？戴斗笠打伞不是多此一举吗？”秀才一听，心灰意冷，回店收拾包袱准备回家。

店老板看见了就非常奇怪，就问他：“不是明天才考试吗？怎么今天你就要回乡了？”秀才如此这般说了一番，店老板乐了：“呦，我也会解梦，我倒觉得，这次你一定要留下来。你想想，墙上种白菜不是高种么？戴斗笠打伞不是说明你这次有备无患吗？”

就这样两种不同的态度改变了这位秀才的一生。

资料来源：力成文学网，http：//www. ceasm. com/

8.3 消费者态度的形成

8.3.1 心理学的态度形成与改变理论

态度是在个体生活中经过学习逐渐形成的，与认知密不可分。一方面，人们倾向于自己一致的信念或价值观念；另一方面，由于态度具有稳定性，它一旦形成，便成为人们个性的一部分，影响整个行为。所以要改变态度，并不像一般的学习那么简单。国外许多心理学家通过多种实验研究，提出了许多有关态度形成和改变的理论，在这里介绍有影响的两种理论，即学习理论和诱因理论。

8.3.1.1 学习理论

学习理论认为，态度是个体后天习得的。在态度形成的过程中，强化和模仿起了重要的作用。如果个体的某种态度得到了强化，受到了社会的赞许，那么这种态度就倾向于保持下去。反之，如果某种态度得不到社会的赞许，受不到强化，就会消失。而人们的很多态度都是来自于对榜样人物的模仿。榜样人物对某种事物持有怎样的态度，人们就容易模仿他们的态度。

在态度的学习理论中，最著名的是心理学家 H. C. 凯尔曼（H. C. Kelman）提出的态度形成的三阶段理论。凯尔曼认为态度形成的过程可以分为三个阶段：顺从—认同—内化。

第一阶段是顺从。即在社会影响下，个人仅仅在外显行为上表现得与别人一致，对于之所以要如此行事并没有多少深刻的认识，也没有太多的情感成分。此时，个体对行为的态度主要受奖惩原则的支配，一旦外部强化或刺激因素消失，行为也可能会终止。因此，这种态度是表面的、暂时的和易变的。

第二阶段是认同。即表现为不是被迫而是自愿接受别人提出的观点、信念和行为规范，并努力使自己在这方面的想法与之相一致。这种态度带有较多的情绪与情感成分，虽然它不一定以深刻的认识作为基础但这种态度较服从的态度更为深刻，也更为积极主动。

第三阶段是内化。即个体把情绪认同的东西与自己已有的信念、价值观等联系起来，使之融为一体，对情感、态度给予理智上的支持。此时，个体态度以认知性成分占主导，同时附有强烈的情感成分，因而比较持有和不易改变。

凯尔曼的理论不仅很好地解释了态度的形成从外到内、由浅入深的过程，并且是我们认识到态度的形成与改变是一个复杂的过程，并非所有人对所有事物的态度都必然经历上述过程。如果仅停留在第一或第二阶段，稳固、持久的态度的形成就十分困难。这就告诉商家，在企业经营活动中，应注意消费者态度的形成于转化，设法进行消费引导、消费教育促进态度的内化。

8.3.1.2 诱因理论

诱因论是从趋近因素和回避因素的冲突看态度问题，即将态度的形成看作在权衡利弊之后而做出抉择的过程，以此来分析消费者行为。消费者对于一种产品或服务基于一些趋近的理由，也有一些回避的理由。比如，新产品上市与众不同，能够体现自己的个性，使用时可能会招来同事、朋友的赞叹，产生令人兴奋的感觉，但是这种产品的品质不一定有保证，价格比较贵，而且自己的父母或家里其他成员并不喜欢这种产品。前者会使消费者对购买这种新产品产生积极的态度，后者则会使之产生消极的态度。按照诱因论，消费者最终态度是由趋近和回避两种因素的相对强度来决定的。如果前者在强度上超过后者，则会形成总体上的积极态度；反之，则会形成消极态度。

美国学者爱德华（W. Edwards）在1954年发表的一篇论决策的文章中，提出“期望价值观”概念，并以此为基础对诱因论做出解释。爱德华认为，由于诱因冲突的复杂性，人们在做抉择时，从事试图对每种可能出现的情况及其预期的价值做出评价，并尽可能趋利避害，使主观效果达到最大。为了精确说明他的思想，爱德华提出了用以测量主观效用（U）的公式，即 $U = V * P$。

式中，V表示预期后果的价值；P表示预期后果出现的概率。如果就消费者对产品服务的购买而言，若购买行为会带来高的或大的主观效用，消费者就会对此持积极肯定的态度；否则，就会持消极否定态度。在涉及两种产品的比较时，能带来较大主观效用者，将使消费者对其产生更为积极的态度。

诱因论把人的态度的形成看成是有理性的、主动决策的过程，与学习论对态度的解释相比是一种进步，但把人的态度看成是为追求个人得失而进行周密思考和计算的表现，似乎并不完全符合事实。不少研究表明，态度一旦形成，即使当时诱因态度形成时的诱因已被遗忘，人们的原有态度仍倾向于保持不变。对人，对事的情感成分比认识成分往往更为持久和更为有力。同样品质，同样价格的产品，仅仅由于原产地的不同，人们的评价会有令人惊异的差别；为了购买到自己家乡的产品或很久以前所喜爱的产品，消费者愿意付出更多的时间和金钱。这些事实表明，人的态度形成是一个复杂的过程，不一定或并不总是依理性原则行事。

8.3.2 消费者态度形成的一般特点

①消费者态度是消费者接受各种信息后经过思考判断而形成的。消费者如果认为信息真实，值得信赖并和自己原有的倾向或价值判断一致，就会对新接触的信息产生满意或肯定的态度；反之，则会产生不满意或否定的态度。总之，不管消费者通过何种渠道接受何种信息，其消费态度的形成与消费者获取信息的种类、数量关系、质量关系、价值判断具有密切的联系。

②消费需要是形成消费者态度的一个重要因素。对能够满足消费者需要的消费品，消费者就持满意的态度；不能满足消费者需要的消费品，消费者就持不满意甚至否定的态度。研究消费者态度和如何形成，应该从影响消费者需要的因素开始，否则无法找到消费者态度形成的真正根源。

③消费者所处的社会文化环境对消费态度形成的影响。消费者所属的阶层对消费态度的影响主要表现在对产品的等级的选择上，对相同或相似的商品，不同阶层的消费者其消费态度是不相同的，这一点在我国轿车市场和商品房市场表现的比较突出。消费者所属的民族、亚文化等因素对消费态度的影响，主要表现在对产品类

型、属性、色彩等方面的选择上。

④消费态度受消费经验和厂商促销策略的影响。消费者对于某种商品或服务的消费经历可能形成满意或不满意的态度，从而影响其日后的购买行为。商家的促销策略，包括商业广告、营业推广、推销和公关，从某个角度说，也会直接影响消费者的消费态度。

8.4 消费者态度的改变

8.4.1 消费者态度改变含义

态度的形成是指人对某些事物从不曾有态度到出现某种态度，而态度的改变是指人在对事物已有态度的基础上发生一定的变化。态度的改变分为两种：一种是一致性的改变，指方向不变而仅仅改变原有态度的强度，即量变，如对某事由有点反对（或有点赞成）变得非常反对（或很赞成），或对某人由热爱（或憎恶）降为一般的喜爱（或反感）。另一种是不一致的改变，指以性质相反的新态度取代原有的旧态度，或说是方向性的改变，即质变，如对某事的态度由反对变为赞同，对某人由喜爱变为厌恶等。通常所谓态度改变更多是指后者，即方向性的转变。当然，强度的变化存在引起方向性改变的可能，而方向性改变中也包括强度的变化，两者是彼此关联和互相包容的。同样，态度的形成与态度的改变之间也存在这种辩证关系，因为态度形成就意味着有改变的可能，而态度改变也意味着新态度的形成。

8.4.2 消费者态度改变的模式

人的态度究竟是在什么情况下发生改变的，它依赖于哪些外部和内部的条件，其过程如何？弄清楚这些问题不仅有助于我们更深刻地理解人们的社会态度何以突然发生改变或维持原状；而且能使我们把握和运用其中的规律采取某些手段更有效地去改变人们的态度，或协助人们抵制态度的改变。

霍夫兰和贾尼斯（1959）在二次世界大战后，在耶鲁大学做了大量关于沟通和态度改变的研究，并发表“为推动研究所作的概括与含意”一文，提出了态度改变的“劝说情境的模式”，如图8.1所示。

这个模式不仅指出引起态度改变（或不改变）的过程及其所涉及的主要因素和有关变量，而且也包含着一些重要的观点，因此可供现今在本领域中从事研究或工作的人参考。

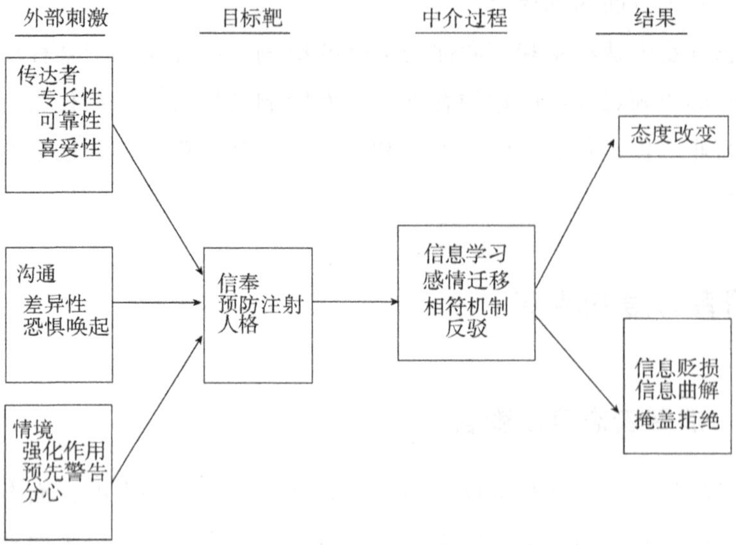

图 8.1　劝说情境的模式

霍夫兰认为，任何态度的改变都是在一个人的原有态度与外部存在着一些不同于此的看法（或态度）发生差异造成的。这种差异会产生压力，引起内心冲突、或称不协调、不平衡、不一致。为缩小这种差异，减少压力，人具有恢复心理协调的能力，其方式之一是接受外来影响，改变自己原有的态度；方式之二是采取各种办法去否定或抵制外部影响，以维持原有态度。这些抵制的办法如下：①贬损信息源，当人们有时无法驳倒对方的论点时，常采用贬低或损坏影响者的声誉来表明信息不可靠或降低劝说信息的价值，从而加以拒绝。比如，进行人身攻击以表明对方的论说“一文不值”或“不屑一顾”，就是常见的抗拒手法。这种手法在政治斗争、法庭审判、竞选活动以及日常生活中经常可以看到。这种攻击由于使对手影响力下降，不仅排除了现有论点威胁，而且也使后继的论述变得失色无力，所以在缩小因差异而造成的压力上常常很有效。然而使用得不当，如完全不顾事实、损害对方人格，也会产生道义上的问题。②歪曲信息，即有意无意地或断章取义地将对方某些实质上不同于己的论点看作是和自己的看法相近或相同；或者相反，把对方的论点故意夸大到极端，失去可靠性甚至变得荒唐可笑。前者称作同化作用，后者称作反向或逆反作用。无论是认为相近，或是认为对方论点完全不可信，都在于缩小或取消差异，因而也就不存在压力而去改变原态度。③掩盖拒绝，有两种方式。一种方式是以文饰或美化自己的真正看法或态度来拒绝外部的劝说或影响，如一个享受着许多不应有的特权（如购买超标准小轿车等）的人面对舆论的非议时，也会偶尔去访贫问苦或标榜自己是提倡人人都享有平等权利的施政者；当人们提到贫困地区人民和他的生活水平有天渊之别时，他会回避这个问题并说：“我讲的平等不是平均主义”或称“我的一切都是由于工作需要”。另一种方式是不理睬，不回答对方的意见，也很少说“不”，而是毫无道理地拒绝对方的一切论据，从而继续维持自己的见解。这后一种现象极为普遍，但其机制迄今未研究清楚。

作为劝说者（传达者）来说，总希望接受者（目标靶）用改变态度作为解决问题的方式。他要取得这种结果，就必须探明影响态度改变的过程和主要因素及各种变量。劝说情境的模式，分为如下四个关联的部分：

8.4.2.1 外部刺激

外部刺激涉及如下三类因素。

①传达者，即持有不同见解并力图使别人接受这种见解以改变态度的人或群体（如劝说者、广告商、宣传机构等），或称信息源。其本身包括有一些变量，如专长性和可靠性，它们是可信性的两个主要变量，此外还有喜爱性和吸引性等。

②沟通，指传达者的信息内容及传达方式的合理性。这里包括许多变量，如信息源和目标靶原立场观点的差异度，是否唤起恐惧，一面性或两面性论述，新颖性等。

③情境，即对沟通和参与活动者有附带影响的周围环境。例如，有无强化作用、预先警告、分心等。

8.4.2.2 目标靶

目标靶即传达者要通过说服使其接受沟通信息并企望其改变态度的人或听众。人是具有反作用于信息的能动者，他本身具有许多因素或变量影响着信息的接受，因此同一种劝说信息可以在不同人身上产生不同的效果。这些因素有对原有态度的信奉程度，对劝说是否有防御能力即有无经过预防注射，以及人格中的种种变量如自尊心、智力等。

8.4.2.3 中介过程

中介过程指目标靶在外部劝说刺激和内部因素交互作用下的态度变化过程的心理机制。

①信息学习，一个人如果学习了信息，变化将随之而来；那么要去改变或维持别人的态度，关键问题就要依据对方的需要和可接受性，去增加或减少其学习。比如，一个有经验的沟通者其劝说常常很有效益，是因为他了解他所讲的是人们需要记住的东西；同样他也避而不讲那些复杂而综合的信息，因为这些信息使人们难学，故甚少效益。当然，使听者知道沟通者所提倡的见解非常必要，故要言简意赅。但

超出某些需要的限度，要求人们对信息细节进行附加学习，就会在决定劝说成功方面变得相对不重要。

②感情迁移，指在两种有联系的事物之间有可能发生感情或评价的迁移，这种现象在广告宣传上最常见，如广告商为了使顾客对某种商品（化妆品，电器等）持积极态度，通常不是单纯地告诉人们它有哪些优点、效力，而往往在画面中它们的旁边安置一个漂亮的女士或英俊的男子，以及天真活泼的孩子，在背景中点缀着逗人喜爱的花草、宠物，甚至明星和著名运动员支持性的签名等。这无非是使一切美丽，有声誉和受欢迎的事物和所宣传的商品构成联系，并把由前者引起的积极感情转移到商品上，使人们对本无多大好感的商品产生兴趣和喜爱的感情，从而增加去购买的可能性。

③相符机制，它是在态度改变过程中经常起作用的一种现象。比如，当我们准备投票赞成某人当人民代表时，是因为我们听说他有不少先进事迹，因而产生信任和钦慕之情，而后来忽然听到他发表一些过激的行为我们所不能接受的改革建议（如大幅度提高学费，一律实行商品房制度等），这样就在我们头脑中产生某种信念和新信息之间的不相符，甚至感到很不舒服。为了恢复协调，我们必须在对两种事物的态度上去改变其中的一种，或者改变对候选人的态度，不投他的票，或者同意其改革主张。不相符促使人去进行二择一的态度改变，态度有了改变，压力就会减少。所以相符机制是驱使人去改变态度的一种内部动力。当然，这里还有许多方法（如认知不协调理论中所揭示的途径）可供运用。

④反驳，即当人们面对与己不同的态度或劝说时，会有意无意地去寻找对方某些立论的不合理之处，同时也会引出若干证据来支撑自己的见解，只要在思维辨析上或者通过口头上的辩论，驳倒对方的一些论点，那么双方的差异所造成的压力就可以减少。但是劝说者（宣传者）往往对事实的描述、论据的收集、情报的掌握上比大多数临时接受信息者更有准备，因此真正驳倒他们是很困难的。于是，人们也会采取其他办法或甚至转为改变态度。

8.4.2.4 结果

结果不外乎两种：或是态度改变，或是抵制，9.4.1 已经阐述。

8.5 消费者态度的测量

态度在现实生活中如此重要，设法了解人们的各种态度就很有必要。然而态度又是如此捉摸不定，有时还不表现于外，有时表态又不一定是真实的态度，即使人们的态度毫不掩饰地流露出来，确切地判断它也非易事，甚至要花较长时间。那么应该采用哪些方法去较好地把握人们态度的指向与强度呢？解决测查态度的方法问题，不仅对从事有关人的实际工作（人事、宣传、教育等部门）有帮助，而且对开展态度的研究工作也极为必要。

目前，社会心理学测查态度的方法并不十分理想，但知道一些已在运用的方法对于进一步去改善或创建新方法颇有益处。以下介绍的仅是常用的几种。

8.5.1 态度量表法

这个方法或称自我报告测量（Self – report measures），它是以态度问卷中一些社会事件的陈述作为刺激，引起被试者的态度反应，然后依据其回答反应，给予分数或等级的评定，以确定其态度的状况。现在西方通用的有以下三种量表：

8.5.1.1 瑟斯顿等距量表

瑟斯顿（L. L. Thurstone，1928，1931）在“态度能被测量”一文中说，态度是某种外显行为的变量，因此可以从人的行为中予以测量。于是他跟蔡夫（E. J. Chave）合作，首次设计了一套由个人对某件事（如宗教）进行回答的许多项目，经评判者审定、淘汰、筛选，形成一套20条意义明确的陈述。每一项目经统计处理附有从0～11的数字等距的得分值（不在问卷上标明，只由主试掌握），沿着由最不赞同到最赞同的连续线分布开来。继而请被试者选择其中最赞同的一项或几项，然后依据项目分值计算出被试对这件事的态度分值。

下面是一份由彼得森（R. C. Peterson，1931）编制的、瑟斯顿式的“战争态度量表”，是用来测量人们对战争所持的态度（主战、反战或是中立），共20题，现略举示例如下。

表8.1 战争态度量表（部分）

题序	项目	分值
1	在某些情况下，为了维持正义，战争是必要的	（7. 5）
4	战争是没有道理的	（0. 2）
6	战争通常是维护国家荣誉的唯一手段	（8. 7）
9	战争徒劳无功，甚至导致自我毁灭	（1. 4）
14	国际纠纷不应以战争方式解决	（3. 7）
18	无战争即无进步	（10. 1）

如果被试者只选一题，该题的分数就是他对这件事的态度分；如果选两道题，则两道题分值的均数即为态度分；如果选三道题以上，将其分值由小到大排列，以

奇数项的中项分值或以偶数项中间两项分值的均数为态度分。得分越高表示越赞同战争，得分越低则表示反对战争。

瑟斯顿量表的测查结果，如果被试者的回答是合作的、如实的，它作为调查的一种参考是有价值的，否则就靠不住。其次，它对每件事都要编制量表、需要许多评审者、做许多调查工作才能算出各项目的得分值，要花去大量的金钱和时间，似乎并不经济。再就是它的测查在个体水平上常缺乏说服力，如两个具有不同态度的被试者由于选择项目的条数不同，其所得分值可能相同或相近。

8.5.1.2 利克特型量表

利克特（R. Likert，1932）为了使先前量表得到简化和改进，他选择了人际关系，种族关系，经济冲突、政治冲突和宗教五个态度范畴，分别设计了五个特殊的由一系列陈述问题组成的问卷。有些问题要求被试作是与否的回答，有的则允许作多种选择，大部分问题采用5点或7点量表让被试做出反映。所谓5点量表即从强烈赞同（5）、赞同（4）、尚未确定（3）、不赞同（2）、到强烈不赞同（1）；7点量表分为强烈赞同（3）、中等赞同（2）、轻微赞同（1）、尚未确定（0）、轻微不赞同（-1）、中等不赞同（-2）、和强烈不赞同（-3）。每一个回答都附有一个得分值，于是每个被试在测试后都可以在每一态度范畴得到一个累积分数，并可与其他被试进行比较。下面（见表8.2）是利克特量表中“国际主义”态度量表的问题样例。从这里你可以看到它的问题形式类似于民意测验的提问，括号内的数值供计分用，不出现在给被试的问卷上，它主要是一种观点的测查。

表8.2 利克特国际主义态度量表问题样例

2. 美国在制定移民法时应与其他国家商量吗？

是（4）？（3）否（2）

10. 期望消除战争是一个毫无根据的梦想吗？

是（2）？（3）否（4）

13. 我们应有多少军事训练？

a. 我们需要普遍的强迫军训。（1）

b. 我们需要公民军事训练营和预备军官训练团，而不需要普遍的军事训练。（2）

c. 我们需要一些训练预备军官的设备，但不需要现在那么多。（3）

d. 我们仅仅需要维持常规部队所需要的军事训练。（4）

e. 所有军事训练都应该废除。（5）

24. 反映军事训练和海军对抗演习的动画片的题材应鼓励爱国主义。

坚决支持（1）支持（2）不知道（3）不支持（4）坚决不支持（5）

利克特型量表是西方研究者使用得最广且认为最简便的一种态度量表。它和瑟斯顿量表的相关系数达到0.80，说明它也是比较有效的态度测量工具。但是上述两种量表都是依据直接询问被试者对态度客体的评价而给以分数，所以在一些敏感的问题上，往往引起被试者的顾虑，因而有些回答可能不真实。

8.5.1.3 语义分化测量

这是由奥斯古德等（C. E. Osgood，G. J. Suci & P. H. Tannenbaum，1957）提出的采取多维度和更为间接的方法了解人们对事物态度的一种工具。其依据的前提是，态度是由人们对所给的概念（刺激）的含意（语义）组成，这个含意可通过对关联词的反应来加以决定。例如，你想测查一个人对“父亲”的态度，不必要求被试者直接回答对父亲的感觉，可以提出“父亲”这个词，要求按语义分化量表中的规定划圈，即可推断出其对“父亲”的态度状况。语义分化量表确定了三个不同的维度：评价维度、力度维度、活动维度。每一维度中都有几项有对极的形容词（见表8.3）。这个表格中三个维度是不变的，维度中的项目是可变的。其中评价维度是主要的。测查时，先给被试提出一个关键词（态度对象），要求被试按自己的想法在两极形容词间的7个数字上圈选一个数字，各系列分值的总和就代表他对有关对象态度的总分，即总态度。

表8.3　语义分化测量项目表

评价量表	好 美 聪明	7654321 7654321 7654321	坏 丑 愚蠢
力度量表	大 强 重	7654321 7654321 7654321	小 弱 轻
活动量表	快 主动 敏锐	7654321 7654321 7654321	慢 被动 迟钝

语义分化量表构造比较简单，它能测量人们对各种事物，从少数民族到政治集团，从周围各种人物到远近事件的态度。

8.5.2 投射法

这是一种利用某些材料引起被试者的自由联想，做出无拘束而不受限制的反应，从而间接地分析出投射到其中的心理状态及有关态度的方法。

8.5.2.1 主题统觉测验

这是由哈佛大学的默里（H. A. Murray，1938）所设计，其做法是给被试几张图片，请他们凭想象自编一个故事，并要求说明：（1）图中所描绘的是一个什么情境；（2）这种情境发生的原因是什么；（3）演变下去会有什么结果；（4）个人有什么感想。如有人给学生们提供一张画片，其中画有“一个孩子打开一本书在书桌后面坐着”，让被试者轮流编讲故事。其中一个学生说：“教室里一个男孩正在做白日梦。他想起一件往事，它比现在课堂上发生的一切更有吸引力，因而更为动心。他希望能再身临其境，但是他将有可能被老师叫起来背诵或遭到麻烦和难堪。”另一个学生说：“这个男孩是一个中学生，正在进行一小时的笔试。这张卷子已做了一大半，他正竭力把它全做出来。他认为要考好必须努力学习，而且也是这样做的。事实上这里的一些题目，他见过但没学过；有些答案似乎知道但又记不起来了。于是他尽力去唤起有关的观念，但仅仅想起其中一二个题目，多数已回忆不起来了。他打算继续努力尝试，直到只剩五分钟时再放弃，然后回头检查试卷。他对自己看过而没有学会回答而感到遗憾。”这两则故事实际上正是两位学生自己心态的描述。前者反映出他对学习的漫不经心和害怕老师提问的态度，后者反映出他对考试与学习持有认真负责的态度。

8.5.2.2 作业投射法

这是在教育研究中常用的方法，即通过造句练习或命题作文（如出“我的家庭”“我的班级”等题目）了解学生投射在文内的各种态度。

这个方法的优点是被试者不知道研究者的意图，反应比较真实。但其缺点是评析时缺乏客观标准，容易主观，特别是在被试者的反应中有许多偶然性与任意性，不一定都是其真实态度的表现，所以也极易出偏差。如果能把这个方法和平时的观察或量表法结合起来运用，就可能更有效。

8.5.3 行为观察法

这是通过外现行为推断态度的方法。研究表明，一般态度与多重行为呈正相关；态度越具体，它和单一行为也越有紧密的相关。所以对实际行为的观察，是了解态度的重要途径。这种观察并非一般观察法，它也需要讲究一定的技术。

8.5.3.1 任务完成法

这是指让被试去完成有关任务，通过后果质量来确定其对这件事的态度。根据琼斯（1956）的态度对学习有过滤作用的观点（E. E. Jones，1956），研究者们可让被试者阅读几种不同倾向的材料，而后要求他们尽可能地进行回忆。依据“和自己态度吻合的材料记得更多、更好”的观点，去分析被试者回忆的成绩并判断其态度倾向。若被试者对带有某一倾向的材料比另外的材料记得更多、更好，则表明他更倾向于这种态度。不过记忆的好坏还涉及其他变量（记忆力、材料阅读的排列次序、难度等），应设法予以排除或加以控制。

8.5.3.2 社会距离法

这是依据人对事物的态度常表现于人与事物保持一定的心理距离和物理距离而设计的一种推断方法。它是由博加德斯（E. S. Bogardus，1925）和梅拉比安（A. Mehrabian，1968）等人设计而成的。这里有两种方式：一是量表法；二是行为观测法。

量表法是使用一种特制的量表来测查人际或种族之间亲疏关系的方法。博加德斯所编制的“社会距离量表”就是其中的一种。这个量表的项目通常是按心理距离的近远依次排列的，如其中一题：

根据我最初的情感反应，我愿意承认黑人是属于以下分类中的一种或多种：

可以结亲（1）

可以作为朋友（2）

可以作为邻居（3）

可以在同行业共事（4）

只能作为公民共处（5）

只能作为外国移民（6）

应被驱逐出境（7）

括号内的数字为得分值，其大小表示心理距离的远近。要求被试者在量表上作挑选，测试后得分值越大表示社会距离越大，种族态度上也越怀有偏见；反之，则表示社会距离小，没有或较少有种族歧视的态度。也有人认为，这种社会心理距离的表现并不意味人们将怎样行动，于是有的研究者又设计了行为观测法。

行为观测法所依据的是霍尔（E. T. Hall，1966）的人际距离学观点。霍尔认为人际交往中双方所保持的空间距离是人际关系的表现。对于中产阶级来说其关系距离如下：亲密关系（父母和子女、情人、夫妻间）的距离约为18英寸；个人关系（朋友、熟人间）的距离一般为1.5~4英尺；社会关系（一般认识者之间）一般为4~12英尺；公共关系（陌生人、上下级之间）的距离为12~25英尺。实际上，这种互动中的距离也是人对事物在态度上的亲疏好恶等的一种表现。大凡引起我们喜爱的人或事，我们就愿意去接近他或它，反之令我们厌恶、反感的人或事，我们就会远离他或它。于是不少社会心理学家在研究人们对某些事物（如济贫、救震等）的态度时常采用这个方法。例如，在人行道路边实验助手装扮成乞丐行乞或设置挂着标语的募捐站等，并在离此目标点的不同距离处暗设分段线标志，以观察路人（不被察觉的被试者）行走的线段及记录其捐助行为。结果发现，持助人态度者大多愿靠近目标点行走，捐献人数较多，而那些冷漠者大多远离或有意躲开目标点而匆匆走过，捐献者极少。

这个方法作为用来了解人们的态度的手段是比较自然而有效的，但是在分析时应注意行为与态度关系的复杂性，如一个人没有助人行为并不一定都是缺乏助人的态度者，他也可能有急事、没带钱，过于简单地下断语也往往易于出偏差。

测查态度应把上述方法结合起来使用，还应致力于创造新的、更为理想和完善的方法和技术。

本章小结

消费者态度是消费者购买活动中重要的心里显现。态度的形成与改变直接影响消费者的购买活动。态度指人们对于事物所持有的肯定或否定、接近或回避、支持或反对的心理和行为的倾向。态度是建立在人们比较稳定的一整套思想、兴趣和目的的基础上的。

消费态度是消费者评价消费对象优劣的心理倾向，引起消费者喜欢或讨厌，接近或远离特定的产品或服务。消费者的态度是由认知，情感和行为倾向三种要素构成的复合系统。态度具有社会性、等级性、稳定性和价值型等特性。消费者态度的基本功能包括适应功能、防御功能、认知功能和表现功能。

由于态度一旦形成，便成为人们个性的一部分，影响整个行为，所以要改变态度，并不像一般学习那么简单。态度改变可划分为两类：一种是态度强度的改变，即量变；另一种是新态度取代原有的旧态度，即质变。关于消费者态度改变的模式，阐述了劝说情境的模式。

关于态度的测量方法，阐述了态度量表法、投射法和行为观察法。其中，在态度量表法中，重点阐述了瑟斯顿等距量表、利克特型量表以及语义分化测量。在投射法中，重点阐述了主题统觉测验和作业投射法。在行为观察法中，重点阐述了任务完成法和社会距离法。

思考题

1. 你如何理解消费者的态度，它由哪些部分构成？
2. 态度在消费者购买行为中具有哪些功能？
3. 如何改变消费者对某种品牌不好的态度？

4. 关于消费者态度的测量方法有哪些？

实践活动

1. 请举出一些事例，说明态度在我们日常消费中的作用。
2. 举例说明，你对某一品牌的态度是如何形成的。

案例阅读

老罗和他的锤子

2014年5月21日晚上9点30分，由老罗创办的锤子科技在北京国家会议中心召开新品发布会，正式推出了此前备受关注的锤子手机——Smartisan T1。发布会上除了锤子手机本身的看点之外，老罗式的幽默也颇具看点，哪怕对于完全不懂手机的人，也可以将发布会当成一场单口相声来看。

老罗，全名罗永浩，1972年1月8日出生于吉林省延边朝鲜族自治州和龙县（今和龙市），朝鲜族。高中辍学，曾经摆地摊、开羊肉串店、倒卖药材、做期货、走私汽车、销售电脑配件、从事文学创作。2001年至2006年在北京新东方学校任教，由于教学风格幽默诙谐并且具有高度理想主义气质的感染力，所以极受学生欢迎。很多学生盗录其讲课内容在大学的校内网站上传播分享，这些音质奇差的盗录内容在2003年左右流传到了互联网上，随即以“老罗语录”的名义风靡大江南北，成为一个奇特的文化现象。其中，“彪悍的人生不需要解释”已经成为许多年轻人的座右铭。罗永浩也因此受到众多媒体的采访和报道，并两次当选百度十大年度风云人物。

2006年6月28日，在其博客上声明“因为个人原因，今天我已经从新东方学校辞职了”。2006年7月31日，发起创办的牛博网正式开张。2008年4月19日，牛博网日PV首次突破百万。2008年5月，汶川大地震后，牛博网在短期内募集到上百万赈灾资金。罗永浩亲自带队前往灾区赈灾。2008年6月，创办“老罗和他的朋友们教育科技有限公司”，即北京市海淀区至圣嘉德培训学校。2008年7月，罗永浩英语培训学校在北京开始营业。2009年1月9日下午，牛博网国内服务器被关闭，牛博国际也无法访问。2009年中，开始以“我的奋斗”为题，进行大规模的全国高校巡回演讲。2010年4月，出版励志自传《我的奋斗》（云南人民出版社）。内含老罗在吉大演讲DVD视频。2010年11月23日，罗永浩在北京海淀剧院举行关于其培训学校创业故事的演讲《一个理想主义者的创业故事》，引起广泛回响。

2011年9月底，罗永浩在微博抱怨自家西门子冰箱质量问题，引发网友口水战。随着事件不断发酵，影响逐渐扩大，逐步升级为新闻事件。在与西门子聘请的公关公司沟通失败之后，罗永浩于2011年11月20日上午，在西门子公司北京总部，砸烂了三台问题冰箱，并将现场砸烂的碎片清理干净。当天，即11月20日下午，罗永浩在海淀剧院召开“西门子冰箱门门”事件媒体沟通会。现场，罗永浩的团队将近二十台不同型号的西门子冰箱搬运至剧场舞台，在经现场观众验证确实关不上冰箱门后，记者和网友代表当场抡锤将其砸烂。2011年10月25日，罗永浩在保利剧院举行其第二次创业演讲《一个理想主义者的创业故事II》，并承诺在不久的将来一定要给西门子施压。

2011年11月，罗永浩应邀与小米公司总裁雷军会面，商谈合作可能性。但其随后称双方“理念有冲突”。

2011岁末，罗永浩开始与“打假斗士”方舟子在网上通过微博隔空争执。罗永浩质疑方舟子打假的双重标准，并列举其在面对方妻学历造假问题上的无视和否认。方舟子随后发出“杀猪”以及“对人不对事”的微博公开宣言，开始针对“老罗英语培训”打假。虽然方列出的很多“罪名”可信度有待商榷，但确实使得“老罗英语培训”在成立三年半后，第一次遇到了信任危机。罗永浩对此危机的处理方法包括：前往工商税收部门主动要求查处；退还部分不满意学员学费，升级教学服务项目；表示欢迎方舟子的打假行为，以“打假斗士方舟子承诺终生监督的培训学校”宣传其机构。2012年3月22日，罗永浩在北京，带领多家媒体前往警方和税务部门，检举方舟子和其代理律师彭剑涉嫌欺诈、偷税漏税等行为。起因是方舟子为主要受益人的“科技打假基金”和“安保基金”账目不透明、监督小组失职等。

2012年3月28日，罗永浩堵截方舟子和彭剑要求公开基金使用情况，并在网上公开了长达8分钟的现场视频。视频显示，当时方舟子面对罗永浩的当面质疑，只是眼睛盯着手机，一句话也不回答。彭剑律师选择和罗永浩对峙，只是说在“适当的时候”会公布承诺过的基金账目。

2012年4月8日，罗永浩在新浪微博称“下周就要注册一个新公司开始做手机了”。罗永浩在随后的一段时间连续发表多篇微博，评论了众多知名的手机厂商和流行的各种操作系统。其观点主要是：最欣赏的手机操作系统为苹果IOS；对于雷军主导的小米手机对Android系统的深入优化持肯定态度；对于Android阵营厂商比拼硬件，ROM手机外形和界面丑陋，以及Windows Phone系统界面观感落后等等一系列现象，批评多过肯定。

2012年4月底，在经历了20多次的碰壁后，罗永浩宣布，考虑到资金问题，修正手机梦想，做手机先从软件开始——先着眼于开发出一款深入定制的ROM

(Android 系统)，然后把它放到网上供人下载，等积累到一定知名度和品牌影响力以后，再进行下一步的硬件整合。这和当年小米手机的做法类似。

至此，罗永浩开始筹划其手机公司的创业。

(资料来源：百度百科，http：//baike. baidu. com/subview/4468/7286536. htm？ fr = aladdin)

思考：消费者对锤子手机的态度如何，是如何形成的？

第9章

消费者的个性、自我与生活方式

不同的消费者对相同的产品往往表现出不同的购买行为。其中，最为重要的影响因素是消费者的个性、自我和生活方式。个性体现了消费者心理特征，自我是个体对自己的认识，生活方式是各个民族、阶级和社会群体的生活模式。本章将对个性、自我和生活方式进行重点阐述。

9.1 消费者的个性

9.1.1 个性的含义

“个性”一词来源于拉丁文 persona，原指演员演戏时所戴的假面具，后指演员自身和他所扮演的角色。我国第一部大型心理学词典——《心理学大词典》将个性定义为：“个性，也可称人格，指一个人的整个精神面貌，即具有一定倾向性的心理特征的总和。个性结构是多层次、多侧面的，由复杂的心理特征的独特结合构成的整体。这些层次有：第一，完成某种活动的潜在可能性的特征，即能力；第二，心理活动的动力特征，即气质；第三，完成活动任务的态度和行为方式的特征，即性格；第四，活动倾向方面的特征，如动机、兴趣、理想、信念等。这些特征不是孤立存在的，而是有机结合的一个整体，对人的行为进行调节和控制的。”

一般而言，个性具有下列特性：倾向性，即个体在形成个性的过程中，时时处处都表现出每个个体对外界事物的特有的动机、愿望、定势和亲合力，从而发展为各自的态度体系和内心环境，形成了个人对人、对事、对自己的独特的行为方式和个性倾向；复杂性，个性是由多种心理现象构成的，这些心理现象有些是显而易见的，别人看得清楚，自己也觉察得很明显，如热情、健谈、直爽、脾气急躁等，有些非但别人看不清楚，就连自己也感到模模糊糊；独特性，每个人的个性都具有自己的独特性，即使是同卵双生子甚至连体婴儿长大成人，也同样具有自己个性的独特性；稳定性，即人的个性一旦形成，就具有相对的稳定性；社会性，即个性是有一定社会地位和起一定社会作用的有意识的个体。个性的社会性是个性的最本质特征。

在日常生活中，人们对个性也容易产生一些误解，往往认为一个“倔强”“要强”“坦率”“固执”的人很有个性；而“文雅”“平和”“斯文”“柔弱”的人没有个性。这种看法是不对的，至少说是不全面的。“倔强”“要强”“坦率”“固执”是一个人在其生活、实践中经常的、带有一定倾向性的个体心理特征，是一个人区别于其他人的精神面貌或者心理特征。由于这种倾向的个性特征比较鲜明、独特，往往容易给人留下深刻的印象。而“文雅”“平和”“斯文”“柔弱”也同样是一种性格温和、希望与他人和睦相处的人带有倾向性的个体心理特征和区别于其他人的精神面貌或心理特征。只不过这种倾向性的个性特征比较平淡而不鲜明，往往不容易给人留下深刻的印象罢了。由此可见，不管是哪一种倾向性的个性特征，不管这种特征是鲜明的还是平淡的，它都表明了一种个性。心理特征人人都有，精神面貌人人不可缺少。从这种意义上来说，世界上不存在没有个性的人。个性对于一个人的活动、生活具有直接的影响；对于一个人的命运、前途有直接的作用。

9.1.2　个性的构成

从构成方式上讲，个性其实是一个系统，其由三个子系统组成：

（1）个性倾向性

个性倾向性是指人对社会环境的态度和行为的积极特征，包括需要、动机、兴趣、理想、信念、世界观等。个性决定着人对现实的态度，决定着人对认识活动的对象的趋向和选择。个性倾向性是个性系统的动力结构。它较少受生理、遗传等先天因素的影响，主要是在后天的培养和社会化过程中形成的。个性倾向性中的各个成分并非孤立存在的，而是互相联系、互相影响和互相制约的。其中，需要又是个性倾向性乃至整个个性积极性的源泉，只有在需要的推动下，个性才能形成和发展。动机、兴趣和信念等都是需要的表现形式。而世界观属于最高指导地位，它指引着和制约着人的思想倾向和整个心理面貌，它是人的言行的总动力和总动机。由此可见，个性倾向性是以人的需要为基础、以世界观为指导的动力系统。

（2）个性心理特征

个性心理特征是指人的多种心理特点的一种独特结合。其中包括完成某种活动的潜在可能性的特征，即能力；心理活动的动力特征，即气质；对现实环境和完成活动的态度上的特征，即性格。个性心理特征是个性系统的特征结构。

（3）自我意识

自我意识是指自己对所有属于自己身心状况的意识，包括自我认识、自我体验、自我监控等方面，如自尊心、自信心等。自我意识是个性系统的自动调节结构，而心理过程是个性产生的基础。

9.1.3 个性的测量

个性，也可称人格。在如何测量人格方面，美国心理学家卡特尔（Raymond B. Cattell）编制的“16种人格因素测验”应用十分广泛。卡特尔一共找到了16种根源特质，并编制出“卡特尔16种人格因素问卷”（sixteen personality factor questionaire，简称16PF）。这份问卷也可以称《卡特尔十六种人格因素量表》或《卡特尔十六项个性因素测验》，该问卷是世界公认的最具权威的个性测验方法，在临床医学中被广泛应用于心理障碍、行为障碍、心身疾病的个性特征的研究，对人才选拔和培养也很有参考价值。

卡特尔认为：人的行为之所以具有一致性和规律性就是因为每一个人都具有根源特质。为了测量这些根源特质，他首先从各种字典和有关心理学、精神病学的文献中找出约4，500个用来描述人类行为的词汇，从中选定171项特质名称，让大学生应用这些名称对同学进行行为评定，因素分析后最终得到16种人格特质。卡特尔认为这16种特质代表着人格组织的基本构成。

16种人格因素是各自独立的，每一种因素与其他因素的相关极小。这些因素的不同组合构成了一个人不同于其他人的独特个性。测验由187道题组成。每一人格因素由10~13个测题组成的量表来测量，共16个分量表。16个分量表的名称是：乐群性、聪慧性、稳定性、持强性、兴奋性、有恒性、敢为性、敏感性、怀疑性、幻想性、世故性、忧虑性、实验性、独立性、自律性、紧张性，每种人格的解释如表9.1所示。测验由187道题组成。每个分量表由10~13个测题组成。16种分量表的测题采取按序轮流排列，以便于计分，并保持受试者做答时的兴趣。每一测题有三个备选答案。

表9.1 16种人格因素的解释

1	因素a	乐群性：表示热情对待他人的水平
	高分特征：	对他人的关注程度高于平均水平，并且很容易与他人交往，对他人热情对待
	平均分特征：	对他人的关注与感兴趣的程度处于平均水平上
	低分特征：	对工作任务、客观事物或活动所倾注的关注水平要低于对他人的关心程度

续表

2	因素 b	敏锐性：刺激寻求与表达的自发性
	高分特征：	有很高的自发表达水平。思维活动非常迅速，但同时也表明，在言行之前并不总是深思熟虑
	平均分特征：	表达的自然流露程度和多数人一样，在进行决策时，会进行认真思考
	低分特征：	在决策之前会进行非常仔细的思考，这种深入思考的能力表明比大多数人更全面地思考，达到更深刻的理解

3	因素 c	稳定性：对日常生活要求应付水平的知觉
	高分特征：	感到能够控制生活的现实需要，并且能够比大多数人更沉着、冷静地应付这些要求
	平均分特征：	觉得和大多数人一样能平静应付生活中的变化
	低分特征：	觉得自己受到生活的变化的影响很大，难以像大多数人一样沉着地应付这些生活要求

4	因素 e	影响性：力图影响他人的倾向性水平
	高分特征：	喜欢去影响他人
	平均分特征：	并不将自己的观点、看法强加于他人。倾向于向他人表达自己的观点，但同时让他人表达自己的观点。当不同的观点有正确性时，愿意接受它
	低分特征：	不经常表达自己对事物的看法和观点，并倾向于让他人处于领导地位

5	因素 f	活泼性：寻找娱乐的倾向和表达的自发性水平
	高分特征：	通常较为活泼和任性，具有高于平均水平的自发性
	平均分特征：	能量水平、言行的自发性处于平均水平
	低分特征：	是一个认真的人，喜欢全面的思考问题。认为别人会将看成是一位严肃对待生活的人

6	因素 g	规范性：崇尚并遵从行为的社会化标准和外在强制性规则
	高分特征：	崇尚社会强制性标准和规则，并愿意遵从它们
	平均分特征：	倾向于接受外来强制性标准和规则，但并不僵硬地去遵从它们。有时更倾向于灵活地运用规则，而不是逐字逐句地去遵从
	低分特征：	不喜欢遵从严格的规则和外在强制性指导。较之多数人更少地遵从书本原则

续表

7	因素 h	交际性：在社会情境中感觉轻松的程度
	高分特征：	在社会情境中比大多数人都表现自如。较之其他人更少感受到来自他人的威胁
	平均分特征：	像大多数人一样，在社会情境中感到较为轻松
	低分特征：	在社会情境中，尤其是在周围的人都不熟悉的情况下，会感到有些害羞和不舒服。可能自我意识较强，不喜欢被他人关注
8	因素 i	情感性：个体的主观情感影响对事物判断的程度
	高分特征：	对事物的判断较容易受自己的情感和价值观影响。对某个决策的判断更多地基于它看起来是否正确，而不是对它进行冷静的逻辑分析。因此，在对事物进行评价时，更关注自己的品位、价值观和感觉
	平均分特征：	在需要判断和决策时，倾向于注意事实以及他们的实用意义。同时，也意识到有关问题的情绪性后果与价值。实际上，判断事实倾向于在主观与客观之间获取平衡
	低分特征：	在进行决策判断时，倾向于注重逻辑性与客观性
9	因素 l	怀疑性：喜欢探究他人表面言行举止之后的动机的倾向
	高分特征：	有一种自然倾向，认为他人的言行背后隐藏着某种动机，而不是将他人的言行按其表面意义理解
	平均分特征：	倾向于认为他人是值得信任的和真诚的。可能会对值得怀疑的目的较为警觉，但当完全了解他人之后，会乐于接受他们
	低分特征：	通常乐于信任他人的所说、所做是真诚的，并对他人给予无怀疑的信任
10	因素 m	想象性：个体在关注外在环境因素与关注内在思维过程两者之间寻求平衡的水平
	高分特征：	勤于思考，并不拘泥事件本身的细节信息，而倾向于思索有限事实之外的东西
	平均分特征：	在关注某一事件时，既关注事件的事实和细节，又会从更广阔的思路去考虑
	低分特征：	是一个现实主义和脚踏实地的人，更倾向于直接去做某件事情，而不是花时间去论证其可行性
11	因素 n	隐秘性：将个人信息私人化的倾向
	高分特征：	不愿透露个人信息。似乎是一位爱保守个人秘密的人
	平均分特征：	对多数人都较为公开地展示自我
	低分特征：	喜欢待人公开、直率。较之大多数人来说，更乐于解释有关自己的各种信息

续表

12	因素 o	自律性：自我批判的程度
	高分特征：	觉得自己有很大的困惑，或者觉得自己比别人活得更艰难。自我批判意识较强，对现实中的失误倾向于承担太多的个人责任
	平均分特征：	对自己的长处和缺陷似乎有较现实的认识，能为自己的失误承担责任，能够从这些失误中吸取教训
	低分特征：	和大多数人相比，很少自我怀疑

13	因素 q1	变革性：对新观念与经验的开放性
	高分特征：	对新观念与经验有强烈的兴趣，似乎对变革有很高的开放性
	平均分特征：	对新观念与经验的开放程度和绝大多数人一样
	低分特征：	强调按即定方法行事的重要性。和大多数人相比，很少倾向于冒险尝试新的做法与观念

14	因素 q2	独立性：融合于周围群体及参与集体活动的倾向性
	高分特征：	倾向于独立解决问题和做出自己的选择和决定
	平均分特征：	力求在融合于群体及独立于群体这两个极端中寻找平衡
	低分特征：	希望成为组织中的一员，并热爱组织活动

15	因素 q3	自律性：认为以清晰的个人标准及良好的组织性对行为进行规划的重要性程度
	高分特征：	通过对事情的事先计划和准备来对事物进行控制。有十分清晰的个人标准，并认为以此来规划行为很重要
	平均分特征：	对事情进行事先计划和组织的倾向同于多数人
	低分特征：	不像多数人一样去对事情进行控制和进行事先的计划和组织。更乐于任由事情变化，并可以容忍某种程度上的无组织性

16	因素 q4	紧张性：在和他人的交往中的不稳定性、不耐心以及由此所表现的躯体紧张水平
	高分特征：	和绝大多数人相比，体验到高度的紧张，经常感受到不满和厌烦
	平均分特征：	通常所体验到的躯体紧张水平和大多数人差不多
	低分特征：	和大多数人相比，躯体紧张水平较低，很少感到对别人不耐烦和不满

资料：气质类型

气质类型是指人气质的不同类型，气质是个人生来就具有的心理活动的典型而稳定的动力特征，是人格的先天基础。人的气质是有明显差异的，这些差异属于气质类型的差异。对气质类型的划分，有不同的见解，因而形成不同的气质理论。对气质的划分，比较有代表性的是多血质、黏液质、胆汁质和抑郁质。

（1）多血质

多血质的人容易形成有朝气、热情、活泼、爱交际、有同情心、思想灵活等品质；也容易出现变化无常、粗枝大叶、浮躁、缺乏一贯性等特点。这种人活泼、好动、敏感、反应迅速、喜欢与人交往、注意力容易转移、兴趣和情感易变换等。这种人适宜于做要求反应迅速而灵活的工作。

（2）黏液质

这种气质的人平静，善于克制忍让，生活有规律，不为无关事情分心，埋头苦干，有耐久力，态度持重，不卑不亢，不爱空谈，严肃认真；但不够灵活，注意力不易转移，因循守旧，对事业缺乏热情。

（3）胆汁质

胆汁质的人情感发生迅速、强烈、持久，动作的发生也是迅速、强烈、有力。属于这一类型的人都热情，直爽，精力旺盛，脾气急躁，心境变化剧烈，易动感情，具有外倾性。

（4）抑郁质

抑郁质的人神经类型属于弱型，他们体验情绪的方式较少，稳定的情感产生也很慢，但对情感的体验深刻、有力、持久，而且具有高度的情绪易感性。抑郁质的人为人小心谨慎，思考透彻，在困难面前容易优柔寡断。

9.2 消费者的自我

9.2.1 自我的含义

自我一直是心理学研究中的一个古老的热门的话题，心理学的根本问题是“人是什么”。真正心理学意义上的自我概念研究是从詹姆斯开始的，他把“自我”从意识活动中区分开来，将“自我”概念引入了心理学。自詹姆斯 1890 年把自我概念引入心理学至今，心理学对自我概念的研究曾几度兴衰。在行为主义出现之前，心理学对自我概念的研究兴趣浓厚，但随着行为主义的兴起，自我概念的研究逐渐被忽视。后来人本主义出现，特别是罗杰斯，对自我概念又进行了深入的研究。20 世纪 80 年代后，认知学派对自我概念的研究也很重视。自我概念得到人们广泛的关注，对其研究、应用得到普及。在研究自我概念时，由于认识、方法、人性观及研究取向上的差异，不同学派的心理学者有不同的认识。

一般来说，自我亦称自我意识或自我概念，主要是指个体对自己存在状态的认知，是个体对其社会角色进行自我评价的结果。在我们的经验中，觉察到自己的一切而区别于周围其他的物与其他的人，这就是自我，就是自我意识。这里所说自己的一切指我们的躯体，我们的生理与心理活动。

自我是个体对自己的认识。具体地说，自我就是个体对自身的认识和对自身周围世界关系的认识，就是对自己存在的觉察。认识自己的一切，大致包括以下三方面的内容：一是个体对自身生理状态的认识和评价。主要包括对自己的体重、身高、身材、容貌等体像和性别方面的认识，以及对身体的痛苦、饥饿、疲倦等感觉。二是对自身心理状态的认识和评价。主要包括对自己的能力、知识、情绪、气质、性格、理想、信念、兴趣、爱好等方面的认识和评价。三是对自己与周围关系的认识和评价。主要包括对自己在一定社会关系中的地位、作用，以及对自己与他人关系的认识和评价。

9.2.2 关于自我的理论

9.2.2.1 詹姆斯的“经验自我”和“纯粹自我”

詹姆斯（William James）是美国心理学家、美国实用主义哲学家的先驱。他是自我概念的创始人，在其著作《心理学原理》《彻底的经验主义》中，对“自我”概念进行了详尽的阐述。詹姆斯认为“自我是个休所拥有的身体、特质、能力、抱负、家庭、工作、财产、朋友等的总和”，把自我分为经验自我和纯粹自我。

“经验自我”（The Empirical Self）指人们可能经验到的一种对象，即与世界的其他对象共存的存在物。詹姆斯认为：“每个人的经验自我，就是他试图用‘我’（Me）来称呼的一切”。詹姆斯认为“我”与“我的”很难区分。他反对将“从属于我的”东西与“真正的我”区别开，自我与世界之间没有明显的界限，我的身体、服饰、妻子儿女及财产都是自我本身的各种关系，参与了自我的构成。经验自我又分为物质自我（Material Self）、社会自我（Social Self）和精神自我（Spiritual Self）三种成分。社会自我高于物质自我，精神自我又高于社会自我。詹姆斯认为物质自我的核心部分是身体，因为人一生中总是通过身体与周围的事物发生关系，并依据身体提出各种需求。社会自我指一个人“从同伴那得到的承认”，即他在别人心目中的形象，最特殊的社会自我是他的恋人的态度。精神自我就它属于“经验的自我”而言，意味着一个人内心的或主观的存在。具体地说，指他的心理能力或性情。

“纯粹自我”指一个人知晓一切东西，包括自我的那些东西，所以又称为能动自我或主动自我。詹姆斯在论述纯粹自我时，是以“个人同一性”（personal Identity）理论为依据的。个人同一性就是“现在的自我与它想起的那些过去的自我相同”。纯粹自我是由不断更迭和传递其内容的当下思想所构成。詹姆斯把作为对象的个人称为经验自我（Me），把当下思想看成是纯粹自我（I）。他认为纯粹自我接受不同的感觉并影响感觉所唤起的动作；它是兴奋的中心，接受不同情绪的震荡；它是努力和意志的来源，意志似乎从此发出命令。

9.2.2.2 弗洛伊德的“本我”“自我”和“超我”

精神分析学派的创始人弗洛伊德在他的心理学中阐述了他的自我概念。弗洛伊德认为，人格由本我、自我、超我组成。

“本我”来自人的本能，在社会生活中表现出追求各种个人欲望的满足和追求个人利益实现的特征；本我是人的生物性本能，只知快乐，活动盲目。“超我”来自社会文化，是个体在成长经历中已经内化为自身价值观念的种种文化信念，其中以道德、信仰为主要内容，超我是人内化了的社会道德原则。这些社会文化与道德信念对个体的要求，往往以牺牲个人服从整体为主，甚至要求个体行为完全道德化，因而与本我相对立。“自我”是人的理性部分，往往处于社会生活的现实要求、超我的道德追求与本我的利益追求之间，按照现实原则协调矛盾，尽可能地寻找权宜之计，是个体最终行为表现的决策者，时而管理本我，时而服从超我。只有自我知道活动的目的和方向。

9.2.2.3 罗杰斯的“现实自我”和“理想自我”

罗杰斯认为自我概念是个人现象场中与个人自身有关的内容，是个人自我知觉的组织系统和看待自身的方式。罗杰斯继承了詹姆斯的观点，认为自我包括主格我（I）和宾格我（Me）两个方面。他认为宾格我是自我意识的对象，同时也是自我意识的本体，它是通过接受别人（社会）对自我的有意识的态度系统而形成的；主格我是自我的动力部分，是自我活动的过程，虽然它在宾格我的框架范围内活动，但它具有面向未来的特征，使人可能超出现有的宾格我的框架，使人的行为具有自由意志性、创造性和新异性。

罗杰斯还根据临床实践，提出了与现实自我（Real Self）相对应的理想自我（Ideal Self）。理想自我代表个体最希望拥有的自我概念、理想概念，即他人为我们设定的或我们为自己设定的特征。它包括潜在的与自我有关的、且被个人高度评价的感知和意义。而现实自我包括对自己存在的感知、对自己意识流的意识。通过对自己体验的无偏见的反映及时对自我的客观观察和评价，个人可以认识现实自我。罗杰斯认为，对于一个人的个性和行为具有重要意义的是他的自我概念，而不只是现实自我。他在临床实践中发现，现实自我和理想自我之间的不一致是导致神经症的原因之一。

总的来说，罗杰斯认为自我的认知方面、情感方面以及意识和潜意识方面都重要。他既强调自我一致性的需要又强调正面关注自我的需要。

9.2.2.4 米德的“客我”和“主我”

米德（G. H. Mend）把自己的心理学体系称为“社会行为主义”。他指出：自我是一种社会实体，自我本质上是一种社会存在，个体的自我只有通过社会及其中不断进行的互动过程才能产生和存在。他把自我分为“客我”（me）和“主我”（I）。这两者共同构成整体的自我。这种整体统一的共同归属是社会，因为从实质上说，自我就是一个社会过程，它借助于这两个可以区分的方面而不断进行下去。

作为客体的自我，是客我。客我是一个人自己采取一组有组织的其他人的态度。客我是内化了的共同体的态度，是“概化了的他人”和团体规范的总和，是从他人的立场上评价和预测自我的反思方面。客我是作为自己审视和评价对象的自我，是组织化的他人的态度，是社会价值观的影射，因而是确定化的和制度化的。

与客我相对的是主我，它是有机体对其他人的态度做出的反应，它以主体姿态出现。主我是个体在社会情境中对照自己的行为举止所做出的行动，它只有在个体完成了某种活动之后，才进入它的经验，因而，主我是不确定的。主我具有主动性和创造性，它不断地对他人、对群体、对自然环境做出反应，调整自己。

作为社会实体的自我产生依赖于三个条件：语言—有意义的符号、玩耍、游戏。个体自我发展经历了三个阶段：玩耍阶段、游戏阶段和概化阶段。

9.2.3 自我的特点与功能

9.2.3.1 自我的特点

自我意识是人类所特有的心理系统，它具有意识性、社会性、能动性、同一性等特点。

一是意识性。意识性是指个体对自己以及自己与周围世界的关系有着清晰、明确的理解和自觉的态度，而不是无意识或潜意识。从马克思主义哲学的角度来看，这种自我意识是主体我对客体我的一切主观能动的反映。

二是社会性。自我意识是个体长期社会化的产物。这不仅因为它是在社会实践中产生的，而且因为它的主要内容是个体社会属性的反映。对自我本质的意识，不是意识到个体的生理特性，而是意识到个体的社会特性，意识到个体的社会角色，意识到个体在一定的社会关系和人际关系中的地位和作用，这是自我意识发展到成熟的重要标志。

三是能动性。自我意识的能动性不仅表现在个体能根据社会或他人的评价、态度和自己实践所反馈的信息来形成自我意识，而且还能根据自我意识调控自己的心理和行为。

四是同一性。心理学研究表明，自我意识一般需要经过20多年的发展，直到青年中后期才能形成比较稳定、成熟的自我意识。虽然这种自我意识有可能因个体实践的成败和他人的评价的改变而发生变化，但到青年期以后，个体会对自己的基本认识和态度保持同一性。正因为自我意识的同一性，才会使个体表现出前后一致的心理面貌，从而使自己与其他人的个性区别开来。

9.2.3.2 自我的功能

个体的自我意识与个体的成长发展息息相关。自我意识在个体成长和发展中具有导向、激励、自我控制、内省调节等功能。

一是导向激励功能。目标是人才发展的导航机制。一个人要想成就一番事业，就必须从自身的实际出发，制定明确的目标，只有如此才会调动自身的潜能，激发强大的动力。人通过正确的自我认识，确立较为合理的“理想自我”，就为个人将来的发展确定了目标，对个人的认知、情感、意志、行动会产生很大影响，是个体活动的动力。自我意识健全的个体，在从事一项活动之前，活动的目的和结果就以观念的形式存在于头脑之中了，并依此做出计划，指导自己的活动，从而激发起强大的动力，从而达到预期的目标。

二是自我控制功能。一个人如果有了发展目标而不付之于行动，其结果仍然是一无所获。个体要想将来有所建树，首先要有科学的目标，同时还要有自立、自主、自信、自制的意识，并对自己偏离目标的情感和行动，加以调节和控制。在通往成功的大道上，很多人与成功失之交臂，并不是因为缺乏机会和才华，而是因为缺乏自我控制的意识和能力。自我控制是自我意识发挥能动作用的一个重要表现，它是目标的保护神，是成功的卫士，是自我意识的一项很重要的功能。缺乏自我控制的意识和能力的人，是一个盲动、情绪化的人，缺乏恒心与毅力的人，终将一事无成。

三是内省调节功能。自我意识健全的个体，不仅能够确立符合个体的“理想自我”，而且能够通过自我控制来实现预期目标。而由于主客观条件的制约，“理想自我”的实现常常会遇到各种障碍，致使个体产生不同程度的挫折感。这时，自我意识就会对自己的认识、情感、意志、行为等进行反省，找到受挫折的主客观原因，并重新调整认识，形成新的“理想自我”，使其与“现实自我”趋于统一。内省和调节就是个体成长中所进行的自我监督和自我教育，每个人要想使自己成为自我实现的人，就需要有积极的自我意识，随时对自我的认识、情感、意志和行为加以反省和调节。

9.3 消费者的生活方式

9.3.1 生活方式的含义

生活方式（Life Style）是一个内容相当广泛的概念，它包括人们的衣、食、住、行、劳动工作、休息娱乐、社会交往、待人接物等物质生活和精神生活的价值观、道德观、审美观，以及与这些方式相关的方面。可以理解为就是在一定的历史时期与社会条件下，各个民族、阶级和社会群体的生活模式。

生活方式是生活主体同一定的社会条件相互作用而形成的活动形式和行为特征的复杂有机体，基本要素分为生活活动条件、生活活动主体和生活活动形式三部分。

9.3.1.1 生活活动条件

在人类历史的每个时代，一定社会的生产方式都规定该社会生活方式的本质特征。在生产方式的统一结构中，生产力发展水平对生活方式不但具有最终的决定性的影响，而且往往对某一生活方式的特定形式发生直接影响。当代科学技术的进步和生产力的迅猛发展，成为推动人类生活方式变革的巨大力量。而一定社会的生产关系以及由此而决定的社会制度，则规定着该社会占统治地位的生活方式的社会类型。当代世界上存在资本主义和社会主义两种社会制度，与此相适应，也存在着两种类型的社会生活方式。社会主义生活方式价值目标的提出，是人类社会进步的重要标志之一。

不同的地理环境、文化传统、政治法律、思想意识、社会心理等多种因素也从不同方面影响着生活方式的具体特征。例如，居住在不同气候、山川、地貌等地理环境中的居民，其生活方式就具有不同的风格、习性和特点；一个民族在长期发展中所形成的独特的文化背景，又使其生活方式呈现出丰富多彩的民族特色。对某一社会中不同的群体和个人来说，影响生活方式形成的因素有宏观社会环境，也有直接生活于其中的微观社会环境。人们的具体劳动条件、经济收入、消费水平、家庭结构、人际关系、教育程度、闲暇时间占有量、住宅和社会服务等条件的差别，使同一社会中不同的阶级、阶层、职业群体以及个人的生活方式形成明显的差异性。

9.3.1.2 生活活动主体

生活方式的主体分个人、群体（从阶级、阶层、民族等大型群体到家庭等小型群体）、社会3个层面。任何个人、群体和全体社会成员的生活方式都是作为有意识的生活活动主体的人的活动方式。人的活动具有能动性、创造性的特点，在相同的社会条件下，不同的主体会形成全然不同的生活方式。在生活方式的主体结构中，一定的世界观、价值观和生活观对人们的生活活动起着根本性的调节作用，规定着一个人生活方式的选择方向；社会风气、时尚、传统、习惯等社会心理因素也对生活活动具有很强的导向作用，成为影响生活方式的深层力量。个人的心理与生理因素以特有的方式调节着人们的生活活动和行为特点。生活方式的主体在生活方式构成要素中具有核心地位。特别是在现代社会，个人的价值选择在生活方式形成中的规范和调节作用日益增强，现代人的生活方式具有明显的主体性。

9.3.1.3 生活活动形式

生活活动条件和生活活动主体的相互作用，必然外显为一定的生活活动状态、模式及样式，使生活方式具有可见性和固定性。不同的职业特征、人口特征等主客观因素所形成的特有的生活模式，必然通过一定典型的、稳定的生活活动形式表现出来。因此生活方式往往成为划分阶级、阶层和其他社会群体的一个重要标志。

9.3.2 生活方式与消费行为

9.3.2.1 生活方式的性质

生活方式反映出消费者同环境相互影响的全部特征。虽然它同社会阶层、个性等因素紧密联系，但是它既超越了社会阶层，也超越了个性。社会阶层说明某个群体或某类人的代表性特征，而无法说明某人的具体特点。个性侧重于从消费者的内部状况描述个体，而生活方式影响着消费者如何花费、如何消磨时间、收入与消费支出的比例关系，以及消费商品种类的选择等各个方面，与消费者的外部行为紧密相连，可以作为判断消费者购买行为的直接依据。

生活方式就是我们如何生活。它由我们过去的经历、固有的个性特征、现在的情绪所决定。生活方式影响消费行为的所有方面。一个人的生活方式是其内在个性特征的一种函数，这些个性特征在一个人的社会生活过程中通过社会交往逐步形成。因此生活方式同样受文化和亚文化、价值观、人口统计特征、社会阶层、参照群体、家庭，甚至消费者的购买动机、情感和个性等的影响。总而言之，生活方式就是如何表现消费者的自我概念。

个人与家庭都有生活方式。虽然家庭的生活方式部分是由家庭成员的个人生活方式所决定的，但是，反过来个人生活方式也受家庭生活方式的影响。我们追求的生活方式影响我们的需要与欲望，同时影响我们的购买行为和使用行为。生活方式决定了我们许多的消费决策，而这些决策反过来强化或改变了我们的生活方式。

消费者很少明确地认识到生活方式在他们购买决定中所起的作用。比如，很少有消费者会这样想“我买肯德基快餐，以保持我的生活方式。”然而，那些追求积极方便，寻求变化的生活方式的人也许会出于其便捷等原因，去肯德基购买快餐。因此，生活方式通常为消费者提供了基本的动机和行动指南，尽管往往是以间接和微妙的方式表现出来的，但也足以让人们感觉到这种影响。

9.3.2.2 生活方式的作用

生活方式的作用可以从以下两点上反映出来：

①生活方式影响着消费者的需要、态度和购买行为，需要、态度和购买行为反过来强化了生活方式。比如，近几年我国都市中产阶层的闲暇生活方式区域日趋集中，旅游地、健身房、网络、娱乐消费场所等逐渐成为中产阶层固定化的休闲活动区域。这些区域化方式不仅引导着都市中产阶层成员在其日常休闲消费活动中遵循的时空路径，而且对其他社会成员的休闲消费方式影响巨大。

②生活方式的分类和识别为市场细分和市场营销组合提供了依据。生活方式的营销目标是使企业营销组合符合消费者的生活方式，使消费者实现自己所选择的生活。企业营销更重要的任务是确定哪些产品或服务与消费者特定的生活方式相联系。因为某一生活方式往往与一组产品相联系，这组产品成为该生活方式的消费组合。比如，20世纪80年代的雅皮士的消费组合为劳莱克斯手表、宝马车、古奇公文包、软式网球、新鲜的绿色沙司、白酒和乳酪。这一社会角色对当时的文化价值和消费偏好的导向都有重要的影响。

9.3.3 生活方式的测量

消费者的生活方式由消费者的心理所决定，很多研究人员试图通过心理测试来区分不同的生活方式。目前较为流行的生活方式的测量方法主要有两种：一是AIO方法；二是VALS方法。

9.3.3.1 AIO方法

AIO方法，即测量消费者的活动（Activity）、兴趣（Interest）、意见（Opinion)，通过问卷调查的方式了解消费者的活动、兴趣和意见以区分不同的生活方式类型。研究人员从消费者中抽取大量样本，以问卷的方式向被调查者提出一系列问题和答案，请消费者以文字表述或选择答案的方式回答。提出的关于活动方面的问题是消费者做什么、买什么、怎么样打发时间等；兴趣方面的问题是消费者的偏好和优先考虑的事物；意见方面的问题是消费者的世界观、道德观、人生观、对经济和社会事物的看法等。表 9.1 中列出了测量消费者态度、兴趣和意见因素的主要指标以及回答者的人口统计项目。

表 9.1　消费者态度、兴趣、意见和人口统计测试项目表

态度	兴趣	意见	人口统计项目
工作	家庭	自我表现	年龄
爱好	性别	社会舆论	性别
社会活动	工作	政治	收入
度假	交际	业务	职业
文娱活动	娱乐	经济	家庭规模
俱乐部会员	时髦	教育	寓所地理区域
社交	食品	产品	教育
采购	媒介	未来	城市规模
运动	成就	文化	生命周期阶段

研究人员运用计算机分析消费者的回答，把回答相似的消费者归为一类，以此识别不同的生活方式。

AIO 问卷表中具体设计的项目并没有一个一成不变的标准，应视研究目的和研究所涉及的领域及其性质来决定。一般来说，AIO 问卷中的问题可分为具体性问题和一般性问题两种类型。前者与特定产品相结合，测试消费者在某一产品领域的购买、消费情况；后者与具体产品或产品领域无关，意在探测人群中各种流行的生活方式。两种类型的问题均有各自的价值。具体性问题提供关于消费者如何看待某种产品的信息，使营销者了解消费者喜欢产品的哪些方面、不喜欢哪些方面和希望从中获得哪些利益，从而有助于企业改进产品和提高服务水平。一般性问题提供的信息为营销者勾勒出目标市场上消费者的一般生活特征，从而有助于企业从中发现市场机会和据此拟定有关营销策略。

资料：AIO问卷表中的一些典型问题

1. 活动方面问题 1）何种户外活动你每月至少参加两次 2）你一年通常读多少本书 3）你一个月去几次购物中心 4）你是否曾经到国外旅行 5）你参加了多少个俱乐部
2. 兴趣方面问题 1）你对什么更感兴趣？运动、电影还是工作 2）你是否喜欢尝试新的事物 3）出人头地对你是否很重要 4）星期六下午你是愿意花两个小时陪你妻子还是一个人外出钓鱼
3. 意见方面问题（回答同意或不同意） 1）俄国人就像我们一样 2）对于是否流产，妇女应有自由选择权力 3）教育工作者的工资太高 4）CBS由东海岸的自由主义者在动作 5）我们必须做好应付核战争的准备

9.3.3.2 VALS方法

迄今，最受推崇的关于生活方式的研究是斯坦福国际研究所（SIR）于1978年做的价值观与生活方式项目，即VALS系统或VALS生活方式分类系统。该系统以动机和发展心理学作为理论基础，将美国成年人的生活方式分成9种类型。由于三分之二的人口被划在其中的两种类型里，加上该系统过多地依赖人口统计数据，因此使其运用价值受到影响。基于此，SRI于1989年引进了被称为VALS2的新系统。下面将对原VALS系统和新的VALS2系统作一简要介绍。

（1）原VALS生活方式分类系统

该系统将美国成年消费者分为三大类别9种类型。

类别一：需求驱动型。这类消费者的购买活动是被需求而不是偏好所驱动，他们可进一步分成求生者（Survivors）和维持者（Sustainers），前者生活在社会的底层，是社会中处境最困难的群体。

类别二：外部引导型。该类消费者可分成归属者（Belongers）、竞争者（Bmulator）和成就者（Achivers）3种类型。他们是大多数产品的消费主体，非常在意别人的评价，紧跟时代潮流。

类别三：内部引导型。这类消费者的生活更多地被个人需要、内心的情感体验而不是外界的价值观所支配。他们可进一步分为我行我素者（I—am—me）、体验者（Experiential）、社会良知者（Socially Conscious）、综合者（Integrated）。

原VALS生活方式分类系统，如表9.2所示。

表9.2 原VALS生活方式分类系统 (%)

在18岁以上人口中占的百分比	消费者类型	价值观与生活方式	人口统计情况	购买模式
需求驱动型				
4	求生者	为生存而挣扎、多疑、社会处境不佳、被食欲所支配	收入在贫困线以下、教育程度很低、大多是少数民族、生活在贫民窟	价格处于第一位考虑、集中于基本必需品、购买是为了即时需要
7	维持者	关注安全、时时有不安全感、较求生者自信且较乐观	低收入、低教育、较求生者年轻、很多是失业者	对价格很敏感、要求保证、谨慎的购买者
外部引导型				
35	归属者	从众、传统、怀旧、家庭观念强	低于中等收入、低于社会平均教育水平、蓝领工作	家庭、住宅、追求时尚、中低大众化市场购物
10	竞争者	雄心勃勃、好炫耀、重地位和身份、上进心和竞争意识强	年轻、收入高、大多住市区、传统上男性居多但正在经历变化	炫耀性消费、模仿、追逐流行、更多地花费而不是储蓄
22	成就者	成就、成功、声望、物质主义、领导、效率和舒适	收入丰厚、商界或政界名流、良好教育、住城市或郊区	显示成功、高品质、奢侈品和礼品、新产品
内部引导者				
5	我行我素者	极度个人主义、求新求变、情绪化、冲动、重情绪体验	年轻、大多未婚、学生或刚开始工作、富裕的家庭背景	展现品位、购买刚上市的时尚品、结伴购买
7	体验者	受直接体验驱动、活跃、自信、好参与和尝试新事物	中等收入、良好教育、大多在40岁以下、成家不久	喜欢户外活动、喜欢自己动手
8	社会良知者	社会责任感强、生活简朴、重内在成长	较高收入、良好教育、年龄和住地呈多样化、白人为主	关注环境、强调自然资源的保护、节俭、简单
2	综合者	心智成熟、内外平衡、宽容、自我实现感、具有全球视野	良好收入、一流的教育、多元化的工作和居住分布	各式各样的自我表现、讲究美感、具有生态意识

（2）VALS2 生活方式分类系统

较之于 VALS 系统，VALS2 具有更广泛的心理学基础，而且更加强调对活动与兴趣方面的问题的调查。VALS2 根据两个层面将美国消费者分成 8 个细分市场：第一个层面是资源的多寡，第二个层面是自我取向。消费者资源不仅包括财务或物质资源，而且包括心理和体力方面的资源，自我取向则被分成 3 种类型：（1）原则取向。持原则取向的人主要是依信念和原则行事，而不是依情感或获得认可的愿望做出选择。（2）地位或身份取向。持这种取向的人很大程度上受他人的言行、态度的影响。（3）行动取向。持这一取向的人热心社会活动，积极参加体能性活动，喜欢冒险，寻求多样化。表 9. 3 就这 8 个细分市场进行了简单描述。

表 9. 3　对 VALS2 的 8 个细分市场的简要描述

序号	细分市场	描述
1	实现者	约占人口的 8%。他们是一群成功、活跃、独立、富有自尊的消费者。他们的资源最丰富，大学文化，平均年龄在 43 岁左右，年收入达 58000 美元。他们在消费活动中喜欢“精美的东西”，容易接受新产品、新技术，对广告的信任度低，经常广泛地阅读出版物，看电视较少
2	完成者	约占人口的 11%。他们采取原则导向，是一群成熟、满足、善于思考的人。他们拥有较丰富的资源，受过良好教育，从事专业性工作，平均年龄 48 岁，年收入约 38000 美元，一般已婚并有年龄较大的孩子。他们在消费活动中对形象或尊严不感兴趣，在家用产品上他们是高于平均水平的消费者，休闲活动以家庭为中心，喜欢教育性和公共事务性的节目，广泛并经常阅读
3	信奉者	约占人口的 26%。他们采取原则导向，是传统、保守、墨守成规的一群人。他们资源较少，高中教育程度，平均年龄 58 岁，年收入约 21000 美元。他们的生活超过平均水平，活动以家庭、社区或教堂为中心，购买美国制造的产品，寻找便宜货，看电视，阅读有关养老、家居、花园的杂志，不喜欢创新，改变习惯很慢
4	成就者	约占人口的 13%。他们采取身份导向，是一群成功、事业型、注重形象、崇尚地位和权威、重视一致和稳定的人。他们拥有丰富资源，受过大学教育，平均年龄 36 岁，年收入约 50000 美元。在消费活动中，他们对有额外报酬的产品特别有兴趣，看电视的程度处于平均水平，阅读有关商业、新闻和自己动手一类的出版物
5	奋斗者	约占人口的 13%. 他们采取身份导向，寻求外部的激励和赞赏，将金钱视为成功的标准，由于拥有资源较少，因而常因感到经济的拮据而抱怨命运不公，易于厌倦和冲动。他们平均年龄 34 岁，年收入约 25000 美元。在消费活动中，他们中的许多人追赶时尚，注重自我形象，携带信用卡，钱主要用于服装和个人护理，看电视比读书更令他们喜欢
6	体验者	约占人口的 12%。他们属于行动导向、年轻而充满朝气的一群人。他们拥有较丰富的资源，一般是单身、尚未完成学业，平均年龄 26 岁，年收入约 19000 美元。他们追逐时尚，喜欢运动和冒险，将许多收入花在社交活动上，经常冲动性购物，关注广告，听摇滚音乐

续表

序号	细分市场	描述
7	制造者	约占人口的13%。他们是行动取向，保守，务实，注重家庭生活，勤于动手，怀疑新观点，崇尚权威，对物质财富的拥有不是十分关注的一群人。他们拥有的资源较少，受过高中教育，平均年龄30岁，年收入约30000美元。在消费活动中，他们的购买是为了舒适、耐用和价值，不去关注豪华奢侈的产品，只购买基本的生活用品，听收音机，一般阅读杂志中涉及汽车、家用器具、时装和户外活动的内容
8	挣扎者	约占人口的14%。他们生活窘迫，受教育程度低，缺乏技能，没有广泛的社会联系。一般年纪较大，平均年龄61岁，年收入仅9000美元，常常受制于人和处于被动的地位。他们最关心的是健康和安全。在消费上比较谨慎，属品牌忠诚者，购物时使用赠券并留心降价销售，相信广告，经常看电视、阅读小报和女性杂志

需要指出的是，虽然VALS2较原VALS系统有较大的改进，但它同样存在VALS系统所具有的某些局限，如VALS2中的数据是以个体为单位收集的，而大多数消费决策是以家庭为单位做出或很大程度上受家庭其他成员的影响。另外，很少有人在自我取向上是“纯而又纯”的，SRI所识别的3种导向中的某一种可能对消费者具有支配性影响，然而支配的程度及处于第二位的自我取向的重要性会因人而异。尽管如此，VALS2仍是目前运用生活方式对市场进行细分的最完整的系统，它已经并将继续被企业广泛地运用。

（3）中国消费者生活形态模型——CHINA－VALS

2002年，中国新生代市场监测机构宣布在中国消费者细分市场的分群深度研究上取得重大成果。基于美国、日本业界领先的消费者生活形态的分类研究模型VALS，通过1997年以来在中国内地进行的关于居民媒体接触习惯和产品/品牌消费习惯的连续调查积累的大量翔实的数据，新生代对中国的消费者进行了心理层面上的分析，建立了适应中国市场大众时代复杂的经济态势下的中国消费者生活形态模型——CHINA－VALS。

中国消费者被分为14种族群。这一模型把中国消费者按消费心理因素分为14种族群。其中理智事业族、经济头脑族、工作成就族、经济时尚族、求实稳健族、消费节省族6种族群为积极形态派，占整体的40.41%；个性表现族、平稳求进族、随社会流族、传统生活族、勤俭生活族5种族群为求进务实派，占整体的40.54%；平稳现实派包括工作坚实族、平稳小康族、现实生活族3种族群，占19.05%。

最大族群为随社会流族。从整体分析，包括积极形态派和求进务实派的11种族群占中国消费者整体的80%以上，反映中国消费者普遍持有积极、务实的消费心态。而14类消费者在消费者总量的比例大多都在6%～8%，分布均匀，其中随社会流族（13.95%）、经济时尚族（8.54%）在14类消费者中所占比例最大。而以随社会流族、经济时尚族为代表的随社会流族、经济时尚族、平稳小康族、工作成就族、平稳求进族、工作坚实族占整体的47.9%，共同构成位于社会中层的中国消费者人群。这与中国整个社会发展态势以及典型消费形态吻合，也验证了CHINA－VALS模型的精确与精准。

新生代市场监测机构的专家还根据97条有关生活形态测试的语句获得的数据进行分析，在深入到消费者生活形态和消费心理层面上综合消费者的分层（以教育程度、职业、收入等为标准），“画”出了14类消费者的心理“肖像”。比如，理智事业族事业成就欲望强，饮食生活超脱社会水平，男性占7成；而随社会流族个人主观性较弱，易受他人影响，男女比例、年龄分布较均匀，工作倾向也不明显。而不同族类的人在消费行为上也有显著的不同：理智事业族高收入倾向明显；随社会流族习惯“货比三家”。

新生代市场监测机构这种对中国消费者14族群的划分方法，在很大程度上改善了市场细分的效果，以这种市场细分为基础，该公司还可以从消费者的产品及品牌消费习惯、媒体接触习惯、人口统计变量等多个角度针对具体的某一族群进行详细的分析。

本章小结

本章着重论述了消费者的个性、自我以及生活方式。因为消费者的自我概念与个性有着密切的联系，而生活方式又是一个人自我概念的外在表述，所以本章对这两个方面的问题做了详细的论述。

个性指人的整个心理面貌，是个人心理活动的稳定的心里倾向和心理特征的总和。个性心理特征指区别于别人、在不同环境中表现出一贯的、稳定的行为模式的心理特征。消费者的购买决策行为以何种方式进行取决于消费者气质、性格、消费能力诸方面个性心理特征的差异。正是由于消费者在个性心理特征方面的差异，可以将消费者分为不同的购买类型。

自我是指个人对自身一切的知觉、了解和感受的总和。本章介绍了詹姆斯的“经验自我”和“纯粹自我”、弗洛伊德的“本我”“自我”和“超我”、罗杰斯的“现实自我”和“理想自我”、米德的“客我”和“主我”。

生活方式就是消费者如何生活，它通过一个人的活动、兴趣和意见反映出来。生活方式的形成很大程度上由一个人的内在个性特征决定。现在，相关人员把对生活方式的测量与对个体在价值观、态度、人口统计特性等方面的测试结合起来，运用AIO分析法和VALS及升级版VALS2分析法对消费者生活方式进行测量。尽管这些方法存在一些问题，但是，仍是目前运用生活方式进行市场细分的最完整的系统，它被广泛地运用到市场营销活动的不同方面。

思考题

1. 什么是个性？个性具有哪些特征？
2. 什么是自我？营销人员如何运用自我概念的知识进行营销活动？
3. 简述生活方式的作用。
4. 简述 AIO 分析法。
5. VALS2 的构建基于哪两个层面？描述这两个层面的关系。

实践活动

1. 访问周围 5 名同学，看看他们各属于什么性格特征。

2. 设计 10 个你认为与生活方式有关的问题，就你熟悉的同学和亲友进行调查，根据调查结果分析：生活方式是否会影响消费者的产品选择选择？试得出你的结论。

案例阅读

森女的个性

“森林系女孩”，简称“森女”。东京现在最流行的就是“森女”，指20 岁左右，活在当下享受幸福，不崇尚名牌，穿着犹如走出森林的自然风格。以不做作，天真，自然的生活风格被大家认可。2013 年 1 月中国社会出版社出版了郭锐著作的《像森女一样去生活》，对“森女”进行了全面的介绍，提出：森女的生活观——活出自己的感觉；森女的消费观——花最少的钱，过有品质的生活；森女的着装观——怎么舒服怎么来；森女的妆饰观——自然的就是最美的；森女的交际观——追求简单直接的处世态度；森女的健康观——享受低碳环保绿色健康生活。

森女穿衣风格的普遍规律归结为以下几点：衣服一律以棉麻等天然材质为主，颜色基本上选择富有大自然气息的大地色、裸色或暖色，以传达温柔安静的气质；服装图案偏重于田园风，碎花，民族图腾，间或搭配刺绣等带有质朴的手工打造的印记的配饰。整体风格上，森女们追求宽松随意，散淡，粗犷中追求精致细节；在穿搭上，她们是混搭先锋，常常不按常理出牌。平底圆头鞋是森女的最爱，除此之外，她们还爱帆布包、大披肩、超长围巾、复古饰物等天然材质制作的饰品。

毫无疑问，这种脱离了传统气质的新兴气质会在服饰产业上带来新的商机。许多品牌也正是抓住了森女的个性特征，抢占森女市场，成为行业的领头军。

思考：森女的个性具有哪些特征？

第 10 章

经济文化因素与消费者行为

每个消费者作为社会成员，都生活在一定的社会环境中，因此，消费者的购买行为不可避免受到社会环境各种因素的影响。在影响消费者行为的各种社会环境因素中，经济文化因素占有极为重要的地位。经济因素决定着消费者的购买能力，起着规范和塑造消费者生活方式和偏好的作用；文化因素潜移默化地影响着消费者的价值观念，生活方式，消费心理以及购买行为。在本章中将着重讨论经济文化如何影响消费者的购买行为。

10.1 经济因素与消费者行为

经济因素是制约消费者行为的一个基本因素，它包括宏观和微观两个方面。宏观经济因素是指整体的经济环境，经济的周期变化。当经济繁荣时，消费者的收入会增加，可支配的收入会增加，消费水平相应会增加，当经济衰退时，随着收入减少，人们会节约开支，消费水平自然也就会相应降低。微观经济因素这主要涉及消费者以往的经济情况，一定时期内消费者收入的多少，储蓄所占的比重，能否取得消费信贷，市场物价水平以及其变动状况，这一切都制约着消费者的行为。对于一般消费者而言，收入是决定其能否发生购买行为以及发生何种规模的购买行为，绝对值购买商品的种类和档次。所以，在这个问题中，我们着重讨论消费者收入与消费者行为的关系。

10.1.1 消费者的收入

在研究消费者收入时，常使用以下指标：

10.1.1.1 个人收入和居民可支配收入

（1）个人收入

个人收入（PI）指个人从各种途径所获得的收入的总和，包括工资、租金收入、股利股息及社会福利等所收取得来的收入。该指标是预测个人的消费能力，未来消费者的购买动向及评估经济情况的好坏的一个有效的指标。个人收入提升代表经济情况好转或经济景气，相应地，个人消费支出就有可能增加；下降当然是放缓、衰退的征兆，对货币的汇率的走势的影响是不言而喻。

（2）居民可支配收入

居民可支配收入是居民家庭在调查期获得并且可以用来自由支配的收入。包括家庭成员所从事主要职业的工资以及从事第二职业、其他兼职和偶尔劳动得到的劳动收入；家庭成员从事生产经营活动所获得的净收入，如开小店、摆小摊、家庭作坊、私营企业的纯收入；家庭资产所获得的收入，如存款的利息、出租房屋收入、保险收益、股息与红利收入、知识产权收入；政府对个人收入转移的离退休金、失业救济金、赔偿等，单位对个人收入转移的辞退金、保险索赔、提取的住房公积金，家庭间的赠送和赡养。

10.1.1.2 消费者的绝对收入变化与相对收入变化

（1）消费者的绝对收入变化

消费者的绝对收入变化是指消费者所获得货币及其他物质形式的收入总量的升降变动。对大多数以货币收入为主的消费者来讲，影响其心理的主要因素是货币收入绝对数额的上升与下降。一般来说，消费者货币收入增加时，消费者的心理需求欲望也随之增加。反之，当消费者货币收入减少时，其心理需求欲望也随之减弱。这种增强与减弱的心理倾向，常与消费的简单思维活动有关。

（2）消费者的相对收入变化

消费者的绝对收入变化是指在消费者绝对收入不变时，由于其他社会因素，如价格、分配等的变化，引起原有对比关系的变动，而使收入发生实际升降的变动。相对收入变化时，对消费者的心理影响主要表现在：

①消费者本人的绝对收入没有发生变化，而其他消费者的绝对收入发生变化；或消费者本人的绝对收入的变化幅度大于或小于其他消费者绝对收入的变化幅度。这种变动，消费者在短时间内一般不易察觉，对短期消费心理也不构成影响。只有经过一段时间的对比之后，才会构成对消费心理的影响。比如，当某消费者或消费者群体的消费收入相当于其他消费者或其群体在同等水平上进行消费，经过一段时间以后，便会感到由于消费支出能力降低，已不能与那些相对收入已提高的消费者保持同等的消费方式，而必须逐步降至与自身收入相等的消费水平上来。

②消费者的绝对收入没有发生变化，而市场商品价格发生变化，使原有收入可购买的商品量发生了增减变化，或者是消费者绝对收入的变化幅度大于或小于价格变动

的幅度。这种变动对消费者心理预期会产生直接影响。对消费者的货币投向，消费结构及消费数量都会产生明显的制约作用。比如，发生在2010—2011年上半年的通货膨胀，商品价格普遍大幅度上涨，而消费者的收入却上涨得很慢，有的甚至没有变化，这就意味着消费者的相对收入减少了，直接影响消费者的购买心理和行为。

（3）消费者绝对收入与相对收入之间存在两种变动关系

①当消费者绝对收入与相对收入呈同向变动时，即同升或同降，对消费者心理变化不会产生过大的影响。

②当消费者绝对收入与相对收入呈反向变动时，即一升一降，对消费者心理影响较大。它一般表现为绝对收入的上升，相对收入的下降。比如，当消费者的绝对收入增加以后，需求和购买欲望随之增加，但是当消费者进入市场以后，发现物价上涨幅度快于自己收入上升的幅度，或他人收入增加幅度大于自己收入增加幅度时，就会使原已膨胀的消费欲望受到打击，转而出现不稳定或失望的心理感觉。

10.1.1.3 消费者的现期收入与预期收入

（1）现期收入

现期收入是指消费者在当前一定时期内所获得的收入，包括工资、奖金、利息、消费信贷收入，等等。也可以包括能转化为货币的财产。一般来说，消费者收入增加时，消费也会增加；收入减少时，消费也会减少。但是，收入和消费并不总是按相同比例增加或减少的。经济学家认为，从较长时期看，消费增长的幅度小于收入增长的幅度，因为消费者会按一个不断增大的比例把收入的一部分转化为储蓄。现期的实际收入与其他收入的最大区别在于它为消费支出额规定了一个客观上限。

（2）预期收入

预期收入是指消费者以现期收入为基础，以当时的社会环境为条件，对今后收入的一种预计和估算。这种预计和估算取决于消费者对个人能力的信心和对社会发展前景的信心。

在一般情况下，当消费者的预期收入将相对收入高于现期收入时，他可能增加现期的消费支出，甚至敢于举债消费，以提高现期的消费水平。反之，当消费者估计预期收入将绝对或相对低于现期收入时，他将降低现有消费水平，减少日常支出，而较多地用于储蓄或投资，以期获得未来利益，以使未来消费水平不致下降，或可以提供基本生活保证。这种估计的心理基础往往是出于对社会发展和个人能力成长缺少信心。

10.1.2 消费者的支出

在研究消费者收入与消费支出关系时，常使用以下指标：

10.1.2.1. 消费者的支出结构

收入在很大程度上影响着消费者支出模式和消费结构。随着消费者收入的变化，支出模式与消费结构也会发生相应变化。

在1853—1880年，德国统计学家恩斯特·恩格尔曾对比利时不同收入水平的家庭进行调查，并于1895年发表《比利时工人家庭的日常支出：过去和现在》一文，在将支出项目按食品、衣服、房租、燃料、教育、卫生、娱乐等费用分类后，发现收入增加时，各项支出比率的变化情况为：食物费所占比率趋向减少，教育、卫生与休闲支出比率迅速上升。换言之，一个家庭收入减少，其支出中用于购买食物的比例越大，这便是恩格尔定律。食品费用占总支出的比例，称为恩格尔系数。一般认为，恩格尔系数越高，生活水平越低；反之，恩格尔系数越低，生活水平越高。在我国，随着城乡居民收入水平的提高，恩格尔系数呈现明显下降趋势。

当然，消费者支出模式与消费者结构不仅与消费者收入有关，还受到家庭生命周期所处的阶段、城市化水平、商品化水平、食物价格指数与消费品价格指数变动是否一致等因素的影响。

10.1.2.2 供给品价格

供给品价格对消费者需求的影响是通过需求法则来表现的。需求法则是指存在于商品的需求量和产品价格之间的负相关关系，也就是说当商品价格下降时，消费者一般会购买更多的该种商品。我们可以通过两种途径来解释供给品价格对需求量的这一影响：一是收入效应，即某商品的价格降低后，消费者可以在不减少其他商品购买量的情况下更多地购买此商品，实际上就等同于提高了消费者的购买力；二是替代效应，即当某商品价格下降后，对其他同类商品的购买量将会下降，为满足同样的需求水平，对降价商品的购买量将会上升。

在市场营销过程中，企业常常利用需求法则来作为促销策略的基础。比如，降低销售价格或给予各种折扣、折让等，因为在同样的质量和功效水平下，人们都倾向于购买价格低的商品或服务。

10.1.2.3 机会成本

机会成本是指当一个人够买某个商品或从事某项工作时，所不得不放弃的购买另一种商品或从事另一项工作的价值。这个规定暗含的假定是：资源是有限的，并且某种资源被配置于不同的用途所产生的价值是不同的。机会成本的概念可帮助我们理解竞争。一般来讲，企业都将同行业内的其他公司作为自己的竞争者，但根据机会成本的界定，竞争者是可以跨行业的，因为消费者的购买力是有限的，如一个消费者持有一定的货币，他既可以购买一台电视机，也可购买几套高档服装，或存起来用于将来买房子，或用于下一代的教育。因为每次购买选择对某个特定消费者来讲，带给他的满足、价值和附加利益都是不同的。消费者在做购买选择时，往往要选择对于他自身来讲机会成本最小的购买对象。

10.1.2.4 经济周期

一个国家的经济周期与消费者行为之间存在相互作用和影响的关系：一方面消费者行为影响经济周期阶段的发展；另一方面当经济处于不同周期阶段，消费者的行为是不同的。

一个国家的经济周期可以分为四个阶段：繁荣、衰退、萧条、复苏。在各个阶段消费者的需求和消费者的信心方面的特征均有所不同。

在经济周期的高点上，国民生产总值最高，失业率最低，但商品价格较高，存在一定程度甚至比较严重的通货膨胀，消费者对经济发展的信心在下降。随着消费品价格的增长，利率也就逐渐增长。提高利率，会使消费者少借贷而多储蓄，这就造成了商品需求量的下降。销售商逐渐感到销售量在减少，商品库存积压增加，他们就会减少对制造商的订货，这样制造商就必须降低生产水平，裁减工人，这时经济就进入了衰退阶段。在经济周期的低点上，消费者的悲观程度在逐渐加深，对产品的需求量越发减少，销售商的存货还在增多。幸运的是，销售商会最终处理完他们的存货，因为需求量的减少，价格开始下降，消费者开始偿还他们的一部分债务。在这一临界点上，经济周期进入了萧条阶段，此时失业率达到最大值，而国民生产总值达到最小值。在复苏阶段，销售商开始扩大存货水平，制造商接到更多的订单，产值和就业率都在开始升高，消费者变得越来越乐观。消费品需求量就会逐渐增长，消费者就会借更多的债务买更多的商品。但是，复苏阶段不会无限地进行下去，最后会达到繁荣阶段。这样就形成了一个经济周期的循环。

对于企业来说，理解和掌握经济周期对消费者行为的影响是非常重要的。有些国外的营销专家反复强调，在衰退期到来时，企业更需要通过市场调查，了解消费者对价值的重新定义和对经济衰退的反应，而不是削减市场研究的预算。

在经济衰退时，消费者的钱包瘪了，这时候消费者不再跟风，而是注重商品的价值，营销人员必须对每条产品线下的产品的需求量做出预测。这个时期，消费者喜欢多用途产品胜过专业产品，企业应该十分重视调整产品组合，果断地缩减较弱的产品项目或砍掉不适用的产品线。

当经济的衰退隐约地出现时，企业应该用类似于家庭成员舒适地围坐在壁炉边和有家庭温馨场面的广告，替换以前的极端体育的、冒险的和典型个人主义的广告。另外，不能削弱广告费用，因为，在经济衰退时期，更多的消费者看电视时对广告增加的品牌比广告减少的品牌印象更深刻。

10.1.3 消费者的储蓄和信贷

消费者支出不仅直接受消费者收入的影响，还要受其他经济因素的影响，如消费者储蓄和消费信贷的影响。

10.1.3.1 消费者的储蓄

储蓄来源于消费者的货币收入，其最终目的还是为了消费。但在一定时期内货币收入水平不变的情况下，如果储蓄增加，购买力和消费支出便减少；如果储蓄减少，购买力和消费支出便增加。所以，储蓄的增减变动会引起市场需求规模和消费结构的变动，对企业的营销活动会产生或近或远的影响，而储蓄的增加与减少又受利率变化、物价水平等多种因素的影响。在我国储蓄动机对储蓄的影响十分明显，近几年，为子女上学、社会保障的储蓄动机十分突出，排到储蓄动机的第一位或第二位，影响了一些家庭其他方面的消费支出。

10.1.3.2 消费者的信贷

消费者信贷也是影响消费者购买力和支出的一个重要因素，消费者信贷是指消费者凭信用先取得商品使用权，然后按期归还贷款以购买商品。西方国家的消费信贷主要有短期赊销、分期付款、信用卡信贷等形式。现在我国消费信贷的形式也比较多。由于消费者可用贷款来购买商品，因而消费者信贷的规模和变化将影响消费者或家庭的购买力的增减变动。

资料：储蓄、债务和信贷倾向

世界各国消费者的储蓄、债务和信贷倾向不同。日本人的储蓄倾向强，储蓄率为18%，而美国仅为6%，结果日本银行有更多的钱和更低的利息贷给日本企业，日本企业有较便宜的资本得以加快发展。美国人的消费倾向强，债务—收入比率高，贷款利率高。营销人员应密切注意居民收入、支出、利息、储蓄和借贷的变化，这对价格敏感型产品更为重要。

10.2 文化因素与消费者行为

10.2.1 文化的含义

文化这个词来源于古拉丁文，原意是指“耕作”“教习”和“开化”的意思。在中国最早把“文”和“化”两个字联系起来的是《易经》，提出了“观乎天文，以察时变；关乎人文，以化成天下”的主张，其意思是用儒家的诗书礼乐来教化天下，使社会变得文明而有秩序。英国的文化人类学家爱德华·泰勒在1871年出版的《原始文化》的著作中，第一次把文化作为一个中心概念提出来，并加以系统的表述。他认为：“文化是一个复杂的总体，包括知识、信仰、艺术、道德、法律风俗，以及人类在社会里所获得的一切能力与习惯。”美国的人类学家克劳门和克鲁克霍斯认为“文化包括内隐和外显的行为模式”，它是“构成人类群体的出色成就，包括体现于人工制品中的成就，文化的基本核心包括传统的观点，尤其是价值观念”。美国管理学家斯蒂芬P. 罗宾斯认为“文化是一种知觉。这种知觉存在于组织中而不是个人中”。总之，人们对文化含义的解释是多种多样的。

一般认为，文化应有广义与狭义之分。广义的文化是指人类在社会历史发展的实践过程中所创造的物质财富和精神财富的总和。狭义的文化是指人类精神活动所创造的成果，如哲学、宗教、科学、艺术、道德等。在消费者行为研究中，由于研究者主要关心文化对消费者行为的影响，所以我们将文化定义为一定社会经过学习获得的、用以指导消费者行为的信念、价值观和习惯的总和。文化是一个系统的概念，其基本的核心是价值观，表现在各个不同的个人和不同的组织群体之中。

10.2.2 文化的特征

10.2.2.1 共有性

文化是由社会成员共同创造出来的，并对该社会中的每一个成员都产生深刻影响，使同一文化呈现出某种共性，表现在受同一文化熏陶下的人们往往具有共同的生活方式、消费习俗、消费观念以及偏好禁忌。从消费行为方面看，表现为人们行为的相互攀比、认同、模仿、感染等社会特点。

文化的共有性还表现在不同文化之间的共享性。由于信息、交通的发达，改变了人们相互影响、相互联系的频率和方式，不同文化影响下的人们通过直接、间接的交流，相互越来越了解。不同的文化之间呈现出一种融合性。比如，中国的饮食，色香味俱全，吸引着大批外国人，而日本的饮食因为清淡、健康，也得到全世界的认可和喜爱。

10.2.2.2 差异性

一个人从出生的第一天，就已开始接触和适应他所生活的社会的文化，伴随他成长，这种文化会在他身上留下深深的烙印。只是一个人长期生活在某一特定的文化环境中，往往不易感受到这一文化对他的深刻影响，而一旦进入一个新的社会环境时，才会强烈感受到不同文化的差异。比如，中国人世代都用筷子吃饭，这似乎是天经地义的事，然而，一旦我们进入异国他乡才发现，筷子是中国人习惯的吃饭方式，其他国家的人们或使用刀叉进食，或用手抓着吃饭。而类似的差别还有许多，只是在自己的国家不容易感受到而已。

每个国家、地区、民族都有自己独特的区别于其他国家、地区、民族的社会文化，即有自己独特的风俗习惯、生活方式、伦理道德、价值标准、宗教信仰等，这些方面的不同导致了不同社会文化的差异。企业必须时时注意这种差异与不同，在经营中做到“入乡随俗，入境问禁”，只有这样投其所好，才能被不同的文化群体所接受。比如，风靡全球的可口可乐包装，在世界其他地区销售采用的都是红白相间的色彩搭配，而在阿拉伯地区，却变成了绿色包装，因为那里的人们酷爱绿色，对于他们来说，绿色意味着生命和绿洲。再如，红色在中国人的观念里象征着热烈、吉祥、美好，但西方有些国家却有不同的理解，认为红色是一种危险、令人不安、恐惧的颜色，易使人联想到流血、事故和赤字。由于这种观念上的差异，我国出口到德国的鞭炮曾被要求换成灰色的外包装才被接受。

资料：中西文化差异

中西文化差异不仅表现在饮食观念和对色彩的认识上，还表现在诸多方面。比如，思维方式上，是抽象和具象的差别，反映到生活态度上似乎可以理解为西方人更加实用，而中国人则多少更偏重一些精神感受。我们把法语单词和中文文字加以比较，这一点就很明显。中国文字造词多注重形象，而法文里更多地注重考虑的是实际价值。像中文里的名片，法文里直译就是访问用的卡片，而航空母舰在法文里叫载飞机的军舰。

反映到绘画上更是如此，中国画的大开大阖、泼墨写意和欧洲油画讲究的人体比例和光学原理等完全是属于风马牛不相及的两个技术范畴，似乎很难有共同语言。欧洲人有时不太能够理解我们过于抽象的艺术表现手法，我们有时也会认为欧洲人的艺术技巧过于写实本分，缺乏灵气。看多了欧洲绘画史上被奉为经典的宗教题材画作，中国人有时在感叹其技法写实细腻的同时，也会感慨欧洲大师们想象力的贫之：为了证明天使在飞，就非得给那些可爱的小精灵加上一双翅膀。而我们的祖先不也画了几千年吗，在那些美丽的仙女旁边加上几朵白云，她们不就飞起来了吗？多有意境，多有想象空间啊。

这就是文化的差异，但是，差异带来的并不总是分歧，它恰恰使文化丰富多彩。

（资料来源：《环球时报》，2003年6月25日，有删节）

10.2.2.3 变化性

在一个社会中，人们的爱好、生活方式、价值观念等是不断变化的，只不过这种变化快慢不一，有的还具有周期性。而消费市场是反映社会文化变化的最敏感的窗口，因为社会文化的发展变化导致市场上某种消费时尚及商品的流行。比如，从时装的发展变化来看，过去对于服装人们讲求质地精良、做工考究、款式庄重，而现代人们对服装的要求则趋向于舒适、潇洒、自然、宽松、随意，注重穿着的舒适、随意性和自我感觉。因此，现在市场上各种休闲服、休闲鞋极为流行。这一变化，表面上看是服装风格、款式的改变，其实，它反映了现代人的生活观念及态度的改变。再比如，西方国家20世纪60年代以前，人们大都喜欢高脂肪、高蛋白质的食物，结果导致很多人过于肥胖——肥胖症及其他多种疾病。进入70年代后，西方国家的饮食结构发生了巨大变化，爆发了一场关于营养革命，使健康食品在美国、日本、西欧等国十分风行，不管什么食品，只要与健康、健美联系在一起，便大受欢迎。由此，市场上低糖、低热量、低胆固醇、天然食品十分畅销。受这一全球性健康化趋向的影响，近几年，我国在饮食习惯及对食品的评价标准方面也发生了巨大改变。过去人们比较偏重食品的口感与味道，对其营养价值和是否有利身体健康常常忽略，但随着人们消费水平的提高和健康意识的增强，食品的营养价值和保健作用越来越受到人们的重视。由此，健康食品和功能性食品在市场上十分受欢迎。

10.2.2.4 适应性

任何社会文化的形成和改变都有一定的客观原因，因此任何文化都是企业无法改变也不可能改变的。企业在具体营销活动时，必须研究不同国家、地区，不同名族、不同阶层人的文化差异，从而使自己的产品适应不同文化环境中的消费者，尤其出口商品更应注意，否则有可能给企业带来意想不到的挫折和损失。比如，1995年3月3日，埃及内政部长下令查收市场上出售的中国鞋。这是由于我国天津鞋厂生产的白鸽牌女鞋，鞋后跟的防滑图案花纹与阿文“真主”二字极其相似，造成当地社会舆论的误会，认为是对真主的亵渎。这虽是巧合，但却说明了产品销售过程中文化因素的重要性。如果企业能能够巧妙地利用不同环境中消费者的文化心理，则会取得意想不到的成功。比如，日本精工公司近年来推出一种“穆斯林”手表，该表除设计新颖、构思巧妙外，最打动穆斯林的是，这种手表能把世界上114个城市的当地时间转化成“‘圣地’麦加的时间”，并且每天定时鸣响五次，提醒教徒们按时祈祷。因此，这种手表在阿拉伯国家的消费者中非常受欢迎。

企业只有深入了解消费者的不同文化心理、风俗习惯，才能有的放矢地搞好产品营销。具体就是要在产品设计、商标、图案、产品命名以及促销方式上尊重中外消费者特有的风俗习惯、宗教信仰，以免遭受失败。

资料：自我参照标准

在实际工作中要做到文化适应是很困难的。造成困难的主要原因之一是所谓的“自我参照准则”在起作用。“自我参照准则”的概念是指无意识地参照本国文化价值观，在国内市场积累的营销经验和技能，作为国际营销决策的依据。例如，我国有的外贸公司的谈判人员，在谈判开始时，见到外国商人总要递上一支香烟，实际上这就是“自我表现参照准则”的表现。在中国，向客人敬烟是为了表示礼貌和友好，然而在国外，特别是欧美国家，一般是不向客人敬烟的，因为有不少人是反对吸烟的——向这类人敬烟反倒是不礼貌的表现。

10.2.3 文化价值观

尽管各种不同文化之间的差异性体现在多个方面，但最根本的差异还是文化价值观的差异。

10.2.3.1 价值观的含义

价值观就是一个社会或群体中的人们所共有的对于区分事物的好与坏，对与错，符合或违背人的意愿，可行与不可行的概念。

文化价值观有核心价值观和次要价值观之分。文化的核心价值观是指特定的社会或群体在一定历史时期内形成并被人们普遍认同和广泛持有的占主导地位的价值观。对文化内容的营销分析开始于核心价值观的分析，营销人员知道社会群体中人们的核心价值观有助于理解消费者与产品的相互关系。比如，当前有些中国人的价值观，拼命挣钱、看眼前利益、浮躁等似乎控制了他们的生活和工作。表10.1中列出了美国人的核心价值观，供参考。文化的次要价值观是指特定的社会或群体在一定时期内形成和特有的次要的、居于从属地位的价值观念。

表 10.1 美国人的核心价值观

价值观	总体特征	相关的消费者行为
获得与成就	只有努力工作才有成功	你值得这么做
活动	工作紧张有利于身体健康	工作时间减少，休闲时间增多
效率和使用性	对那些能解决问题（如节约时间和精力）的事物的崇拜	刺激对那些运行良好而且节约时间的产品的购买
过程	人们会自我提高，明天会更好	期望获得新的改善的产品
物质丰盛	生活很好	产品奢侈，生活更好
个人主义	以我为中心	获得能够表现自我的产品
自由	选择的自由	鼓励生产多种多样的产品
外部一致	一致观察，期望被接受	对他人拥有的产品感兴趣
人道主义	关心他人，尤其是失败者	赞助敢于参与竞争的公司
年轻	心理和表面都年轻	接受提供年轻人的公司
合适和健康	关系身体健康	接受长身体的食品、器具和行为

10.2.3.2 价值观的衡量

文化价值观看不见，摸不着，的确难以进行全面、深入分析。在这里我们介绍霍夫施泰德（G. Hofstede）的方法，他主要从以下四个方面维度对各国的文化价值观进行分析和比较。

（1）个人主义/集体主义指数（IDV）

该维度主要反映了人们对个人与集体关系的价值取向。强调个人主义的文化，即较高的 IDV 指数，反映了一种以自我为中心的思维，强调个人利益或个人成就，而个人与集体、社会间的关系比较松散。美国、英国、澳大利亚等国家的 IDV 指数都比较高。集体主义文化，即较低的 IDV 指数，反映的则是一种以集体为中心的思维，强调个人利益服从集体利益，强调团队协作和团队工作方式。在集体主义文化下，人们生下来就与社会结成一种强烈的、紧密的关系，这种关系给人们带来安全感、归属感。日本、韩国、中国和大多数阿拉伯国家的 IDV 指数都比较低，属于典型的集体主义文化。

（2）权力距离指数（PDI）

该维度反映了人们对等级、特权和不公平的态度，即对一种社会结构中上下级之间的权力不平等状态的容忍度。在权力距离指数高的文化下，人们倾向于接受等级制，习惯于服从上级的命令，视势力、操纵力和世袭为权力的重要来源，而且对权力拥有者享有一定特权表示认同。而在权力距离指数低的文化中，人们珍视公平，反对特权，并把知识和尊重作为重要的权利来源。印度、印度尼西亚、墨西哥及大多数阿拉伯国家的权力距离指数都比较高，在这些国家，长期存在严格的等级制度，而在德国、英国、美国等国家的 PDI 指数较低。

（3）不确定性回避指数（UAI）

该维度反映人们对不确定性或风险的态度。UAI 指数高的文化往往难以容忍不确定性，不鼓励冒险和创新，对新事物往往持怀疑的态度，并且其成员较为关注安全感和行为的规范性以规避不确定性。因此，在这种文化下，人们会教条式地拘泥于过去习惯了的行为规范，这些行为规范最终转化为不可违反的行为准则。此外，在 UAI 指数高的文化下，人们往往崇拜权威，并回避风险。相反，在 UAI 指数低的文化下，人们易于接受新事物、新观念，并且乐于冒险和创新。根据霍夫施泰德的调查，法国、德国等国家 UAI 指数相对较高，在这些国家，人们习惯于在近乎僵化的规范、制度下按部就班地生活、工作。而美国、英国等国家的 UAI 指数则较低，人们喜欢冒险，企业鼓励创新。

（4）男性化/女性化指数（MAS）

该维度反映人们对性别分工和成就感的态度。在传统社会里，男性曾长期占支配地位，而女性处于配角地位。即使到了今天，在不同国家中女性的地位还是存在差异的。在 MAS 指数高的国家往往呈现出这样的文化特征：充满自信、喜欢自我表现，追逐金钱和社会地位；在 MAS 较低的文化则强调性别平等。例如，日本、墨西哥是 MAS 值较高的的国家，男性在社会发展中起支配地位，而女性起配角作用，女性就业率也较低。而瑞典、法国、芬兰等国 MAS 值较低的国家，男女地位相对平等。

营销人员可以借鉴霍夫施泰德的方法，将消费者的价值观进行分类，可以运用各种商业技术来调查社会趋势和价值观变化，还可以运用 VLAS 的方法，运用不同的价值观区分消费者。广告商也可以采用 VALS 方法，更好地理解自己的目标顾客。

10.2.4 中国人的传统文化与消费者行为

每个人都是一定社会化的产物，都是在一定的文化环境中生活，因此，价值观念、生活方式、风俗习惯等都会受到这些文化环境的影响，因而，在不同国家里生活的人在风俗习惯、崇尚爱好的方面具有明显的差异。文化影响购买行为，这在不同国家有很大区别。我国是一个历史悠久的东方文明古国，同西方文化有较大的差异，在这种文化背景下，消费者形成一些独特的民族心理特点和购买行为方式。

10.2.4.1 含蓄的民族性格和审美情趣

西方民族性格大多表现为较为外向、直率、务实等，而我国民族性格中大多表现为内向、含蓄、重理念等。这一特点表现在服装的选择上，西方人喜欢色彩鲜艳、浓烈，款式较裸露的装束，显示西方人开放及追求个人主义的思想，而我国人民多喜欢淡雅、朴素而庄重的服装。传统的中国服饰如旗袍、唐装等都反映出中国人的含蓄内敛的性格。

10.2.4.2 朴素的民风和节俭心理

受儒家思想的影响，节俭自古以来在我国就被视为一种美德。尤其是在生产力不发达的时代，“新三年，旧三年，缝缝补补又三年”，是那个时代的写照。随着改革开放，人们的收入不断提高，人们开始讲究穿的要漂亮、时尚，使服装支出大幅度提高，但注重实际、不铺张浪费还是很多人消费的准则。

10.2.4.3 求同心理

东方民族百年来习惯求同，不愿太张扬，希望自己与他人保持一致。很多人在选择服装时，常考虑能否被他人接受和认可，不愿意“出风头”或“不守规矩”。近年来，随着经济的发展和对外开放，人们的这种观念有了一定的改变，特别是年轻人敢于尝试各种新奇服饰，敢于表现自我。不过，求同心理在许多人心目中仍然存在。

当今世界，每个国家都离不开其他国家而封闭发展，经济的全球化，让越来越多的人相信费里德曼的预言——世界是平的，经济的全球化，使不同的文化互相交融、互相渗透，许多产品，包括服装已经突破了文化的界限，出现了国际化的趋势。

全球化使越来越多的企业开始向外国推销产品，其实质往往就是推销文化与生活方式，如麦当劳、可口可乐和好莱坞电影使美国文化在世界各国得到扩张。有的学者认为美国生活方式传播是以文化霸权主义的形式实现的，所谓“文化霸权主义”是指一个特定群体对其他群体取得的在文化意识形态上的主宰地位，这种主宰地位不是通过强制的方式而是通过得到被主宰者“积极同意”的方式取得的。因此，文化的影响和传播是多方面的。

10.2.5 流行文化与消费者行为

在当今社会，流行文化风潮越来越多，流行文化变化的节奏也越来越快。流行文化对人们的生活、对企业的营销活动都具有一定的影响。

10.2.5.1 流行文化的含义

流行文化是符合大众口味的文化。根据这个定义，流行文化应该有这样一些特点：

①它与大部分人的经历和价值观有关。

②理解它不需要特定的知识。

③它的生产方式使大部分人都能很容易接触到它。

④它通常影响那些与工作和睡眠无关的行为。

要理解流行文化，必须将它与高层次文化区别开来。高层次文化经常是回溯到艺术、戏剧、音乐和文学的“古老的名家”上去；而流行文化通常是通俗的、大众的，甚至有些夸张的。我们还可以从大众文化的角度来理解流行文化，甚至有时可以将二者合一。这样，就应了文化学家雷蒙德·威廉姆的一句名言：“文化的含义已经转变为对特定意义与价值的特定生活方式的表达，它不仅存在艺术中，而且存在于日常行为之中”。

10.2.5.2 流行文化涉及的范围

由于流行文化与大众诉求有关，并且只应用于非工作活动中，因此它包含的主题范围常广泛。

①广告。在广告中的形象、理念和符号被公众接受，广告就成为流行文化。

②电视。作为媒介，电视也创造了流行文化。实际上专家曾证明了电视“已经成为重要的流行文化，并且是价值和观念的主要提供者”。研究人员发展大量观看电视会影响消费者对社会、对事物的看法。

③音乐。音乐也可以塑造流行文化。2004 年流行的“两只蝴蝶”“老鼠爱大米”和 2006 年流行的“神话”主题曲都表明了音乐对一代消费者行为的重要影响作用。

④大众文化。郑祥福、叶珲、陈来仪等编著的《大众文化时代的消费问题研究》（2008）中写道，大众文化是以工业方式大量生产、复制消费性文化商品的文化形式。大众文化和精英文化的一个很大区别，是大众文化最大限度地攫取市场利益，这甚至是它唯一的诉求。大众文化最显著的特点就是毫不掩饰的商品性，它既然以赚钱为目的，就不可能不以制造时尚为己任，特别是以青年为主体。

在大众文化汹涌大潮的冲击之下，现代社会的消费发生了价值尺度的根本转换，消费品的使用价值已经不那么重要了，人们重视的是消费品的“时尚价值”。时尚成为评价消费价值的主要尺度，这种消费已经主要不是对使用价值的消费，而是一种“时尚消费”，一种流行消费。现代传媒的快速传播，大众文化产品在最短的时间内弥散在大街小巷。流行时装、流行音乐、流行发型、流行饰物，人们就生活在时尚的变幻之中，不断地体现新的感觉，满足于“当下的体验”。

10.2.5.3 流行文化与市场营销

从分析流行文化中得出的消费者行为概念可以用于市场营销策略的制定上。

①定位和差异化。品牌的定位差异化可以基于重要的文化价值取向。当然，在竞争的品牌中，只能有一个品牌保持最领先的位置。虽然可口可乐是世界上最大的软饮料生产公司，但七喜通过将自己定位于“非可乐”饮料而成功地满足了我们的文化中对打破传统的需要。它既加强了七喜在消费者心目中的位置，也迎合了文化对待一点冒险的行为的偏好。

②环境分析。流行文化是外部环境的产物，因此，观察外部环境对于理解环境变化以及这些与公司产品的联系是非常关键的。20 世纪 50 年代，本田公司看到了在美国摩托车市场上消费观念的变化，及时开展了“你在本田上遇见最文雅的人”为主题的促销活动，将小型摩托车成功地推向美国市场。

③市场调查。市场调查能够帮助影响人员理解社会中流行文化的兴起是如何促使消费者价值观变化的。而人们价值观的变化具体体现在对满足、兴奋、休闲和娱乐的要求不断提高方面，这就会影响到企业如何给产品命名，产品的颜色、包装以及产品应如何设计。根据这些价值观进行推销会对广告词的基调和模式的选择产生较大的影响。

④市场细分。流行文化的研究可以用来加深对市场细分的理解，甚至可以考虑用流行文化的元素细分市场。比如，20 世纪 90 年代的社会流行时尚风潮中，诞生了更年轻、更活泼的咖啡消费者——星巴克一代。对这一代来说，咖啡并不意味着回到家里，相反，咖啡成了一种身份的象征，并且只有在外面才会喝。

10.2.6 时尚与消费者行为

10.2.6.1 时尚的含义

时尚是现代社会最为常见的社会现象之一，也是流行文化或者说大众文化的一部分。所谓时尚就是指同时下流行的事物，是在大众内部产生的一种非普通的行为方式的流行现象。具体地说，时尚是指一个时期内相当多的人对特定的趣味、语言、思想和行为等各种模型或标本的随从和追求。

我们还可以把时尚理解为：时尚不仅表现为一种物质样式、一种行为方式，更包含着一种意义，一种文化。它是根据历史的变化着的各种代码、样式和符号系统制造出来的。在生活节奏极快的现时代，人们靠什么辨认自身呢？靠的也是符号。符号是他们维持记忆的主要手段。

时尚象征着成功、身份、社会地位和人生价值的实现。它是一种“社会编码”，通过这个“社会编码系统”，它把人们归属于某一社会阶层，人们也可以通过这一社会编码系统的“索引”去查找他人或自己在社会中所处的地位。在此意义上，消费和语言一样，是一种含义秩序。在时尚消费中，消费品已经不是作为一种有使用价值的物品而存在，而是作为一种代表着一定社会意义的符号存在；人们的时尚消费，主要也不是消费品的使用价值，而是消费其符号价值，即消费它的社会意义。从这个角度来理解，时尚是指采用某些符号来获得一种身份。这些包含服装、首饰、车子、房子、艺术品以及其他能够看到的物品，这些符号在流行文化中传递了各种含义。

10. 2. 6. 2 时尚流行的特点

①潮流类型。研究者已经确定了两种时尚潮流的基本类型。在周期时尚潮流中，社会成员所采用的风格总是在某个方向上有极端。在经典时尚潮流中，某种特定的外观成为“经典”。比如，2001—2003 年流行的翻盖手机，就是当时的一种大众时尚。

②潮流速度。潮流的速度可能很快也可能很慢，目前中国人的时尚注重“浅”而“快”。可以这样形容当下的时尚——浅尝辄止，不求甚解，注重形式，快速变动。快时尚（fastfashion）的典型就是最快时尚时装。比如，来自欧洲的 ZARA，H&M，我国的凡客诚品（VANCL）等，每周都推出新产品，热销款也不会在店里停留太长时间。而有的流行时间比较长，比如，2007 年以后流行的智能手机，因为它包括了高速上网、丰富的软件和 GPS 等功能，就成为流行至今的一种大众时尚。再如，从 2008 年开始，在我国大中城市中出现了年轻人喜欢混搭的穿着。

③潮流反传统。时尚潮流最主要的特征就是与传统相悖。传统是多年形成的，是某种守旧，而时尚潮流则是以标新立异吸引大众。

资料：脑白金与传统文化

脑白金是珠海巨人集团旗下的一个保健品品牌，该品牌创立于 1994 年，由于其成功的市场营销策略，在数年时间内，脑白金成为中国大陆知名度最高和身价最高的保健品品牌之一。其广告词“今年过节不收礼，收礼只收脑白金”则成为中国知名度最高的广告词之一。

在中国，如果提到“今年过节不收礼”，下至三岁孩童，上至耄耋老人都能说出“收礼只收脑白金”。这无疑是脑白金广告中最大的成功点。作为一种保健品，脑白金似乎已经成为中国保健品销售市场上长盛不衰的一个神话。从 1997 起，创下了一个又一个销售奇迹，年均利润可达3.5亿~4亿元人民币。2005年春节期间的销售额更是达到8.2亿元人民币，成为大众关注的焦点。

脑白金之所以能够成功，一个非常主要的原因就是其对传统文化深刻准确的认识，将自己明确定位于“礼品”。中国是礼仪之邦，过年过节送礼，看望亲友、探望病人、公关、婚宴都需要以礼品寄托情谊。因此，礼品市场的浩大促成了脑白金空前的成功。

通过对脑白金消费者的调查得知，脑白金的消费者中，认为保健品效果好的只有16.67%，认为广告好有面子的消费者超过了一半人数，占了53.33%。总体来说，脑白金抓住人们传统文化中看重面子的特点，从而取得了好的销量。脑白金不论是从面子角度还是从人伦角度，当今社会越来越多的人看重自己的个体尊严和社会地位，这不仅深深地影响其自身的购买行为，更影响了收礼的好恶。中高档保健礼品的道路对脑白金的畅销起到了推波助澜的作用。

10.3 亚文化群与消费者行为

同一文化中的人群根据人口特征、地理位置，宗教信仰等又可以分为若干个不同的亚文化群。亚文化群是指某一文化群体所属次级群体的成员共有的独特信念、价值观和生活习惯。每一亚文化都会坚持其所在的更大的社会群体中大多数主要的文化观念、价值观和行为模式。同时，每一文化都包含着能为其成员提供更为具体的认同感和社会化的较小的亚文化。构成亚文化群的群体尽管有时会与基本文化或者主流社会文化，或者与其他亚文化群的文化含义发生重叠，但该亚文化群体必须是独特的。

10.3.1 年龄亚文化群体

不同年龄的亚文化群往往有着不同的价值观念和消费习惯。青年亚文化群喜欢追求新颖、奇特、时尚，乐于尝试新产品，容易产生诱发性、冲动性购买；中年亚文化群承担着家庭生活的重任，同时扮演着家庭消费品购买决策者的决策者的角色，所以其消费行为讲求实惠、理性、精心挑选的特征十分突出。另外，人到中年，事业上的成就也要从购买商品或品牌中体现出来。而老年亚文化群比较保守和自信，习惯于购买熟悉的商品，求实求利动机较强。

10.3.2 性别亚文化群体

不同性别的亚文化群有着接任不同的消费心理和消费行为。一般来说，女性消费者对时尚的敏感程度往往高于男性，她们通常比较重视商品的外观，而男性消费者则比较重视商品的性能和品质；另外，女性消费者对价格的敏感程度也远远高于男性消费者；而在购买方式上，女性消费者通常有足够的耐心与细致，但同时又缺乏决断性。

10.3.3 民族亚文化群体

民族亚文化是人们在历史上经历过长期发展而形成的稳定共同体的文化类型，对消费者行为的影响是巨大、深远的。它是以历史渊源为基础的具有基本文化总特征，又有其自身的较稳定的以观念、信仰、文字语言、生活方式等形式表现出来的人群共同体。比如，我们常说的“中华民族”就是由56个民族构成的总体文化，而每一个民族又具有自己的民族亚文化特征，形成了有自己特点的语言文字、风俗习惯、爱好禁忌等。不同的民族在饮食、服装、礼仪等方面各有特点，尤其在服饰方面，争奇斗艳，各具特色，如蒙古族喜欢蒙古长袍，朝鲜族男人喜欢坎肩，肥腿裤，妇女穿小袄和色彩鲜艳的裙子；苗、侗等少数民族喜欢筒裤等—从服饰上我们就可以判断穿着者属于哪个民族。

10.3.4 地理亚文化群体

一方水土养一方人。地理环境的差异会导致人们在生活方式、消费习惯和消费特点上的不同，形成地理亚文化群。长期形成的地域习惯，一般比较稳定。自然地理环境不仅决定着一个地区的产业和贸易发展格局，而且间接影响着一个地区消费者的生活方式、生活水平、购买力的大小和消费结构，从而在不同的地域可能形成不同的商业文化。例如，我国北方人多爱深色服装，而南方人多好浅色；城市消费者往往喜欢黑、白、灰等颜色的服装，农村消费者更青睐红、绿、黄等鲜艳的服装。

10.3.5 宗教亚文化群体

不同的宗教群体，具有不同的文化倾向、习俗和禁忌。全世界有佛教、道教、伊斯兰教、天主教、基督教等，这些宗教在不同的国家或地域甚至是同时存在的。宗教信仰者都有其各自的信仰、生活方式和消费习惯。宗教能影响人们的行为，也能影响人们的价值观。

资料：宗教影响印度人行为

一条山脉或一条河流可以是一种文化的坐标，也可以是两种文化的界标。喜马拉雅山脉就是这样一个文化界标，它隔开了中国文化和印度文化，在印度文化中到处可以看到宗教的影响。

（1）重精神教育

历史悠久的国度都拥有众多的节日。中国人过节特别讲究吃，喜欢用美味佳肴烘托节日的气氛。印度人却从来不讲究口福，节日庆典更与美食无缘，有时甚至还要减少餐桌上的食物。印度节日的主要目的是让神高兴，自己再从中得到精神上的满足。

印度教相信生命轮回，只有当肉体死后，肉体包裹的灵魂才会投胎转世，肉体是灵魂的载体，也是灵魂最后解脱的障碍，所以印度教徒不会用美食娇纵自己的身体。

（2）重内在秩序，轻外部环境

印度人对精神教育较为执着，而对现实较为冷漠。印度街道和公共场所显得散漫而无序：路上，车辆和动物并行，很多汽车都有碰撞过的痕迹。仅仅把这种混乱归结为管理不善并不全面。根据印度教圣典《奥义书》的解释，人生活的物质世界都是幻觉。既然是幻觉，何必在意眼前的混乱呢？同时，印度教的轮回观念使印度人不重视时间，反正这辈子不行还有下辈子，这种种新制度构筑起了印度钢铁般的社会结构。

（3）重个人，轻集体

印度教的修行是一种个人行为，任何人都无法取代。《吠陀》里有一句话："就算在群飞的鸟儿中，每一只鸟都是自己飞。"印度教没有固定的礼仪和聚会，一个人每天的行动和想法，决定了他来世的命运。这种自我意识在印度妇女纱丽的丰富色彩中得到体现。正如一棵树上没有完全相同的两片叶子一样，在一群妇女的纱丽中，很难看到一模一样的颜色、图案和搭配。

这种重视自我表现也与印度历史有关。印度历史分裂时间较长、统一时间短，这就削弱了印度人的集体意识。在宗教文化的熏陶下，人们只想着自己头顶的那一片天空。

10.3.6 种族亚文化群体

白种人、黄种人、黑种人都各有其独特的文化传统、文化风格和态度。他们即使生活在同一国家甚至同一城市，也会有自己特殊的需求、爱好和购买习惯。这是以种族渊源及遗传性特征为基础的亚文化群体。不同种族的消费者在体形、肤色、发色等各方面的差异，会对消费者产生某些特定的心理与行为上的影响，如黑种人、黄种人和白种人都有其特色的文化风格和态度。

除了以上介绍的亚文化群体以外，用其他变量也可以细分出很多亚文化群体。特别是在现代社会中，消费者的价值观念、生活方式、消费心态总是在变化着，导致新的亚文化群体层出不穷。通过对新的亚文化群体的分析，营销人员可以了解目标市场的需求状况和和消费行为特征，从而提高营销策划的目的性和针对性，以取得良好的效果。

总之，对于文化的特征，营销人员知其静，可以使营销战略保持较长时间的稳定；知其变，就是要把握趋势，因势利导。

本章小结

本章讨论了对消费者情感、认知和行为有重要影响的两个因素，即经济因素和文化因素。

经济因素包括消费者的收入消费者的支出以及消费者的储蓄和消费信贷。在研究消费者收入时，常使用的指标是：消费者个人收入与可支配收入，消费者的绝对收入与相对收入，消费者的现时收入与预期收入。在研究消费者收入与支出关系时，常使用的指标是：消费者的支出结构、供给品价格、机会成本、经济周期。

在影响消费者行为的文化因素问题中，讨论了文化的含义、文化的特征以及中国传统文化对消费者行为的影响，特别讨论了流行文化。流行文化或者说大众文化制造的时尚，使消费者生活在眼花缭乱的流行之中，消费变成一种符号消费。

在文化因素中，影响消费者心理和行为的主要是亚文化群体。主要亚文化群体有年龄亚文化、性别亚文化、民族亚文化、地理亚文化、宗教亚文化和种族亚文化等。企业营销可以把每一个亚文化群视做一个细分的目标市场，分别实施不同的营销策略，以取得良好的效果。

思考题

1. 如何理解经济因素对消费者行为的影响？
2. 如何理解文化的内涵？
3. 文化有哪些特征？为什么在文化适应中要贯彻因地制宜的原则？

实践活动

1. 到学校图书馆查阅或上网查阅20世纪90年代以后，《中国统计年鉴》中城乡居民人均收入水平变化的统计资料，再查阅关于你所在地区的居民人均收入水平变化的统计资料，在分析的基础上，写一则读后感。

2. 根据亚文化相关理论，分析学生群体和教师群体在消费观念上的不同。

案例阅读

可口可乐更改配方铸大错

众所周知20世纪70年代中期以前，可口可乐公司是美国饮料市场上的“大哥大”，可口可乐占据了美国80%的市场份额，年销量增长速度高达10%。

然而好景不长，70年代中期以后，百事可乐的迅速崛起迫使可口可乐公司不得不着手应付这个饮料业的“后起之秀”。百事可乐公司通过大量动感而时尚的广告冲击可口可乐市场。比如，百事可乐推出以年轻人为消费者群的“百事新一代”广告系列。由于该广告系列适应青少年口味，以心理的冒险、青春、理想、激情、紧张等为题材，赢得了青少年的钟爱，同时，百事可乐也使自身拥有了“年轻人的饮料”的品牌形象。

可口可乐公司为了得出可口可乐发展不如百事可乐的原因，推出了一项代号为“堪萨斯工程”的市场调研活动，试图通过调查了解口味因素是否是可口可乐市场份额下降的重要原因，同时并举征询顾客对新口味可乐的态度。调研结果表明，顾客愿意尝新口味可乐。因此，可口可乐公司向世人展示了比老可乐口感更柔和、口味更甜、泡沫更少的新可口可乐样品。在新可乐推向市场之初，可口可乐公司花费400万美元进行口味测试，结果表明新可乐更受欢迎。接着，可口可乐又大做广告，把新可乐隆重推向了市场。

然而，新可乐配方并不是每个人都能接受的，而不接受的原因往往并不是因为口味原因。在西雅图，一群忠诚于传统可乐的人组成了“美国老可乐饮用者”组织，准备发动全国范围内的“抵制新可乐运动”。在洛杉矶，有的顾客威胁说：“如果推出新可乐，以后再也不买可口可乐。”即使是新可乐推广策划经理的父亲，也开始批评起这项活动了。

顾客之所以愤怒是他们认为99年秘方代表了一种传统的美国精神，而热爱传统配方的可口可乐就是美国精神的体现，而放弃传统的可口可乐配方就意味着一种背叛。

为数众多的批评，使可口可乐公司不得不开通了83部热线电话，雇请大批公关人员来安抚愤怒的顾客。面对如此巨大的压力，公司决策者们不得不稍作动摇。在随后又一次的顾客意向调查中，30%的人说他们喜欢新可口可乐，而60%的人明确拒绝新口味可口可乐。故此，可口可乐公司又一次恢复了传统配方的可口可乐的生产，同时并举也保留了新可口可乐的生产线和生产能力。最后，在美国饮料市场出现了两种可口可乐——Coco－Cola Classic 和 New Coke。

思考：可口可乐更改配方失败的根本原因是什么?

第 11 章

社会群体因素与消费者行为

消费者行为在很多方面受到社会群体的影响。对消费者行为影响比较大的社会群体有参照群体、社会阶层和家庭。本章将通过对社会群体的分析，引出参照群体与消费者行为的关系，然后讨论社会阶层与消费者行为的关系，在此基础上分析社会角色对消费者行为的影响，最后分析群体压力与从众心理对消费者行为的影响。家庭是一个重要的社会群体，鉴于它对个体消费者行为的特殊影响力，以及近几十年来我国家庭发生的显著变化，我们将在第 13 章予以专门讨论。

11.1　社会群体概述

分析消费者行为，离不开社会群体因素对消费者行为的影响研究。古希腊的亚里士多德说："不在社会生存的人，不是禽兽就是神明。"因此，结群是人类生活的基本特征。首先，群体成员在沟通和接触过程中，通过语言、行动等表达个性和思想，在这一过程中会相互影响与学习，产生一些共同的信念、态度和规范，它们对消费者的行为将产生潜移默化的影响。其次，每一个群体都有一定的正式或非正式的规范，这些规范及其压力会促使消费者自觉或不自觉地与群体的期待保持一致，使群体内的消费行为具有一定的共性。比如，企业规定员工上班需要统一着装，佩戴共同的企业标识；再如，旅行团中一些游客的购买行为常使无购买意愿的游客加入其中等。

11.1.1　社会群体的含义

社会群体是人们通过一定的社会关系结合起来进行共同活动和感情交流的集体，是人们社会生活的具体单位，是组成社会结构的一部分。群体规模可以比较大，如几十人组成的班集体；也可以比较小，如经常一起上街的两位同学。

群体是由一定数量的人结合而成的，但并不是任何一群人都可以称之为群体。

社会成员构成一个群体，应具备以下基本特征：

①有一定的成员和把他们联系在一起的纽带。这种纽带可以是以血缘为纽带组成的氏族家庭，或以地缘为纽带组成的邻里群体，也可以是以业缘为纽带组成的职业群体。

②有明确的成员关系。社会群体的关系分为两个方面：一方面是个体对群体的隶属关系；另一方面是群体内的成员关系。在群体中，任何成员都有自己的角色和地位，并通过角色和地位与其他成员发生一定的关系。如果没有明确的成员关系，人们不知道自己属于哪一个群体，也不明白自己应有的角色和地位，群体共同生活就无从产生，也就不能被他人感受群体的存在。

③有共同的目标、意识和一致行动的能力。共同的群体意识是指群体的归属感，有了这种情感，成员才能形成共同的评价与意识，共同的欲求和目标，一致的态度和行为，产生共同的心理感受。正是这种共同性和一致性，使群体能够维系，使群体显示出其整体和存在。在共同心理支配下，每个成员都能自觉地表现出与群体一致的行为。

④有持续的互动关系。群体成员存在着一定的关系并发生一定的交往，而且这种关系和交往并不是临时的，转瞬即逝的，而是保持比较长久的互动情感关系。只有经过一定时间的相对稳定的、持续的互动的成员才能互相了解，结成稳定的关系。公共汽车里的乘客、电影院里的观众不能称为群体，因为他们是偶然和临时性地聚集在一起，缺乏持续的相互交往。

⑤有一定的行为准则与规范。群体一旦形成，就需要一定的行为准则来统一其成员的信念、价值观和行为，以保障群体目标的实现和群体活动的一致性，这种约束群体成员的准则就是群体规范。群体规范是群体的一个重要特征。它指定了群体成员行为的规则，同时也是群体成员间相互期望的行为的基础。群体规范既可以表现为明确规定的准则条文，也可以是自发形成、不成文的准则规范。

社会群体的行为规范和准则对群体的形成和发展具有重要的意义。从群体本身的角度看，群体规范的作用主要表现在以下几个方面：首先，群体规范通过使群体成员的活动协调一致，提供了一种维持、巩固群体的工具。很难想象，一个没有群体规范的群体能否存在并完成一定的社会功能。其次，群体规范与群体的目标紧密地联系着，一旦群体发展了确定的目标，不可避免地鼓励有利于目标实现的行为，反对阻碍行为的规范就会出现。群体规范作为引导个体行为的指南，就是使个人了解，为实现某种目标，应该做什么和不应该做什么以及怎么做，以保证群体目标的实现。最后，规范可提高和维护群体的统一性，使群体成员同他人区分开来，特别是一些有关外表、惯用语等行为的规范，这将有利于提高群体的凝聚力。应该注意的是，群体规范具有一定的惰性作用，因为群体规范往往把人的行为限制在一个中等水平上，限制了人的积极性和创造性。

11.1.2 社会群体的类型

11.1.2.1 正式群体与非正式群体

按照群体建立的原则和方式不同，可以把群体分为正式群体和非正式群体。

正式群体是指具有明确的组织目标、正式的组织结构，成员有着具体的角色规定并完成组织规定的任务而产生的群体，如机关、学校、工厂等。正式群体有一定的规范，作为其成员在行为上应遵守一定的规则。这些规范和准则，有些作为某种制度、纪律，成为群体对成员的组织约束手段；有些属于重要的影响，如观念、情感、情趣等方面的心里规范，它影响消费者的价值观念、审美情趣的形成。例如，在购买服装时，科技群体成员对服装的面料、做工较为重视，文艺群体成员对服装的款式、色泽及服装的社会效果更为注意。

非正式群体是指人们在交往过程中，由于共同的兴趣、爱好和看法而自发形成的群体，一般结构比较松散、自由，如临时组成的旅团和各种各样的同学会等。非正式群体可以在正式群体之内，也可以在正式群体之外，或是跨几个群体。

11.1.2.2 主要群体与次要群体

主要群体或初级群体是指成员之间有经常性面对面的接触和交往，具有亲密人际关系的群体，如家庭、邻里、朋友群体等。在主要群体中，成员之间不仅有频繁的接触，而且有强烈的情感联系，正因为如此，像家庭、朋友等关系密切的主要群体，对个体来说是不可或缺的。

次级群体以间接交往为基础，是人类有目的、有组织地按照一定社会契约建立起来的社会群体，如党、团组织、公司、学校等。次要群体规模一般比较大，人数比较多，群体成员不能完全接触或接触比较少，不容易建立浓厚情感关系。

11.1.2.3 隶属群体与参照群体

隶属群体是消费者实际参加或隶属的群体，如家庭、学校等。一个 60 岁以上的老年人，不论其心理状态如何，年龄因素使其自然成为老年人群体中的一员。

参照群体是成员在身份上并不属于但在心理上向往归属的群体。参照群体使成员把该群体作为自己活动的参照点。参照群体可以是自己参加的所属群体，也可以是所属群体以外的群体。消费者希望自己的行为与参照群体一致。比如，一些青少年希望能成为歌星或影星，他们从动作、发型到服装都模仿自己心中崇拜的“明星”。也有人把文艺作品和影视中的某些形象当成自己的参照群体。

另外，按照群体成员数量的多少还可以把群体分为大群体和小群体。或以群体功能为依据，把群体分为家庭群体、经济群体、政治群体、教育群体、宗教群体、游戏和娱乐群体等。

11.1.3 与消费者密切相关的社会群体

对消费者行为产生多方面影响的社会群体主要包括以下5种基本社会群体。

（1）家庭

家庭是消费者参与的第一个社会群体，也是现代社会的基本细胞。父母、子女是家庭的基本成员。家庭对人的购买行为影响很大，因为人们的价值观、审美观、爱好和习惯多半是在家庭的影响下形成的。这种影响因家庭成员之间的频繁互动而广泛深远，每个个体的价值观、信念、态度和言谈举止无不打上家庭影响的烙印。另外，家庭还是一个购买决策单位，家庭购买决策即制约和影响家庭成员的购买行为，反过来家庭成员又对家庭购买决策行为施加影响。

（2）朋友

朋友构成的群体是一种非正式群体，它对消费者的影响仅次于家庭。追求和维持与朋友的友谊，对大多数人来说是工作、学习和心理的多方面的需要。个体可以从朋友那里获得相关利益、友谊、安全。而当个体形成一定的朋友圈子，就成为一种独立、成熟的标志，因为与朋友交往意味着个体与外部世界建立联系，同时也标志着个体开始摆脱家庭的单一影响。

（3）工作群体

社会组织，如机关、学校、企业、公司、医院等都属于人们的工作群体。工作群体也可以分为两种类型：一种是正式的工作群体，即由一个工作小组里的成员组成的群体，如同一个办公室里的同事，同一条生产线上的装配工人等。另一种是非正式工作群体，即由在同一个单位但不一定在同一个工作小组里工作，且形成了较密切关系的一些朋友组成。由于在休息时间或下班时间，成员之间有较多的接触，所以非正式工作群体如同正式工作群体，会对成员产生影响。尤其是群体内那些受尊重和仰慕的成员或各种“意见领袖”的消费行为，会对所属成员的消费行为产生重要影响。

（4）非正式的社会群体

我们把各种研究会、校友会、各种协会、俱乐部等组织，归入非正式的社会群体。人们加入这类群体，可能基于各种各样的目的。有的是为了获取知识、开阔视野，有的是为了见识新的朋友、新的重要人物，有的是为了追求个人的兴趣爱好。虽然非正式群体内各成员不像家庭成员和朋友那么亲密，但彼此之间有很多沟通、交流的机会。而且共同的兴趣爱好把大家联系起来，主要满足人们的精神需要，有时比正式群体的成员对消费者的影响还要大。非正式的社会群体或者消费一些共同的产品，或者一起消费某些产品。比如，高尔夫俱乐部的成员要购买高尔夫球具、球鞋和球帽等用品。

（5）购物群体

在人们对所购产品不熟悉的情况下，会借助外界的力量降低购买风险，这样购物群体就形成了购物群体内的成员，通常是有共同时间的家庭成员或朋友，他们对购物往往有共同的兴趣，成员中常包括对特定购买问题有知识和经验的“参谋”，此时消费者可以依赖购物高手或群体智慧力量，以增强购买决策的安全感。有时购物群体是为了消磨时间，增加购物过程中的乐趣而形成。

综上，介绍了与消费者密切相关的社会群体。为什么人类选择结群的方式进行生活，其原因是基于人类自身的需要。其一，安全的需要。这是人类最基本的需求之一，单独的个体抵御自然和各种突发事件的能力是有限的，人往往在群体中才会找到安全感，减少或避免恐惧感。只有联合起来结成一定的群体，才会有大于个人的强大力量。其二，精神上的需要。当人的生命并没有受到威胁时，在精神上，个人同样离不开群体。人的思想、感情在群体中产生，群体也是人表达和交流的客体。由此可见，满足精神生活的需要，也就成为人类选择的一个重要原因。其三，劳动的需要。无论在古代还是当代，劳动需要合作，这就决定了人类的物质生产活动从一开始就具有社会性。而且随着社会分工的发展，人们进行生产的合作越来越成为必然，人们在一定的群体中相互需要、相互依赖，实现分工合作，从而顺利完成生产活动。

11.2 参照群体

11.2.1 参照群体的含义

参照群体（Reference Group）指那些作为人们判断事物的标准或模仿的群体。参照群体实际上是个体在形成其购买或消费决策时，用以作为参照、比较的个人或群体。参照群体能够影响一个人的价值观念，并影响着他对商品和服务的看法及其购买行为。它可海曼能是个人所属的群体，亦可能是个人“心向往之”的群体。

研究参照群体问题始于20世纪40年代。1942年美国社会心理学家H. 海曼研究个人对自身地位的看法，首先采用了参照群体这一术语，用以表示个人在确定自己的地位时与之相比的人类群体。参照群体可以大致分为两类：一是个体所归属的成员群体，也就是消费者已经成为其中一员的群体，如家庭、同事和校友会等；二是个体所倾慕和向往的榜样群体，也就是消费者没有参与但渴望归属的群体，如其他阶层的群体、名人或专家，运动员、电影明星、歌星以及社会名流和成功的企业家都可以成为个体的榜样。一般来说，市场营销人员倾向于利用成员和榜样群体的影响力，诱导消费者产生一种成为某群体成员的愿望来推广自己的产品。

每一个人都会有若干参照群体，并按照不同的问题，把自己、别人与这些群体进行比较。不同的参照群体从不同的角度来了解人们的行为方式和生活态度。而同一参照群体的意义在不同时期则可能发生变化，不同的历史时期有不同的参照群体。如果两个参照群体在目标、规范等方面发生矛盾，往往会引起个体内心的冲突。当某一参照群体的目标、规范价值体系对个体的行为和态度起决定作用，这以参照群体成为事实上的参照群体。

11.2.2 参照群体对消费者行为的影响

参照群体以各种方式影响着消费者行为：首先，参照群体向我们展示一种生活方式；其次，参照群体影响着我们的自我概念；最后，参照群体共同分享某些消费形式的象征意义。

我国心理学家曾就青少年心目中的理想人物做过调查研究，得到以下结果：①青少年心目中的理想人物表现为两种基本形式：一是以某一具体人物作为自己的理想，从其具体形象中看到自己所向往的个性品质；二是以概括性形象作为自己的理想，而不局限于具体的个人。研究表明，青少年心目中理想人物的形象的概括随年龄而增加。②青少年心目中理想人物有性别差异，其一表现在理想人物所从事的活动性质方面；其二表现在理想人物的男女角色方面。男性青少年多数崇敬政治活动家、运动员，而女性青少年则多数憧憬文学艺术家；绝大多数男性青少年（94%）的理想人物都属男性角色，而半数女性青少年（49%）的理想人物是女性角色。

参照群体具有两种功能，即规范功能和比较功能。前一功能在于建立一定的行为标准和规范，这些标准、规范往往没有明文规定，但群体成员都很清楚，遵守规范一般表现为从众行为并使个体遵从这一标准。比如，公司白领们吃饭是餐厅的选择，对服装和汽车品牌的偏爱，大家似乎都有心照不宣的一致性。再如，受父母的影响，子女在食品的营养标准、如何穿着打扮、到哪些地方购物等方面形成了某些观念和态度。个体在这些方面所受的影响对行为具有规范作用。后一功能，即比较功能，是指个体把参照群体作为评价自己或别人的比较标准和出发点，如个体在布置、装修自己的住宅时可能以邻居或仰慕的某位熟人的家居布置作为参照和仿效对象。参照群体的这两种功能是统一的。同一参照群体既可以实现规范功能，又可以实现比较功能。

11.2.3　参照群体的影响方式

人们总希望自己富有个性和与众不同，然而群体的影响又无处不在。不管是否愿意承认，每个人都有与各种群体保持一致的倾向。看一看班上的同学，你会惊奇地发现，除了男女性别及其在穿着上的差异外，大部分的人衣着十分相似。事实上，如果一个同学正穿着正规的衣服老上课，大家通常会问他是不是要去应聘工作，因为人们认为只是他着正式的原因。尽管我们时常要有意识地决定是否遵从群体，通常情况下，我们是无意识地和群体保持一致的。参照群体对消费者的影响，通常表现为3种形式，即行为规范上的影响、信息方面的影响以及价值表现上的影响。

（1）规范性影响

指由于群体规范的作用而对消费者的行为产生影响。所谓规范，就是群体成员共同接受的一些行为标准。群体的正是规范是写入组织规章的，但组织中大部分规范是非正式的。非正是规范是成员间约定俗成的，默契的。无论何时，只要有群体存在，不需要经过任何语言沟通和直接思考，规范就会发挥作用。规范性影响之所以发生和起作用，是因为群体规范除了具有为个体提供参照框架的作用外，还具有对个体行为的评价功能。群体规范要求其个体共同遵守的行为准则，决定了群体成员的行为是否会得到大家的欢迎。表现出符合群体闺房行为的个体很可能得到群体的接纳和欢迎；而违反规范的个体将感受到群体一致性的压力，遭到群体的拒绝和排斥，甚至惩罚，从而在心理上产生对偏离规范的恐惧，不得不按照群体规范调节自己的行为。从这一方面来说，改变群体规范，就可以改变个体的行为。

（2）信息性影响

至参照群体成员间的观念、意见、行为被个体视为有用的信息予以参考，由此在其行为上做出修正。当消费者对所购商品缺乏专业知识，凭商品外观又难以对商品品质做出判断时，消费者会从各种渠道获取信息，并将那些参照群体的态度与自己的进行比较。他们试图通过将自己与所认同的群体联系起来，或通过将自己与所不认同的群体脱离开来，来寻求对自己态度和行为的支持。群体成员的使用和推荐对消费者特别具有说服力。群体在这一方面对个体的影响，取决于被影响者与群体成员关系的紧密程度，以及施加影响的群体成员的专业特征。例如，某同学都在使用某品牌护肤品，于是她决定试用一下，因为这么多同学使用它，意味着该品牌一定有其优点和特色。

（3）价值表现上的影响

指个体自觉遵循或内化参照群体所具有的信念和价值观。价值观是群体成员之间共享的，关于什么行为合适、什么行为不合适的信念。这种信念和价值观使个体与群体在行为上保持一致性，以在社会上证明自己的地位或身份。这主要是基于两方面的驱动：一方面，个体可能利用参照群体来表现自我，提升自我形象；另一方面，个体可能特别喜欢该参照群体，或对该群体特别忠诚，并希望与之建立和保持长期的关系，从而视群体价值观为自身的价值观。比如，某位消费者感到那些成功企业家都穿名牌服装，开名车，打高尔夫球，于是他在条件允许的情况下，也穿名牌，买好车，学打高尔夫球，以反映他所理解的那种企业家形象，希望社会认定他属于这一阶层，这表明消费者在价值表现上受到参照群体的影响。

11.2.4 决定参照群体影响强度的因素

（1）参照群体的权威性、可信度和吸引力

一个参照群体是否具有权威性、可行度是消费者在长期的社会生活中得出的。在消费者心目中权威性高、可信度强的参照群体对其吸引力更大。这是因为，一方面，个体遵守群体规范的压力大；另一方面，是消费者自觉遵从这一群体，认为这样可以降低购买风险。而当实际的购买不断出现满意结果时，消费者对这一群体就越忠诚，也越遵守群体规范。

（2）消费者的个性特征、个人的知识及经验

消费者的个性不同，受参照群体的影响程度也显著不同。一般来说，善于独立思考，具有较强的自信心，做事果敢，具有较强分析判断能力的消费者，受参照群体的影响较小；反之，做事缺乏主见，优柔寡断，对他人依赖性强的消费者，往往受参照群体的影响较深。消费者具有丰富的产品知识和购买经验时，可以大大增强消费者的购买信心；当缺乏消费经验与购买能力时，因不能确定哪种产品对他们更合适，由此更多地依赖参照群体。

个体在购买中的自信程度，因为所购商品的不同，常常会有不同的表现。研究表明，个人在购买彩电、汽车、家用空调、保险、冰箱、媒体服务、杂志书籍、衣服和家具时，最易受参照群体影响。有些产品，如保险和媒体服务的消费，既非可

见又同群体功能没有太大关系，但是他们对于个人很重要，而大多数人对它们又只拥有有限的知识与信息。这样，群体的影响力就由于个人在购买这些产品时信心不足而强大起来。

值得注意的是，消费者的自信程度并不一定与产品知识完全成正比。研究发现，知识丰富的汽车购买者比那些购买新手，更容易在信息层面受到群体的影响，并喜欢和同样有知识的朋友交换信息和意见。新手则对汽车没有太大兴趣，也不喜欢收集产品信息，他们更容易受到广告和推销人员的影响。

（3）消费者的自我形象

每个人的内心深处都有自己设定的自我形象，这包括实际的自我形象，也包括理想的自我形象。消费者会比较不同参照群体的价值观、行为准则与消费特征，当它们符合消费者的自我形象时，就会使消费者对该群体产生强烈的认同感，把它视为塑造自我形象的一个榜样群体。相反，如果参照群体的特征与消费者的自我形象相差甚远，就不会对消费者产生积极的影响，甚至会使消费者感到反感和极力回避。

（4）消费者选购产品特点和类型

参照群体对不同产品的影响力是不同的。参照群体影响力的大小主要取决于产品相关的下列因素：

①产品使用时的可见性。指当消费者使用这样产品时能否引起别人的识别和重视。一般而言，产品或品牌的使用可见性越高，群体影响力越大，反之则越小。

②产品的必须程度，消费者对产品的需求强度是不同的。食品、日常用品等生活必需品，消费者比较熟悉，而且很多情况下已形成了习惯性购买，此时参照群体的影响相对较小。相反，奢侈品或非必需品，如豪宅、高档汽车、游艇等产品，购买时受参照群体的影响较大。

③产品的生命周期。当产品处于导入期时，消费者的产品购买决策受群体影响很大，但品牌决策受群体影响较小。在产品成长期，参照群体对产品及品牌选择的影响都很大。在产品成熟期，群体影响在品牌选择上大而在产品选择上小。在产品的衰退期，群体影响在产品和品牌选择上都比较小。

11.2.5 参照群体概念在营销中的运用

参照群体概念在营销中的运用，可以概括为四大效应。

（1）名人效应

名人或公众人物，如影视明星、歌星、体育明星，作为参照群体对公众尤其是对崇拜他们的受众具有巨大的影响力和感召力。从众效应、追星心里常常使得消费者爱屋及乌。对很多人来说，名人代表了一种理想化的生活模式。正因为如此，企业花巨额费用聘请名人来促销其产品。所以在电视上、报纸上，我们经常可以看见各种各样的名人在做着各式各样的广告。

研究发现，用名人做推荐的广告较不用名人的广告其评价更正面和积极，这一点在青少年群体上体现得最为明显。比如，2005 年的中国“超女”冠军李宇春，为神舟电脑、夏新手机、Swatch 手表以及可口可乐代言，为各厂家带去滚滚利润。运用名人效应的方式多式多样，如可以用名人作为产品或公司代言人面积将名人与产欧诺过公司联系起来，使其在媒体上频频亮相；也可以用名人做证词广告，即在广告中引述广告产品或服务的优点和长处，或介绍其使用该产普或服务的体验；还可以采用将名人的名字适用于产品或包装上等。利用名人效应时，一定要注意所用的这些名人要和产品有关，这些人应有良好的社会声誉，否则会引起消费者的反感和厌恶。

（2）专家效应

专家是指在某一专业领域受过专门训练，具有专门知识、经验和特长的人。医生、律师、营养学家等均是各自领域的专家。专家所具有的丰富知识和经验，使其在介绍、推荐产品与服务时较一般人更具权威性，从而产生专家所特有的公信力和影响力，引导和坚定公众的选择，成为公众依赖的对象，当然没在运用专家效应时，一方面应注意法律的限制，如有的国家不允许医生为药品做证词广告；另一方面，应避免公众对专家的公正性、客观性产生质疑。

（3）“普通人”效应

运用满意顾客的证词证言来宣传企业的产品，是广告中常用的方法之一。由于出现在荧幕上或画面上的证人或代言人是和潜在顾客一样的普通消费者，这会使受众感到亲切，从而使广告诉求更容易引起共鸣。比如，保洁公司、北京大宝化妆品公司都曾运用过“普通人”证词广告，他们的身份和亲和力更容易让消费者自认融入，使广告达到了预期效果。还有一些公司在电视广告中展示普通消费者或普通家庭如何用广告中的产品解决其遇到的问题，如何从产品的消费中获得乐趣等。由于这类广告贴近消费者，反映了消费者的现实生活，因此，它们可能更容易获得认可。

（4）经理型代言人效应

指企业在广告中用公司总裁或总经理做代言人。比如，克莱斯勒汽车公司的老总李·艾科卡（Lee Iacocca）曾亲自上阵为本企业做广告，在广告中对消费者极尽劝说，获得很大成功。同样，像雷明顿（Remington）公司的老总维克多·凯恩（Victor Kiam），万豪（Marriott）连锁旅店的老总比尔·马里奥特均在广告中促销其产品。我国广西三金药业集团公司，在其生产的桂林西瓜霜上使用公司总经理和产品发明人邹节明的名字和画像，章光101生发精以其发明者赵章光为品牌名称和标识等，也是这种经理型代言人的运用。

资料：制造抢购气氛

日本有一家专门生产尿布的公司，开张之初，尽管公司花了大量的精力去宣传产品的优点，但是任凭怎么宣传，这家公司的尿布总是无人问津，该公司经理多川博先生苦思冥想后，终于想出了一个“鬼点子”他让自己的人伪装成顾客，排成长队，一时间公司店面门庭若市，几排长长的队伍吸引了众多行人的好奇：“这里在卖什么”？“什么商品这么畅销，吸引了这么多人？”这样就造成了一种尿布旺销的热闹气氛于是吸引了许多“从众型”的买主，随着产品的不断销售，人们逐步了解这款尿布的优越性之后，这款尿布的销路迅速打开，买尿布的人越来越多，后来这个公司生产的尿布畅销全世界，多川博也成为闻名世界的“尿布大王”。

11.3 社会阶层

社会阶层是影响消费者购买行为的重要因素之一。在西方很多国家，按照社会阶层划分市场是使用最广泛的销售战略之一。这是因为社会阶层这一概念可以进行定量分析，如职业、收入、受教育程度和居住区域等。在对消费者行为的实证研究中，可以测量的社会阶层标准对于企业生产计划、销售计划和促销计划的决策具有重要意义。

11.3.1 社会阶层的含义

社会阶层（Social Class）指一个社会按照其社会准则将其成员分为相对稳定的不同层次。由于种种社会差异成分以及社会成员多样化取向的存在，一个社会必定会形成一定的社会分层体系，而处在不同状态和社会位置的社会成员就构成了不同的社会阶层，处在相同状态和社会主义国家还是资本主义国家，均存在不同的社会阶层。每一个体都会在社会中占据一定的位置，有的人占据非常显赫的位置，有的人则占据一半的或较低的位置。这种社会地位的差别，使社会成员分成高低有序的层次或阶层。

社会阶层产生的原因守信是社会分工和财产的个人所有。社会分工形成了不同的行业和职业，并且在同一行业和职业内形成领导和被领导、管理和被管理的关系。

当这类关系与个人的所得、声望和权力联系起来时，就会在社会水平分化的基础上形成垂直分化，从而造成社会分层。另外，个体获取社会资源的能力和机会是不同的，这也是社会阶层形成的重要原因。所谓社会资源，是指人们所能占有的政治权利、经济利益、职业声望、生活质量、知识技能以及各种能够发挥能力的机会和可能性，也就是能够帮助人们满足社会需求、获取社会利益的各种社会条件，这也是导致社会阶层的形成和分化。

每个消费者都处于一定的社会阶层。同一阶层的消费者在行为、态度和价值观念等方面具有同质性，不同阶层的消费者在购买、消费、沟通、个人偏好等方面存在较大的差异。因此，研究社会阶层对于深入了解消费者行为具有特别重要的意义。

11.3.2 社会阶层的特征

（1）社会阶层的地位性

社会阶层展示一定的社会地位。一个人的社会阶层是和他的特定的社会地位相联系的，处于较高社会阶层的人，必定是拥有较多的社会资源，在社会生活中具有较高社会地位的人。他们通常会通过各种方式，展现其与社会其他成员相异的方面。社会学院凡勃仑提出的炫耀性消费，实际上反映的就是人们显示其较高社会地位的需要与动机。由于决定社会地位的很多因素，如收入、财富不一定是可见的，因此人们需要通过一定的符号将这些不可见的成分有形化。凡勃仑认为，每一社会阶层都会有一些人试图通过炫耀性消费告诉别人他们是谁，处于哪一社会层次。研究发现，即使在今天，物质产品所蕴含、传递的地位意识在很多文化下仍非常普遍。

传统上，人们通过购买珠宝、名牌服装、高档汽车等奢侈品或从事打高尔夫球、滑雪等活动显示自己的财富和地位。今天，这一类显示地位的手段或符号仍然被很多人运用。然而，随着社会的变迁和主流价值观的变化，它们的表现方式、作用都在发生变化。比如，随着收入水平提高，很多奢侈品已成为众多人的必需品，“旧时王谢堂前燕，飞入寻常百姓家”。那些只有上层社会才消费得起的产品和服务已经或正在开始进入大众消费领域，这些产品作为“地位符号”的基础开始动摇。另外，越来越多上层社会的消费者对通过消费显示其财富和地位感到厌倦，他们更想简单、朴素，过普通人的生活。一项研究发现，那些购买似乎只有富翁才买得起的产品，实际购买者往往是那些“假富翁”。

（2）社会阶层的多维性

一个人所处的社会阶层是由他的职业、收入、财产、教育和价值取向等多种变量而不是由其中的单一变量决定的。决定社会阶层的因素既有经济层面的因素，也有政治和社会层面的因素。在众多的决定因素中，某种因素比另外一些因素起更大的作用。收入、职业、住所等常被认为是决定个体处于何种社会阶层的重要变量，也有人认为职业是表明一个人所处社会阶层的最重要的指标，原因是从事某些职业的人更受社会的尊重。

（3）社会阶层的层级性

从最低的地位到最高的地位，社会形成一个地位连续体。不管愿意与否，社会中的每一成员，实际上都处于这一连续体的某一位置上。那些处于较高位置上的人被归入较高层级，反之则被归入较低层级，由此形成高低有序的社会层级结构。社会阶层的这种层级性在封闭的社会里表现得更为明显。

（4）社会阶层的限定性

社会阶层的限定性主要指对个人行为的限定性。大多数人在和自己处于类似水平和层次的人交往时感到很自在，而在与自己处于不同层次的人交往时感到拘谨甚至不安。这样，社会交往较多地发生在同一社会阶层之内，而不是不同阶层之间。同一阶层内社会成员的更多的互动，会强化共有的规范与价值观，从而使阶层内成员间的相互影响增强。另外不同阶层之间较少互动，会限制产品、广告和其他有关信息在不同阶层人员间的流动，使得彼此的行为呈现更多的差异性。

（5）社会阶层的同质性

社会阶层的同质性是指同一阶层的社会成员在价值观和行为模式上具有共同点和类似性。在交往过程中，同一阶层由于相似的经济状况、性格、兴趣而导致共同的消费取向。每一阶层都有类似的价值观、态度和自我意识，对品牌、商店、闲暇活动、大众传播媒体等都有相同偏好，有类似消费需要和购买行为。这种同质性很大程度上由他们的社会经济地位所决定，同时也和他们彼此之间更频繁的互动有关。对营销者来说，同质性意味着处于同一社会阶层的消费者会订阅相同或类似的报纸，观看类似的电视节目，购买类似的产品，到类似的商店购物，这为企业根据社会阶层进行市场细分提供了依据和基础。

（6）社会阶层的动态性

指个体所处的社会阶层不是固定不变的，人能够在一生中改变自己所处的阶层。个体可以由较低阶层晋升到较高阶层，也可能由较高阶层降至较低阶层。越是开放的社会，社会阶层的动态性表现的就越明显；越是封闭的社会，社会成员从一个阶层进入另一个阶层的机会就越小。社会成员在不同阶层之间的流动，主要有两方面原因：一是个人的原因，如个人通过勤奋学习和努力工作，赢得社会的认可和尊重，从而获得更多的社会资源和现实从较低到较高社会阶层的迈进。二是社会条件的变化，如在我国“文化大革命时期”，知识分子的社会地位很低，但改革开放以来，随着社会对知识的重视，知识分子的地位不断提高，作为一个群体它从较低的社会阶层跃升到较高的社会阶层。一般而言，社会流动越流畅，社会流动率越高，就越能调动社会各个阶层尤其是中低层社会成员的积极性，使他们对个人的社会地位的前途充满希望，坚信可以通过个人后天的努力奋斗，上升到更高层次的社会地位，体现个人更高的价值。

11.3.3 社会阶层的决定因素

社会学家吉尔伯特（Jilbert）和卡尔（Kahl）将决定社会阶层的因素分为三类：经济变量、社会互动变量和政治变量。经济变量包括职业、收入和财富；社会互动变量包括个人声望、社会联系和社会化；政治变量则包括权利、阶层意识和流动性。下面主要介绍其中与消费者行为研究特别相关的几个因素。

（1）职业

在大多数消费者研究中，职业被视为表明一个人所处社会阶层的最重要的单一性指标，是研究以个人所属社会阶层的最基本、最重要的线索。由于职业在一定程度上反映出一个人的知识层次、专业特长、收入水平，因此，根据所从事的职业可以大体确定人们的生活方式和消费倾向。不同的职业，消费差异是很大的。比如，蓝领工人的食物支出占收入的比重较大，而经理、医生、企业家、银行家和科学家是备受尊重的职业。近些年，随着信息产业的迅速发展，与信息技术相关的职业如电脑工程师、电脑程序员等职业日益受到社会青睐。

（2）个人业绩

一个人的社会地位与他的个人成就密切相关。同是市场部经理，如果你比别人争得更多客户，拿到更大的订单，在业内产生更大的影响，你就会获得更多的荣誉和尊重。平时我们说“某某教授正在做一项非常重要的研究课题”“某某是这个医院里最好的脑科医生”，就是对个人业绩所做的评价。衡量个人业绩方面可以用收入这一指标。一般来说，在同一职业内，收入居前的人，很可能是该领域内最受尊重和最有能力的人。

个人业绩也涉及非工作方面的活动。也许某人的职业地位并不高，但他或其家庭仍可通过热心社区事务、关心他人、诚实善良等行为品性赢得社会的尊重，从而取得较高的社会地位。

（3）社会互动

大多数人习惯于与具有类似价值观和行为的人交往。在社会学里，强调社会互动的分析思路被称为“谁邀请谁进餐”学派。这一派的学者认为，群体资格和群体成员的相互作用是决定一个人所处社会阶层的基本力量。

社会互动变量包括声望、联系和社会化。声望表明群体其他成员对某人是否尊重，尊重程度如何。联系涉及个体与其他成员的日常交往，他与哪些人在一起，与哪些人相处得好。社会化则是个体习得技能、态度和习惯的过程。家庭、学校、朋友对个体的社会化具有决定性影响。一般来说，一个人过了青春期他与社会阶层相联系的价值观与行为已清晰可见。虽然社会互动是决定一个人所处社会阶层的非常有效的变量，但在消费者研究中它们用得比较少，因为这类变量测量起来比较困难而且费用昂贵。

（4）拥有的财物

财物是一种社会标记，它向人们传递有关其所有者处于何种社会阶层的信息。拥有财物的多寡、财物的性质同时也反映了一个人的社会地位。财物不仅指汽车、土地、股票、银行存款等我们通常所理解的有形财物，也包括受过何种教育、哪何处受教育、哪里居住等“无形”的财物。

（5）价值取向

所谓价值取向，即价值标准所取的方向。从本体论的角度看，我们把价值取向叫作价的指向性；从价值观的角度看，价值的指向性就是价值取向。无论是取向还是指向，其实质是以谁为价值主体，并对价值主体的需要、目标和理想怎样理解的问题。

个体的价值观或个体关于应如何处事待人的信念，是表明他属于哪一社会阶层的又一重要指标。由于同一阶层内的成员互动更频繁，他们会发展起类似和共同的价值观。这些共同的或阶层所属的价值观一经形成，反过来成为衡量某一个体是否属于此一阶层的一项标准。不同社会阶层的人对艺术、对抽象事物的理解、对金钱和生活所存在的不同看法，实际折射的就是价值取向上的差异。

（6）阶层意识

阶层意识是指某一社会阶层的人，意识到自己属于一个具有共同的政治和经济利益的独特群体的程度。阶层意识是有一定排斥性的，形成阶层以后，就会形成一种圈子。人们越具有阶层或群体意识，就越有可能组织政治团体、工会来推进和维护其利益。从某种意义上说，一个人所处的社会阶层是由他在多大程度上认为他属于此一阶层决定的。一般而言，处于较低阶层的个体会意识到社会阶层的现实，但对于具体的阶层差别并不十分敏感。例如，低收入旅游者可能意识到星级宾馆是上层社会成员出入的地方，但如果因五折酬宾而偶然住进这样的宾馆，他对出入身边的人在穿着打扮、行为举止等方面与自己存在的差别可能并不特别在意。在他们眼里，星级宾馆不过是设施和服务更好、收费更高的“旅店”而已，地位和阶层的联系在他们的心目中如果有的话也是比较脆弱的。相反，经常出入高级宾馆的游客，由于其较强的地位与阶层意识，对于星级宾馆这种“来者不拒”的政策可能会颇有微词。

11.3.4 社会阶层的划分

对于社会阶层划分，一直以来存在两个重要的理论传统，即马克思主义传统和韦伯主义传统。马克思强调社会分工、生产资料的占有、财产所有制对社会阶层划分的决定性意义。韦伯虽然与马克思一样强调经济因素，但更注重市场能力和市场中的机会对社会阶层划分的意义。但无论哪一种理论传统，对现代社会阶层的划分都采用了多元的分类原则或标准。

各个国家社会阶层划分的标准不一样，大体上根据职业、收入来源（不仅仅指收入金额）、受教育程度、居住区域等标准进行划分。这几个因素的影响作用不是等量的，国外的做法一般是对每一个因素给予不同的权重；每一个因素下根据实际情况列出若干项目，计算出得分并相加得到一个总分数，用总分数对照事先规定的标准，就可以确定消费者所属的社会阶层。

社会阶层的划分应当考虑这样一些原则：首先，职业原则在当代社会成为阶层结构划分的主要原则。职业是对人们所从事的劳动的具体体现。工业化、现代化进程强烈地改变着整个社会的职业结构和人们的职业位置，影响着人们因职业属性变化而发生的阶层属性的变动，因此职业原则与其他一些原则相比，具有不可替代的可操作性。其次，社会中职业位置也具有资源分配与占有的关系特性。比如，在我国原油的计划经济体制下，社会资源（包括日常消费品、住房、福利）等由单位统一分配，在分配过程中，不仅处于资源分配者位置的职业具有优势，而且那些接近资源分配权力中心的职业位置，也同样具有优势地位。在这些优势位置之外的职业，则按照统一的分配方式，如工龄、年龄、技术职称、行政职务等。因此，职业位置同时也是一种资源分配的位置。

11.3.5 不同社会阶层消费行为的差异性

在满足温饱的前提下，现代人的消费很大程度上不是为了满足自我的自然生理需要，而是为了表现自我和自我价值。由于消费品和商业性服务被分为不同的等级、类别和档次，他们也就成为表示社会阶层最有力的手段。人们都希望能提高自己的社会地位，提高自我价值实现的程度，也就是希望提高自己的消费档次或“品位”。正如有人总结的：“消费就是这样一个踏轮，每个人都由谁在前面和谁在后面来判断自己的位置。”社会阶层是划分目标市场的一种重要参数，一般而言，不同社会阶层的消费者具有不同的购买行为。具体表现在以下方面：

（1）对商店的选择的差异

人们在购物时对商店的选择会因社会阶层而异。不同阶层的消费者喜欢光顾的商店类型大不相同。研究表明，消费者所处社会阶层与他想象的某商店典型惠顾者的社会阶层相距越远，他光顾该商店的可能性就越小。一般而言，人们会形成哪些商店适合哪些阶层消费者的看法，并倾向于到与自己社会地位相一致的商店购物。

上层消费者青睐那些购物环境优雅、商品品质和服务上乘的商店，在购物过程中比较自信。不喜欢他人过于热情的讲解、介绍，常常单独购物，他们特别，而且乐于接受新的购物方式。中层消费者对购物环境有较高的要求，认为购物本身就是一种消遣，购买时比较谨慎，但他们也经常在折扣店购物。下层消费者由于受资源限制，对价格特别敏感，多在中、低档商店购物，而且喜欢成群结队逛商店。因此并不是所有消费者都愿到高档、豪华的商店去购物，只有高阶层的消费者才比较喜欢这类购物场所，因为在这种环境里购物会使他们有一种优越感和自信，得到一种心理的满足。而低阶层的消费者在这种环境里则有一种自卑、缺乏自信和不自在的感觉。因此，大部分人喜欢去符合自己社会地位的商店购物。调查表明，中层消费者去折扣店购物的次数较上层消费者频繁得多，因为他们到这种商店采购既有信心（而下层社会消费者缺乏这种信心），又有积极性（而上层社会消费者缺乏这种积极性）。另一项研究发现，“客观”对“感知”的社会阶层也会导致消费者在店铺惠顾上的差异。客观上属中层而自认为上层的消费者，较实际为上层，但自认为中层的消费者更多地去专卖店和百货店购物。与一直是劳动阶层的消费者相比，从更高层次跌落到劳动阶层的消费者会更多地去百货店购物。另外，人们选择商店类型还与购买商品的类型有关。通常人们在购买风险性高的商品时（如珠宝首饰、时装等），不愿到折扣商店，高阶层的消费者更是如此。

（2）对产品的不同选择

不同社会阶层的消费者所选择和使用的产品是存在差异的。高阶层的消费者常把购买活动看作身份地位的一种象征和标志，是奢侈品的主要购买者，并对一些品牌保持很高的忠诚度。这类消费者会选择环境优雅的住宅区，室内装修考究，购买家具、电器多以豪华气派为主，买衣服更多关注品牌、品位，在食品的消费上要求营养、档次，喜欢欣赏或收藏艺术品，对商品的包装要求具有特色、精美典雅。

低阶层的消费者更多注重经济实用，很少坚持品牌购买，购买的多为生产厂家众多的大众商品。他们要求穿着舒适大方，家电要质量好，易于保养维修，对于食品则要求味道好、分量足，但有时营养上则不一定能达到保健卫生学上的要求。在选购商品时总希望厂家提供良好的售后服务，意识所购商品能有一个较长的使用寿命。对包装的要求则并不太高。一方面，由于缺乏自信和对未来并不乐观，他们十分看重眼前的消费；另一方面，低教育水平使他们容易产生冲动性购买。

（3）购买数量的差异

低阶层的消费者许多时候喜欢大批量地购买某些商品，他们是折扣店、仓储式商店的主要顾客。一次性购买量大，可以获得一定的价格优惠或价格折扣，可以减少因某些商品涨价所带来的损失，可减少采购次数，降低交易费用。

高阶层的消费者强调生活质量，对价格不太敏感，比起冰箱里的速冻食品，他们更愿意消费当日的鲜活产品。另外，他们也能承担起让人送货上门的附加服务。

（4）信息接收和处理上的差异

信息收集的类型和数量也随社会阶层的不同而存在差异。一般来说，高阶层的消费者比低阶层的消费者能更多地利用不同渠道获得商品信息，因为他们读书、看报、翻阅杂志的时间和机会比较多，因而可以充分利用不同媒体或有价值的商品信息。而受教育程度低的消费者，多是信息的被动接受者，信息来源有限，他们对舞蹈和欺骗性信息缺乏甄别力。出于补偿的目的，在购买决策构成中可能更多地依赖亲戚、朋友提供的信息。

现代社会，消费者获得信息的渠道会日益增多。不仅如此，特定媒体和信息对不同阶层消费者的吸引力和影响力也有很大的不同。研究发现，越是底层的消费者，读书、看报的时间越少，却比较喜欢看电视，因为电视是他们接触的主要媒介的主要来源，报纸、杂志对他们的影响却相对要小。相反，高层消费者订阅的报纸、杂志远较底层消费者多，所以，印刷媒体信息更容易到达高层消费者手中。

不同社会阶层的消费者所使用的语言也各具特色。人们实际上可以在很大程度上根据一个人的语言判断他所处的社会阶层。一般而言，越是上层消费者，使用的语言越抽象；越是下层消费者，使用的语言越具体，而且更多的伴有俚语和街头用语。因此，在向消费者传递信息时，企业要进行分类。比如，中高档轿车广告，因为主要面向中等阶层和上层社会，使用的语句要稍长，语言较抽象，画面或材料充满想象力，让消费者参与进去，引起她们的兴趣。上海通用别克君威轿车定位在中档偏高的位置上，成功人士用车，广告语是一句既鼓舞人心又充满想象的话：心致、行随、动静合一。相反，那些面向中、下层消费者的汽车广告，则更多的是宣传其功能属性，强调画面而不是文字的运用，语言上更加通俗和大众化。比如，天津一汽的夏利，广告中宣传的定位是工薪阶层家庭用车，价格低廉。

本章小结

社会群体是人们通过一定的社会关系结合起来进行共同活动和感情交流的集体，是人们社会生活的具体单位，是组成社会结构的一部分。消费者行为在很多方面受到社会群体的影响。根据不同的标准，社会群体可划分为：正式群体与非正式群体、主要群体与次要群体、隶属群体与参照群体。与消费者密切相关的社会群体主要有家庭、朋友、工作群体、非正式的社会群体、购物群体等。

参照群体指那些作为人们判断事物的标准或模仿的群体。参照群体能够影响一个人的价值观念，并影响着他对商品和服务的看法及其购买行为。参照群体对消费者的影响方式主要有规范性影响、信息性影响、价值表现上的影响等。

社会阶层是指一个社会按照其社会准则将其成员分为相对稳定的不同层次。社会阶层是影响消费者购买行为的重要因素之一。社会阶层的划分标准（决定因素）一般有职业、个人业绩、社会互动、拥有的财务、价值取向以及阶层意识。不同社会阶层的消费行为具有一定的差异，主要表现在对商店选择的差异、对产品选择的不同、购买数量的差异、信息接收和处理上的差异。

思考题

1. 什么叫社会群体，社会群体可划分为哪些类型？
2. 什么叫参照群体，参照群体如何影响消费者行为？
3. 什么叫社会阶层，不同社会阶层的消费行为具有哪些不同？

实践活动

1. 以自身为例，阐述你平时的消费行为都受到哪些参照群体的影响，并讨论你为什么会受到影响？

2. 按照社会阶层划分标准，对你周围的人进行划分，探讨不同社会阶层人群消费行为的差异性。

案例阅读

社会各阶层的白酒消费

白酒消费在我国已有几千年的历史，几千年历史的沉淀形成了我国独有的酒文化。在独有的酒文化熏陶下形成了特定的消费行为模式，表现出不同的消费特点，如既有社会属性又有自然属性，既有生理需求又有心理需求。

白酒消费行为具有明显的社会群体性需求特征。大多数消费者饮用白酒多在聚饮场合，如欢庆、庆贺、婚庆、聚餐等。白酒成为建立良好人际关系的媒介。不同的消费者由于个人收入差别较大，所处的社会阶层不同，对白酒消费的行为也不同。高档酒类一般是高收入阶层或集团消费为主，中低档酒类则是一种大众化、家庭化的产品；收入低的群体非常关注白酒价格，而高收入阶层更注重品牌；自饮和朋友聚餐一般是选择价位适中的，作为礼品则选择价格比自己消费时高许多的产品。

CMMS2010年秋季数据显示：过去一年内，白酒在大众人群中的渗透率是16.9%，中间阶层23.8%，在新富人群中的渗透率达到29%。随着财富积累和社会地位的上升，白酒在人们日常消费构成中的地位越来越重要。中间阶层白酒人群的平均年龄是38岁，36岁以上人群的比例占到61%。在白酒的饮用量上，54.4%的70后和62.7%的80后群体为轻度饮酒人群，50%以上的50后和60后人群属于中度和重度饮酒人群。

随着70后和80后逐渐成为社会主流消费群体，他们的白酒消费潜力也将逐渐凸显。尽管年轻人白酒消费量较少，但是在高端白酒的消费市场，年轻群体的消费力却不容小觑。在中间阶层白酒人群中，有56.1%的80后过去一年中喝过高端白酒，比例超过前辈。同时，在高端白酒的消费人群中，女性的比例上升到5%。另外，职场人士尤其管理层逐渐成为高端白酒的主流消费人群。在中间阶层高端白酒消费者中，公司管理层的比例占到30.2%，个体户/私营业主的比例占到21.6%。

通过数据比较发现，70后、80后有更强的成就倾向，更富有冒险精神，他们闲暇时热衷于和朋友聚餐，享受文化及旅游。他们关注健康，自我保健意识强，不吝啬健康方面的消费。他们是踏实内敛，对待生活认真而实际，有责任感的好男人。由于他们目前尚处于财富积累的初级阶段，物质生活并不富足，他们也拥有理性且保守的消费观念，更愿意购买国产品牌。

思考：中间阶层在白酒消费方面有什么特征？

第 12 章

口碑传播、创新扩散与消费者行为

消费者在理性消费前，总要通过各种途径收集产品相关信息。其中消费群体中的口碑传播信息和意见领袖的观点，是重要的参考依据。口碑传播和意见领袖是影响消费者态度形成的重要因素。本章将重点阐述口碑传播和意见领袖相关理论。另外，在新产品的不同时间阶段，消费者的购买行为会呈现出一定的规律性。根据新产品的扩散过程，对购买者行为进行分类研究，能够进一步研究消费者购买行为规律。因此，本章也对创新扩散进行了一定的阐述。

12.1 口碑传播

12.1.1 口碑传播的含义与特点

12.1.1.1 口碑传播的含义

口碑传播是指一个具有感知信息的非商业传播者和接收者关于一个产品、品牌、组织和服务的非正式的人际传播。大多数研究文献认为，口碑传播是市场中最强大的控制力之一。心理学家指出，家庭与朋友的影响、消费者直接的使用经验、大众媒介和企业的市场营销活动共同构成影响消费者态度的四大因素。由于在影响消费者态度和行为中所起的重要作用，口碑被誉为“零号媒介”。口碑被现代营销人士视为当今世界最廉价的信息传播工具和高可信度的宣传媒介。就营销研究领域而言，有人主张把口碑传播作为营销方法来研究，以丰富既有的营销理论。

12.1.1.2 口碑传播的特点

口碑传播属于非正式的人际传播，具有以下特点：

（1）针对性强

广告繁多，营销人员的传播活动和人们的购买决定过程更加复杂。对消费者来说，有用的信息可以创造价值，极大地节省时间和精力，垃圾信息却浪费时间和精力。大规模的广告宣传强迫消费者片面接受某一类信息，阻碍了消费者充分了解和比较其他信息。对营销者来说，日益复杂的传播活动不但增加了营销的难度和成本，更减弱了传播活动的效果。

口碑营销传播借助公众间的人际传播方式进行，在这过程中，每个人都是信息的发出者，也是信息的接收者，影响别人也受他人的影响。传播者了解信息接受者的爱好和需求，可随时调整信息内容，满足对方需求，增强说服力，提高传播效果。消费者通过积极的交流回应也能及时地知道自己关心的消费品种类、品质、价格、市场供给状况及其变动趋势的信息。对营销者来说，省去高昂的媒体购买和广告制作费用，提高了传播到达率和投资回报率，这是广告等大众传播手段无法企及的。

（2）可信度高

广告和销售人员宣传产品一般都站在企业的角度，为服务提供者的利益服务，消费者有理由怀疑其真实性和准确性，不愿意接受那些明显带有商业目的，为企业的利益服务的宣传口号；口碑传播者是和自己一样的消费者，与服务的提供者没有密切的关系，独立于企业之外，也不会因推荐产品而获得物质收益。

此外，人际传播中的双方多同处家庭、朋友等群体中，其文化、观念、意见和价值判断相当接近，双方相互间容易理解和认同消费观念，容易相信和接受传播的信息。消费者认为，相对于企业的计划性信息，口碑传播信息更客观，更独立，更值得信任。

（3）传播成本低

“口碑传播”素有“零号媒介”之称，是最廉价的传播媒介，也是最可信的宣传工具。与广播电视、报刊日益上涨的宣传费用相比，口碑传播的成本是最低的，它利用人类传播信息的天性，不用另外付费，成本几乎为零。良好的口碑是企业的巨大财富，它的形成需要企业方方面面的配合，前期需要投入较大人力、物力、财力，口碑一旦形成，消费者就会自行宣传企业的产品和服务，并且很容易形成稳定的忠实顾客，这会大大节省广告费用。好的口碑自然得到良好的宣传效应，更重要的是人们对它的信任远远超过其他传播媒介。

（4）有利于树立良好的企业形象

口碑传播不同于广告宣传，前者是企业的良好形象的象征，后者仅是商家的商业行为。口碑传播是消费者满意度较高的表现，夸张的广告宣传可能引起消费者的反感。拥有良好口碑的企业往往受社会公众的拥护和支持，企业赢得好的口碑后，就能拥有高知名度和美誉度，拥有良好的企业形象。良好的企业形象一经形成就会成为企业的无形资产，有利于产品的销售与推广，有利于新产品推出。

（5）形成顾客忠诚度

拥有良好的口碑是赢得回头客的保证，也是反映产品和品牌忠诚度的重要指标。消费者信任和喜爱口碑良好的企业，会在情感上认同、接受其产品和品牌，经由满意的体验而上升为依赖和忠诚。

客户体验管理公司 Satmetrix Systems 发表报告认为，Apple，Google 和 Symantec 都有一个共同的特征：在各自行业里，竭尽全力实现用户体验最佳化，获得用户的极大忠诚，并由用户间口碑传播进一步扩大影响力。Satmetrix 有一套系统叫用户口碑宣传值（Net Promoter Score：NPS），通过询问客户是否愿意将某产品或服务推荐给朋友、同事，以及愿意推荐的程度，从而获得一个得分（用户口碑宣传值），这套系统根据用户口碑宣传值来评估产品或服务的客户体验分数和收益增长情况。用户口碑宣传值可以作为评估顾客忠诚度的标准，行业领先的企业通常拥有较高的用户口碑宣传值。Symonds 认为，企业在市场中的位置不同，NPS 数值的高低对不同企业的意义不同。拥有高 NPS 值的成功企业可以轻松地将普通用户转化成企业的主动宣传者，NPS 太低的企业的首要目标是安抚平息那些发布对企业不利言论的批评者。从收益角度看，将 1% ~2% 的批评者转化成普通用户获得的收益比宣传者主动宣传企业获得的收益还大。

12.1.2 口碑传播的内容层次

口碑传播的层次性主要是从口碑传播内涵出发的一种分层。综观以往的研究文献，口碑传播的内涵包括口碑传播活动和口碑传播效应两个层面。口碑传播效应一般划分为褒扬效应和负面效应两个层次。

12.1.2.1 口碑传播活动

口碑传播活动涉及传者的传播激情和传播细节。传播激情关系到口碑传播发生的频率和口碑传播的广度（传者会向多少人传递口碑信息）；传播细节关系到口碑传播的深度（有多少口碑信息会被涉及）。接收者的规模、传播的频率以及口碑信息的数量构成了口碑传播网，就营销角度而言，这些因素都是非常重要和必要的。

12.1.2.2 口碑传播褒扬效应

现有的口碑传播研究对传播效应的研究比较多，且主要是集中在其正面效应，即褒扬效应。顾客接受了高质量的服务之后会感到满足和愉悦，继而会产生向他人传递自身感受的冲动，这就是对服务供应商的褒扬。

12.1.2.3 口碑传播负面效应

实际上，负面的口碑传播同样是普遍存在的，例如当顾客感知的服务质量低于顾客预期时，他们会感到不满，继而产生抱怨，并把这种感受传递给他人。因而，口碑传播其实是把双刃剑，当服务的质量未能随顾客期望的提高而不断提升时，口碑传播给服务供应商带来的只会是负面影响。

12.1.3 口碑传播的原因

口碑传播的原因需要从信息传播方和信息接收方的角度进行分析。

从口碑信息传播方看，通过提供信息影响别人的购买行为，主要是出于四方面的行动或考虑。首先，可以获得一种拥有权力和声望的情感。从某种意义上讲，信息代表一种权力，拥有更多的信息就意味着拥有更大的权力，给别人提供信息就是这种权力的释放。其次，减轻对自身所做购买决定的疑惑或怀疑。通过信息的提供和说服，动员他人购买与自己所购相同的产品，会减轻购买产品后的不协调感，并为购买决定的合理性与正确性提供新的支持力量。再次，增加与某些人或某些团体的社会交往，获得这些人或这些团体的认同与接纳。最后，获得某些可见的利益。根据“知恩图报”和“礼尚往来”的社会规范，给别人以有价值的信息，接受者必然会在将来给予适当的回馈。

从口碑信息的接收方看，从亲朋好友、同事同学或其他消费者除获取购买信息与建议，主要是出于三个方面的考虑。首先，获得较厂商或卖方所提供信息更值得信赖的信息。事实上，卖方所提供的信息可能不充分，甚至不真实。因为出于促销目的所提供的信息，往往只有正面信息而无负面信息，使消费者难以根据这些信息做出正确的购买决策。正因如此，消费者需要寻找他认为更真实、更客观的信息，口碑信息在大多数消费者看来正是这种类型的信息。其次，降低购买风险所引起的躁动与不安。一般而言，当购买的产品很复杂，产品被别人窥见的机会很多，或者当产品很难用某些客观的标准进行检验来判断其品质的好坏时，消费者所直觉到的购买风险就会较高。此时，他除了从公共传媒中获取信息外，还会积极地从个人渠道搜寻信息。最后，减少信息搜寻时间。从周围的熟人、朋友或其他消费者处获取信息，既方便又省时，在很多购买情形下是一种有效的获取方式。

12.1.4 口碑传播的结果

口碑传播的结果主要体现在购前和购后两个阶段。处于购前决策阶段的消费者会受口碑信息的影响，从而产生一定的购买行为。同样，处于购后评价阶段的消费者也会受口碑信息的影响，并做出正面或负面的评价。

（1）购买行为

由于存在产品信息的不对称性，尤其是无形服务所带来的决策风险，消费者在购买产品或服务时倾向于接收口碑信息，甚至主动搜寻口碑传播。当口碑传播信息与口碑接收者自身感知的产品或服务质量基本吻合，口碑信息易影响口碑接收者的购买决策，最终促使其产生与口碑信息相一致的购买行为。即在口碑传播褒扬效应的作用下，消费者会接受传者推荐的产品或服务，而在口碑传播负面效应的作用下，消费者会放弃对传者抱怨产品或服务的选择。

（2）同向评价

当消费者发现产品或服务的现实质量与其预期不一致时，极易受口碑传播的影响做出与口碑传者同向的评价。其实，这里的评价既包括购前消费者对购买对象的评估，也包括购后消费者对消费经历的评判。

（3）进一步传播

当消费者感知的产品或服务质量超出其预期，消费者会感到满意，但满意的顾客未必都会发生口碑传播，而此时消费者若接收了与其消费经历相符合的口碑信息，就会强化其满意感，从而产生进一步口碑传播的冲动。

资料：相宜本草的口碑传播

相宜本草是一家生产天然本草类化妆品的品牌，其产品进入市场化运作时间较短，市场认知度较低。在有限的市场投入情况下，如何能够针对现阶段的发展产生最好的营销效果，经过多方咨询与沟通，相宜本草采用了网络社区口碑营销的策略，借助互联网社区营销新媒介，展开迎合精准群体心理的营销策略。

相宜本草选择了唯伊网作为核心传播载体，以唯伊社区为营销传播中心，整合浙江本地社区及线下高校资源，实现了线上线下互动整合营销。唯伊网是国内一家新兴的化妆品品牌口碑社区，社区以品牌俱乐部、试用达人为特色，汇集化妆品品牌的消费者、粉丝和意见领袖，用户人群以年轻态人群为主，品牌消费习惯不稳定，有较大的热情尝试新鲜品牌、新鲜产品，因此唯伊社区还形成了特有的“小白鼠”氛围。整个营销过程大致分为以下四步：

第一步，为免费申请品牌试用装。利用消费者的利益驱动和新鲜事物的好奇心，为品牌造势、吸引眼球、聚集人气。对于女性消费者而言，申请新品试用装的诱惑力还是比较大的，最重要的是她们会重新发现一个也许就存在她们周边的品牌，但她们从未在专卖店里尝试过，这有很多心理因素。互联网却实现了很多新鲜的尝试，同时她们也会在这个过程中关注这个品牌，并了解其他消费者对该品牌的口碑评价，这个过程中无形使得品牌受到了极大的关注，抓住受众的眼球，其实已经成功了一部分。

第二步，收集申请者的数据资料。这个过程中相宜本草充分地利用了数据的资源，为这些潜在消费者进行了电话营销，并且为每个潜在消费者邮寄了相宜本草的会员杂志，很多用户反馈相宜本草的服务很贴心，使得消费者对相宜本草这个陌生品牌产生了好感。

第三步，网络整合营销传播。唯伊网联合国内知名社区站点，做联合推广，活动有更丰富的传播载体，更广阔的传播范围，快速提升品牌在网络中的知名度和影响力。这个过程线上线下有着交叉互动的关系，包括高校人群的覆盖，短信平台的精准营销，都为整个事件的传播起到了极大的推广作用。

第四步，用户分享试用体验。以奖品为诱饵，吸引试用用户分享产品体验，引导消费者的正向口碑，实现推广产品在网络传播的知名度和美誉度一定程度提升的效果。因为唯伊社区有稳定活跃的用户群，收到试用装的用户很快就开始试用体验，并且她们非常愿意与大家分享试用的过程，这和社区的气氛、气质有很多关系。

12.2 口碑传播中的意见领袖

在口碑传播过程中，经常可以发现，有些消费者会较其他消费者更频繁或更多地为他人提供信息，从而在更大程度上影响别人的购买决策，这样的消费者俗称意见领袖。意见领袖积极地从大众传媒和其他来源收集相关的消费信息，并对消费信息进行加工，再把经过加工的信息稀释、传达给群体中需要这类信息的消费者成员。从而对消费者的购买行为产生重要的影响。

12.2.1 意见领袖的含义与特征

一般认为，意见领袖是一些经常能影响他人态度或意见的人，也就是在非正式的产品或服务的沟通中，就某一特定产品或服务，能够提供建议与信息的人。简言之，意见领袖指那些影响他人的人。意见领袖一般有以下三方面的特征：

（1）人格特征

意见领袖通常是最早出于纯粹的好奇心而试用新产品和服务的人。他们通常是社区的活跃分子，不甘寂寞。而且，意见领袖一般具有公开的、独特的特性，这让他们更可能以与众不同的方式去尝试那些未知的而又让人感兴趣的产品和服务。此外，意见领袖可能比一般人更健谈与合群，因而他们更具有影响力。

（2）独特的产品知识

意见领袖通常限定在特定的产品领域或特定的购买情境。意见领袖最大的也是最明显的特征，就是对某一类产品比群体中的其他人有着更为长期和深入的介入。由于某些原因，有的人对某类产品或活动有更多的知识和经验，因而在其他人看来，他在这方面更有权威。因此，意见领袖通常是和特定的产品或活动相联系的。比如，某位消费者是电器产品的行家，在电器产品领域有丰富的知识和经验，于是，其他消费者在购买电器产品时就会向他求教，获得他的意见与建议。在另外的产品领域如服装、家具等，该消费者不一定是意见领袖，他人在购买这些产品时可能并不征求他的意见。有研究显示，当某人是某种特定产品，如电视机方面的意见领袖时，他亦可成为冰箱、空调等产品的意见领袖。

（3）丰富的市场知识

意见领袖虽然通常是和某种产品或活动相联系的，但也有这样一些人，他们似乎了解很多产品、购物场所和市场的其他方面信息。这样的消费者被称为多面意见领袖。调查表明，在有些文化背景下，单一意见领袖占主导地位，而在另外一些文化背景下，多面意见领袖占主导地位。拉扎菲尔德（P. F. Lazaasfeld）等人在20世纪60年代对美国人的政治观点、家庭购物、服装式样、电影四个方面的意见领袖做了调查，发现这四个方面的意见领袖很少重合，也就是说，在美国，似乎是单一意见领袖占主导地位。多德（C. H. Dodd）的研究表明，在非洲，有26%的被调查者在非洲一些地方占主导地位。一般认为，在传播技术比较发达的社会里，单一意见领袖比较盛行；在传播技术欠发达的社会里，多面意见领袖则较为盛行。

12.2.2 意见领袖与企业营销策略

实践证明，一般消费者通常会认为意见领袖比广告更可信、更可靠。可以说，在促成消费者形成购买决策的过程中，意见领袖的作用比广告更大。因此，企业和广告人在广告活动中必须高度重视意见领袖的存在，最好是能争取意见领袖的好感，利用他们影响更多的消费者。如何争取和利用意见领袖加强产品推广的效果呢？

12.2.2.1 找出意见领袖

意见领袖在产品的推广和广告传播中的作用是巨大的，只要能在广告传播活动中，找出目标消费者的意见领袖，并通过对他们的说服，进行扩散到更广泛的群体，就能实现广告传播的效果。那么，在茫茫人海中，如何寻找意见领袖？通常用以下两种方法确定意见领袖：

(1) 根据意见领袖的特征去考察

在消费领域，意见领袖一般具有以下七个特征：

①交际广泛，频繁接触媒介，拥有较多的信息渠道。这样，他们才有可能掌握大量信息，对有关商品或服务有更多的了解。

②同公众联系密切，并在公众中有较大的号召力。意见领袖的价值在于通过他自己使更多的人认识广告产品，接收广告产品，因此，意见领袖只有同一定范围内的公众建立广泛的联系，并拥有较大的影响力和号召力，才能强化广告的宣传效果。

③威望较高但易于接触。意见领袖在群体中必须被公认为见多识广或称职能干，能对群体成员提供有益的信息和意见，这样才能获得较高威信，但又平易近人。只有这样对他的倡议人们才愿意响应，对他的行为人们才愿意效仿。

④具有相同的社会经济地位，收入较高，而且稳定。这是他们之所以成为意见领袖的经济基础。良好的经济条件，使他们有能力成为新产品的早期采用者，获取更多的产品知识。

⑤教育程度较高。良好的教育使他们能够利用更多的媒介获取信息，也使他们具有较强的判断能力和主观见解，处理问题比较理智，因而容易说服更多的消费者。

⑥乐于创新。意见领袖思想活跃，性格外向，勇于创新，勇于接受新生事物。尤其是当整个社会倡导改革开放时，其创新精神更为突出，这也是他们成为新观念、新产品带头者鼓动者的一个重要内因。

⑦意见领袖并不集中于特定的群体或阶层，而是分布于社会上任何群体和阶层中，每一个群体都有自己的意见领袖，他们与被影响者处于平等关系，而非上下级关系。

(2) 用调查的方式确定

根据台湾几个广告公司组成的ICP（Integrated Consumer Profile，整合性消费者分析资料库）的调查表明，意见领袖可以用三种方式衡量。一是向受访者询问，当他做出某种购买决策时，会去向谁进行咨询或忠告；二是利用某一团队的被告知者去确认意见领袖；三是由受访者自我评估其所给予题目中的影响。

资料：意见领袖调查表

提示：这是关于_ _ _ _ _ _ _（产品类别）的一份简短的调查表。请仔细阅读每个句子。对于每个句子，请写出一个数字表明你对句中意见的看法。这些数字从1~7，数字越大表明同意程度越高。

1. 我对_ _ _ _ _ _ _的意见好像与别人不一样。

2. 当我考察购买_ _ _ _ _ _ _ 时，我向别人征求意见。
3. 当别人选择_ _ _ _ _ _ _ 时，他们不向我征求意见。
4. 在我购买_ _ _ _ _ _ _ 之前，不需要和别人商讨。
5. 别人向我征求购买_ _ _ _ _ _ _ 的意见。
6. 我很少问别人应购买哪种_ _ _ _ _ _ _ 。
7. 我认识的人根据我告诉他们的信息选择_ _ _ _ _ _ _ 。
8. 我在购买_ _ _ _ _ _ _ 之前，喜欢征求别人的意见。
9. 我常常劝说他人购买我喜欢的_ _ _ _ _ _ _ 。
10. 当我征求别人的意见后，我购买_ _ _ _ _ _ _ 感觉更好。

12.2.2.2 创造意见领袖

一些企业有时会雇用或聘请表现出意见领袖性格的人来影响消费者。GAP 及该集团下的 Banana Republie 和其他一些服装零售商会雇用一些年轻人、时尚、有魅力的人在其专卖店里工作。这些人可以以非常低的价格买到这些专卖店的服装，同时他们被鼓励（有时是强制）在工作期间穿着这些服装，以便在顾客中创造亮点。

商家也可以通过向消费者提供刺激因素来创造意见领袖，如为这些被吸引来的新顾客提供折扣或其他销售促进活动，于是，像滚雪球似地，这些人又会带动更多的消费者前来购买。

12.2.2.3 使用意见领袖时注意的问题

①广告在使用形象代言人时，应力图使消费者模仿意见领袖，因此，要十分谨慎地选择形象代言人。

②厂商在赠送样品时，不能随机地以任何消费者作为样本，而应该尽量将产品送到可能成为意见领袖的人手里。比如，克莱斯勒公司为了引入它的某款产品，向 6000 名可能的意见领袖提供新车，让他们免费使用一个周末。这些人包括经理和社区骨干，也包括经常提供意见却不受注意的人，如理发师。随后的市场调查，发现，有 32000 多人驾驶或乘坐了这种车，而其口头赞誉流传更广，所以，如果营销人员能够辨认出意见领袖，向他们提供产品（借给他们使用也行）是完全值得的。

③正确处理顾客的抱怨或投诉。因为消费者会同其他消费者谈论他们的有关产品、商店和服务的经验，而意见领袖的谈论要比一些人的影响要大，所以，当顾客的期望未被满足时，企业必须及时妥当地处理他们的抱怨或投诉。甚至在有些情况下，企业应当鼓励消费者去抱怨，因为这样能增加抱怨者对产品的忠诚度。

12.3 创新扩散

12.3.1 创新、创新扩散的概念与扩散过程

12.3.1.1 创新的含义

创新是指被相关的人或群体视为新颖的构思、操作或产品。某个产品是不是创新产品，取决于潜在消费者对它的认知，而非取决于对其技术改进的客观衡量。某些产品可能已有悠久的历史，但如果该产品被消费者认为有新颖之处，便是创新产品。根据对原有消费模式的影响程度，可将创新对消费者模式影响是很有限的，顾客购买产品后，仍可按原来的方式使用。比如，宝洁公司推出的飘柔牌水果香型洗发水，就是在原有配方的基础上加入芳香剂，但这并不影响消费者的使用方式。一是动态连续创新，指对原有产品的某个不太重要或中等重要的行为领域进行重大改变。这种创新会对原有的消费模式加以改变，但又不是彻底的，如 MP4 就是在 MP3 基础上进行的动态连续创新。二是非连续创新，指引进和使用新技术的创新，要求顾客必须重新学习和认识创新产品，彻底改变原有的消费模式，如眼部激光手术。另外，根据创新的动力来源，可以将创新分为技术驱动型创新和消费者驱动型创新，即创新来源于科技本身的发展还是消费者的需要。

12.3.1.2 创新扩散的含义

所谓创新扩散，是指新产品上市后随着时间的推移不断被越来越多的消费者所采用的过程。也就是，新产品上市后逐渐地扩张到其潜在市场的各个部分。

12.3.1.3 创新扩散过程

创新扩散的研究一般包括两个问题：一是新产品的扩散过程，二是新产品购买者分类研究。前者探讨的是新产品扩散过程，后者探讨的是创新产品不同时点购买者的特点。

消费者对新产品有一个认识决策过程，有关潜在需要有一个显化、形成动机的过程，所以新产品的扩散要经过相当长的一段时间，并且新产品扩散时也不会出现所有消费者同步购买的现象。由于消费者之间存在多种差异，所以消费者会在不同时期进行购买，从而呈现出多种形态的新产品扩散曲线。

传播学者罗杰斯在新事物发展的 S 曲线理论中指出，几乎大部分新思想、新事物的创新扩散的传播过程呈 S 形曲线。开头人数很少，扩散的进程很慢，但人数增

加到居民的10% ~25%时会突然加快，曲线呈迅速上升趋势，而在接近于最大饱和点是再次慢下来。美国的消费者行为学研究者霍金斯等认为，无论所研究的创新产品或涉及的消费群体是什么，扩散过程随着时间的推移都会呈现出相似的模式：相对缓慢的增长阶段，接下来是快速增长阶段，最后又是缓慢的增长阶段。但这种模式也有例外，调查表明，对于像饮料这类连续创新产品，开始的慢速增长阶段可能被跳过；而有些创新的电子类产品，在最后的缓慢增长阶段即将到来时，又被更富有创新意义的产品挤出市场。形成戛然而止的局面。此外，研究显示，不同新产品从导入市场到达到市场饱和的时间是各不相同的，从几个星期、几个月到几年不等。这就引起了对两个问题的思考：一是影响创新产品这某一细分市场扩散速度的因素是什么？二是在创新扩散过程中如何区别不同阶段的消费者？

12.3.2　影响创新扩散的因素

影响创新产品扩散速度的因素取决于以下方面：

①所满足的需求程度。创新产品满足的越是显而易见的需求，扩散的速度也就越快。

②消费者个人因素，如性格、文化背景、受教育程度和社会地位。不同的消费者对新产品的接受快慢程度是不同的。

③消费者知觉风险。与采用创新产品相联系的风险越大，扩散就越慢。风险包括经济的、个人的和社会方面的风险。知觉风险取决于三个方面的因素：①创新产品无法产生预期效果的可能性；②不能产生预期效果造成的后果；③可修复性，修理费用和其他问题。

④群体类型。有些群体比另外一些群体更容易接受改变。一般来说，年轻人更易于接受新事物、新概念，所以新产品在这一些群体中更容易接受改变，因此，目标市场乃是决定创新产品扩散速度的重要因素。比如，2007 年 6 月 29 日上市的 iphone 手机，是美国苹果公司出品的第一款手机，其屏宽 8.9 厘米，比一般手机屏幕大，与众不同的多点式触摸屏，以及这款手机将 iPod 播放器和传统手机的功能融为一体，能播放音乐和上网，支持无线网络及蓝牙技术，还能运行苹果公司的 Macintosh 电脑操作系统，使 iPhone 手机得到了众多年轻人“苹果迷”的青睐。

⑤决策类型。决策实质上可分为个人决策和集体决策两种类型。做出决策的人数越少，创新产品扩散得就越快。因此，涉及两个或两个以上决策者的创新产品，要比只有一个决策者决定购买与否的产品扩散的慢。

⑥创新产品的特征。创新产品本身的特征主要包括：①适应性，创新产品需要

与目标消费者的生活方式、价值观念和以前的消费经验等相一致、相吻合。当创新产品与目标市场消费习惯、社会心理、产品价值观相适应或较为接近时，则有利于市场扩散，反之，则不利于市场扩散。②简易性。一般而言，新产品设计、整体结构、使用维修、保养方法与必须与目标市场的认知程度相适应。复杂程度越低的产品，被采用得也越快，其成功的机率也越高。③可使用性，越易于操作和使用。便于体验其利益，成功的可能性越大。④可观察性。如果消费者能够亲眼目睹他人成功地使用某种创新产品，该产品扩散速度会较快，自然也更有可能获得成功。

⑦市场努力。企业营销努力程度极大地影响着扩散速度。企业为了使新产品扩散过程管理达到预期目标，一般在新产品上市时派出营销队伍，主动加强推销；开展广告攻势，使目标市场很快熟悉创新产品；开展丰富多彩的消费者体验活动，鼓励消费者使用新产品。在新产品的成长期，通过意见领袖的口碑传播，影响早期大众和晚期大众采用者，创造性地运用促销手段鼓励中间商，鼓励消费者重复购买，可以实现快速增长的目标。在产品成熟期，继续采用快速增长的各种策略；更新产品设计和广告策略，以适应后期采用者的需要，实现渗透最大化。企业的营销努力可以使进入衰退期的产品维持一定的销售额。

12.3.3 创新产品不同时间采用者的特点

一种产品在贯穿生命周期期间，随着时间推移，使用新产品人数会呈现正态分布。一小部分消费者会很快采用创新产品，另一部分消费者则需经历一个漫长的过程，而大多数消费者介于这两者之间。

消费者对新产品的接受是不同步的，有的人最早购买新产品，有的人在大多数人购买之后才会购买。那么，为什么会有这种差异呢？最先购买者与随后购买者有什么不同？很多学者对此进行了系统的调查与分析。20 世纪 60 年代初，美国学者罗杰斯对此进行了研究，提出了有代表性的新产品购买者类型理论。

罗杰斯在《改革与扩散》一书中，按消费者接受新产品时表现出来的个性差异和接受新产品的时间先后，把消费者华分为五种类型，即创新采用者、早期采用者、早期大众采用者、晚期大众采用者和落后采用者。每类新产品采购者的个性特点都具有相似性，而各类采购者的个性特征又有明显差异，他认为这是消费者购买时间顺序上有巨大差异的原因所在。当然，消费者对新产品的接受还受年龄、收入状况、社会交往程度、受教育程度、性别和文化等因素的影响。

（1）创新采用者

创新采用者其性格特点属于革新型，喜欢冒险，而且愿意承受创新可能带来的风险，占全部潜在采用者的2.5%。

（2）早期采用者

早期采用者一般是事业有成，受过良好教育，总体上比较年轻，通常是当地参照群体中的意见领袖。他们有较强的交际能力和较多的社会关系，信息来源比较广泛。这类消费者的消费观基本属于开拓、创新型，对新产品表现出较大的兴趣和好奇心。这类消费者占全部潜在采用者的13.5%，对新产品的扩散有更大影响。

（3）早期采用大众

早期采用大众是新产品的基本消费者，占全部潜在采用者的34%。这类消费者的购买心理是顺应社会潮流，不愿做时代的落伍者，同步心理、从众心理对他们的头面人物行为起决定性作用。这类消费者多是收入一般的中青年，他们的社会交往不是十分积极，但也不是消极的，其信息源也较为灵通，进入市场的新产品如果能为早期采用大众接受，就说明它是成功的。

（4）晚期采用大众

晚期采用大众是收入偏低或比较节俭的中年人，占全部潜在采用者的34%。他们的信息不够灵通，其性格共同点是谨慎小心，对新事物存在有戒心，反应缓慢，购买行为迟缓。只有在大多数人都已购买使用，证明新产品确实给消费者带来一定的利益和好处，他们才会购买。

（5）落后者

落后者一般是收入较低或节俭成性的中老年人，占全部潜在采用者的2.5%。他们遵从传统观念，有较强的消费惰性，对新事物的态度趋于稳定，不易改变。

12.3.4 新产品扩散过程与企业营销策略

由于消费者之间存在多种差异，对新产品的了解有快有慢，有前有后，所以消费者会在新产品扩散的不同时期进行购买，这就意味着企业要针对不同时期购买的消费者采取不同的营销策略；另外，企业应该努力寻找影响扩散的障碍，执行促进扩散的有效策略。

根据创新产品的早期采用者与晚期采用者有所不同的特点，企业应当采取一种移动的目标市场策略；也就是说，在目标市场大致选定后，企业应当首先把注意力集中在目标市场中最有希望成为创新采用者和早期采用者的身上。在向这群人宣传产品功能特点时，应强调产品的新颖和革新特点。由于这个群体十分关心并精通于产品种类，营销沟通还可以将重点放在产品的技术特点上，然后让受众自己去理解这些特点会给他们带来的好处。

在创新产品得到认可后，企业营销的注意力就应当集中到早期和晚期大众采用者身上，这时候就需要多种媒体与受众进行沟通。另外，信息的主题也应当从强调新颖性转到强调产品已获得认可和证明它们的优越功能上来。

资料：法国葡萄酒不好卖了

法国人对自己享誉已久的葡萄酒业越来越感到忧虑了。最近10年，法国葡萄酒的出口量都在下降。法国酒业必须重新考虑如何在全世界范围内面对新一代的消费者，否则可能重蹈纺织业的覆辙。

（1）本土消费量日益减少

法国本土消费量的逐年递减对法国葡萄酒业来说是一个很大的打击。年轻一代中的许多人被可乐类的软饮料所俘虏，目前15～24岁的年轻人只占葡萄酒消费市场的5%。法国葡萄酒业背负着历史成功的包袱，几百年来很少变化，一味坚持"酒香不怕巷子深"，是市场份额减少的主要原因。

（2）竞争对手不断创新

近年来，世界葡萄酒市场上出现了一批后起之秀，如澳大利亚、新西兰、智利、阿根廷、南非和美国等。它们采用现代工业化工艺生产，用易拉罐和塑料螺旋瓶盖简化包装，通过添加橡木成分来缩短酒的陈化过程，同时运用大量的广告宣传和现代推销手段，使许多不喜欢复杂说明的消费者，如妇女、年轻人和低收入者被这类新酒所吸引。

（3）陶醉于传统酒文化

与其他国家葡萄酒业相比较，法国葡萄酒生产者陶醉于自己的传统酒文化，坚持家庭个体生产方式，坚持自己复杂的调酒和品酒文化，坚持采用传统的玻璃瓶、软木塞，对酒的广告宣传却很不够。

有调查显示，很多消费者都认为法国葡萄酒的品牌、品味和品种太复杂，不知如何选择。而一些新品牌酒只采用标准化的商标与统一的口味，这种销售策略却获得了巨大成功。"一般消费者真的很难搞清楚什么是波尔多，什么是布尔高尼，也很难搞清楚a1999与a2000的区别"，这是很多消费者的想法。现在更多的人认为，法国葡萄酒业必须进行改进，适应竞争，否则只会将市场拱手让人！

本章小结

家庭与朋友的影响、消费者直接的使用经验、大众媒介和企业的市场营销活动共同构成影响消费者态度的四大因素。其中，家庭与朋友的影响主要形式就是口碑传播。口碑传播是指一个具有感知信息的非商业传播者和接收者关于一个产品、品牌、组织和服务的非正式的人际传播。口碑传播具有针对性强、可信度高、传播成本低、有利于树立良好的企业形象，以及有利于形成顾客忠诚度等特点。口碑传播的结果主要有促进购买行为、扩展同向评价、进一步传播。

口碑传播中的意见领袖是企业需要关注的焦点。意见领袖是一些经常能影响他人态度或意见的人，能够提供建议与信息的人。意见领袖一般有以下三方面的特征：有魅力的人格、独特的产品知识以及丰富的市场知识。企业利用意见领袖开展营销的思路是：找出意见领袖、创造意见领袖、使用意见领袖。

创新扩散是指新产品上市后随着时间的推移不断被越来越多的消费者所采用的过程。创新扩散的研究一般包括两个问题：一是新产品的扩散过程，二是新产品购买者分类研究。前者探讨的是新产品扩散过程，后者探讨的是创新产品不同时点购买者的特点。

思考题

1. 什么是口碑传播，口碑传播的原因是什么？
2. 什么是意见领袖，意见领袖与企业制定营销策略有什么关系？
3. 什么是创新扩散，分析影响创新扩散的因素。

实践活动

1. 以淘宝为例，探讨网络消费者对网店的口碑传播对网店销售情况的关系。

2. 运用本章所学理论，从你周围的人群中找出购买电脑的意见领袖，分析他（她）能成为意见领袖的原因，阐明他（她）对周围人购买电脑的影响。

案例阅读

上海无痕接发的口碑营销传奇

现如今，人们生活水平的提高，使人们对时尚有着狂热的追求。在我国，上海是一个经济发达的地方，人们对时尚的追求不再是衣服、鞋、包包这么简单，人们对头发的时尚度要求也很高，不仅是在颜色方面，还有长度等。因此，上海 New Style 无痕接发时尚沙龙抓住人们这一心理，创造了无痕接发这一技术，让爱美的人追求时尚的人可以随时调节头发长度，并保证质量，一直有很好的口碑。

New Style 不仅满足人们的时尚要求，而且把技术做到精湛的程度，让顾客十分满意。他们抓住了现代人的一个习惯———喜欢拍照炫耀的心理。人们喜欢吃饭前“相机先吃”然后发到自己的社交平台上。同样，New Style 为顾客做完造型后，当然“相机先看看”喽。他们帮顾客拍照，顾客上传并抒发喜悦与满意之情，这就是一种口碑营销。好友们经常翻阅微博、朋友圈，就自然而然地看到这种无形的广告，这样比口口相传范围更广，效果更好。有的顾客甚至邀请造型师一起与他们自己的“作品”合照，然后上传，为造型师免费打了广告。看到图片效果与自己朋友的满意与欢喜，在追求时尚的道路上就走向了 New Style。

在 New Style 的团队中，每一个造型师都有微博和微信，当完成一个接发工作的时候，他们会申请与顾客互粉或者互加好友。征求顾客意见是否允许上传，顾客满意，几乎都会让造型师上传，久而久之，每个造型师都会有很多客户，造型师新做的接发作品照片上传，新老顾客看到好的效果就会有好的评价，然后介绍给自己的朋友们，这就形成了口碑营销，吸引顾客来店消费，来找某个造型师做时尚的发型。

New Style 通过自己的努力做好工作，以好的口碑营销出去，顾客是他们最好的作品，最好的广告，从而刺激了消费者的消费行为，为其赢取更大的利润。口碑传播信息对消费者行为影响是很大的。

思考： New Style 的口碑营销给你带来什么启示？

第 13 章

家庭环境因素与消费者行为

企业和市场研究人员关注家庭对消费者的影响，因为作为消费者，可以说我们在很大程度上是家庭的产物。不仅大部分家庭消费品常常在家庭成员的影响下购买，而且很多纯粹的个人消费在消费决策中也会在很大程度上受到家庭成员的影响。本章从家庭环境入手，讨论家庭怎样影响消费者的消费行为，讨论家庭购买决策的特点和家庭的变化趋势给企业营销带来的挑战。

13.1　家庭环境

家庭环境是指家庭的物质生活条件、社会地位、家庭成员之间的关系及家庭成员的语言、行为及感情的总和。家庭环境从多层次、多侧面影响家庭成员，并且直接影响家庭成员的消费行为。

13.1.1　家庭对消费者行为的影响

家庭（Family）是建立在婚姻和血缘关系基础上的亲密合作、共同生活的小型群体。家庭是社会的基本单位。在正常情况下，人的一生大都是在家庭中度过的。家庭对个体性格和价值观的形成，对个体的消费与决策模式均产生非常重要的影响。家庭是人们接受环境影响的主要场所，个体的人格成长与社会技能的掌握也主要是在家庭之中完成的。

在家庭中，消费占有极其重要的地位。家庭的消费活动不仅包括家庭成员共同的消费活动，也包括家庭中个别成员及每一位消费者的消费活动。家庭对消费者行为的影响表现在以下方面：

①家庭经济状况决定家庭成员的购买能力。

②家庭对其成员的购买行为具有强烈和持续的影响。这种影响主要是从对消费者的个体情趣爱好、个性特征、职业选择、生活习惯等方面表现出来。

③家庭本身就是一个消费单位。比如，彩电、冰箱、空调、家具，甚至锅、碗、瓢、盆等日用品都是以家庭为单位计算的。

④家庭所属社会阶层决定消费者的需求和消费习惯。

一个人在一生中要经历两个家庭，一个是父母的家庭，另一个是成人后自己组成的家庭。当消费者做出购买决策时，必然要受到这两个家庭的影响，一般受原有家庭的影响比较间接，受现在家庭的影响比较直接。

13.1.2 家庭类型

家庭按其成员构成可分为以下几种类型：

①核心家庭，是指由已婚夫妇和未婚子女或收养子女两代组成的家庭。核心家庭已成为我国主要的家庭类型。核心家庭的特点是人数少、结构简单，家庭内只有一个权力和活动中心，家庭成员间容易沟通、相处。

②主干家庭，又称直系家庭。是指由两代或两代以上夫妻组成，每代最多不超过一对夫妻，且中间无断代的家庭。在我国，主干家庭曾为主要家庭类型，但随着社会的发展，此家庭类型已不再占主导地位。主干家庭特点是家庭内不仅有一个主要的权力和活动中心，还有一个权力和活动的次中心存在。

③联合家庭和不完全家庭，近年来，社会经济的发展、人们观念的变化，家庭结构也随着发生变化，家庭结构的稳定正在动摇，表现在单亲家庭不断出现、再婚率不断上升，伴随而来的是家庭的解体与重构。家庭结构的变化，出现了一些新的家庭类型，主要包括：

第一，空巢家庭。指子女离开家庭独立居住谋生之后，由留下的中年夫妇或老年夫妇所组成的家庭，正像飞禽的子女羽翼丰满飞走后形成“空巢”一样。在夫妇生育子女数较多，生育期限较长的社会，空巢化概率较小。比如我国在20世纪70年代之前，已婚妇女一般要生育5～6个孩子，其生育最后一个孩子的年龄往往在45岁左右，等她们将最小的子女抚养到成年，往往会接近70岁。在预期寿命较短的情况下，父母亲有时会在最小的子女成年之前去世，而要由“长兄”将其最小的弟弟或妹妹抚养到成年，故有“长兄如父”的说法。所以，当夫妇生育子女数较多时，其来不及“空巢”就可能辞世。现在，我国的夫妇一般只有1～2个孩子，孩子长大离家时，父母还很年轻，所以空巢家庭越来越多。

第二，丁克家庭。“丁克”是英语“double working no kids”的翻译，即新结婚的一对夫妇都在外工作而没有孩子。人们观念的转变、抚养孩子成本的增加、妇女就业率的上升等因素使一些年轻的夫妇自愿不要孩子。尤其在大城市存在相当比例的丁克家庭。

第三，单亲家庭。由父亲一方与其未成年子女所组成的家庭，或由母亲一方与其未成年子女所组成的家庭为单亲家庭。如果说原来的单亲家庭是由父母亲当中一方的亡故所致的话，那么，现代单亲家庭则主要由父母婚姻的破裂所致。当然，在西方国家，还有单亲家庭的成因是“未婚妈妈”生育子女。

资料：核心家庭的消费特点

（1）他们的平均年龄比较小，受过较高程度的教育，阅历较广，知识比较丰富。

（2）由于主妇也参加工作，家庭收入比较多，而由于家庭收入比较多，他们可以比较自由地选择消费项目。

（3）他们会购买一些自己并不真正需要的商品，会花钱去休闲，去国外旅游。

（4）核心家庭的夫妻俩，不像过去那些年纪大的消费者那样花很多时间去挑选生活必需品，他们要求快买，节省时间。

（5）比较讲究商品的式样、包装、色彩和风格，比较注意购物环境，但不那么忠实于传统的品牌。

（6）他们通过消费来寻找自我表现的形式，因此常常别出心裁，标新立异。

13.2 家庭生命周期与家庭购买角色

13.2.1 家庭生命周期的含义

周期是指一种周而复始的过程。家庭生命周期是以家庭为单位，由一对夫妻结合开始，因子女的出世而使家庭规模扩张，在最后一个小孩出生至第一个孩子离家的期间，家庭始终维持一定的规模，在子女因为工作或结婚而离家后，家庭逐渐回到二人世界，最厚相继死亡使婚姻解体，原始家庭的周期也宣告终止。这些生命事件代代重复，衍生世代也依循类似顺序，因此产生周期概念。家庭生命周期是指家庭从建立到结束的全过程所经历的时间。

虽然每一个家庭由于民族，文化，习惯等不同，消费心理和行为有很大差异，但作为一个由组建到解体的家庭周期过程，有其共同的特征。家庭生命周期的不同阶段，消费方式和内容是不断变化的。

13.2.1.1 传统的家庭生命周期

由家庭生命周期所引起的家庭消费以时间为有序有规律的变化，称为家庭消费的阶段性特征。传统的家庭生命周期一般可分为以下阶段：

（1）单身阶段

通常指的是35岁以下的单身人士，他们或者在大学念书，或者刚跨出校门开始工作。由于刚开始职业生涯，收入一般不高，但由于没有其他负担，所以他们通常拥有较多的可自由支配收入。收入大部分用于支付房租，购买个人护理用品，基本的家用电具，汽车，度假等方面。这一群体比较关心时尚，崇尚娱乐和休闲，是流行观念的带头人。年轻的单身者在美国约占美国的10%。据预计，到2020年中国的单身数量可能高达4000万人。随着结婚年龄的推迟，这一群体的数量正在增加。

（2）新婚阶段

这一阶段始于新婚夫妇正式组建家庭，止于他们第一个孩子出生。为了形成共同的生活方式，双方均需要做很多调整。一方面，共同的决策和分担家庭责任，对新婚夫妇是一种全新的体验，另一方面，还会遇到和以前未遇到和从未考虑过的问题，如购买家庭保险，进行家庭储蓄等。因为妻子通常工作，所以他们有较高的可任意支配收入，他们是剧院影票，昂贵服装，高档家具，餐馆饮食，昂贵度假等产品和服务的重要市场，因此对营销者颇有吸引力。

（3）满巢阶段

这一阶段通常是指由年幼（6岁小孩以下）小孩和年轻夫妇组成的家庭。第一个孩子的出生常常会给家庭的生活方式和消费方式带来很多的变化。在西方，夫妻中的一方通常是女方停止工作，在家照看孩子，因此家庭收入会减少。然而，孩子的出生确实带来很多的新需要，是家庭用品采购的高峰期，从而使家庭负担有所增加。家庭需要购买婴儿食品、婴儿服装、玩具等很多与小孩有关的产品。同时在度假、用餐和家具布置等方面均要考虑小孩的需要。

满巢二期。这一阶段最小的孩子已超过6岁，多在小学或中学念书。因为孩子不用由大人在家里照看，夫妻中原来专门在家看护孩子的一方也已重新工作，这样，家庭经济状况得到改善，喜欢大包装商品和多种商品集中购买。

满巢三期。这一阶段通常是指年纪较大的夫妇和他们仍未完全独立的孩子所组成的家庭。这一阶段，小孩中有的已经工作，家庭财务压力相对减轻。由于夫妇双双工作，孩子也不时能给一些小的补贴，所以家庭经济状况明显改善。通常，处于此一阶段的家庭会更新一些大件商品，购买一些更新潮的家具，耐用品购买力强，热衷于汽车旅游，还会花很多钱用于接受牙医服务、在外用餐等。

（4）空巢阶段一期

这一阶段，很多父母可以做他们以前想做但由于孩子的牵累而无法做的一些事情，如继续接受教育、培养新的嗜好、夫妻单独外出旅游等。人生的这一阶段，也许是经济上、时间上最宽裕的时期，在体力良好的情况下，夫妻不仅可以频繁地外出度假，而且还会买一些高档的物品、家庭生活改善用品，愿意施舍和捐献。

（5）空巢阶段二期

这一阶段属于空巢后期，夫妇到了退休年龄，经济收入逐渐减少。由于大多数人是在身体良好的条件下退休，而且退休后可用的时间特别多，所以不少人开始追求新的爱好和兴趣，如外出旅游、参加老年俱乐部等。主要购买产品是有助于健康、睡眠和消化的医用护理保健产品。

（6）解体阶段

当夫妻的一方过世，家庭进入解体阶段。如果在世的一方身体尚好，有工作或足够的积蓄，并有亲戚和朋友的支持和关照，家庭生活的调整就比较容易。由于收入来源减少，此时在世的一方过上了更加节俭的生活，医疗费用上升。另外，这样的家庭会有一些特殊的需要，特别需要得到关注、情感和安全。

13.2.1.2 非常规的家庭生命周期

近年来由于社会经济、文化飞速发展，人们的价值观观念急剧变化，家庭因婚姻而产生的变化越来越多。例如，离婚率的增加，使得再婚率的比率随之上升，男女结合成家庭的分类模式也就变得更加复杂。

非常规的家庭生命周期包括：①无子女夫妇；②较晚结婚的夫妇；③较晚有第一个孩子的夫妇；④单亲家庭；⑤扩展家庭。

在我国，生育率下降和人均寿命的延长改变了原有的家庭生命周期模式，家庭用于养育子女的阶段明显减少，无子女共同生活的空巢阶段大大延长。我国的人口老龄化速度急剧加快。截止到2017年底，我国65岁以上老人为1. 58亿，占总人口百分之11. 4，成为世界上老年人口最多的国家。研究显示，截止2016年底，我国城乡空巢家庭超过50%，部分大中城市达到70%。可见，家庭中只剩下老年一代人独自生活，传统上这是家庭生命周期的一个阶段，如今空巢家庭从传统家庭类型分化出来并迅速扩大，已然成为不容忽视的社会现实。因此应坚持动态的观点，研究家庭生命周期对市场，对企业经营的影响。

13.2.2 家庭购买角色

人们在家庭中的身份地位或相应的行为模式，叫作家庭角色。一个人在家庭中可以同时承担多种角色，如即是丈夫又是父亲。家庭角色具有对应的性质，妻子对应于丈夫，父母是对应于子女的。家庭成员结成各种角色关系。家庭角色是自然确定的，不可以随意地扮演，如一结婚就要承担丈夫或妻子的角色，一出生就确定了儿女角色。

家庭中的各种角色分别具有相应的角色规范，承担相应的业务和权力。不同的角色对家庭事务有不同的分工，如父母就要养育和教育子女，维持和发挥家庭的功能。

按我国过去的传统，在整个家庭活动中，主要承担家务工作、协调家庭关系的家庭角色，是家庭主妇。俗话说“男主外，女主内”，已婚不论参加工作与否，都要花更多的时间和精力操持家务和抚养后代。婚姻基本女到男家，由于女方的加入改变了原有的家庭关系结构。在小家庭中家庭主妇在协调家庭矛盾中也属主要地位。从现代家庭的发展来看，男性也越来越多的分担家庭主妇的角色。

在现实生活中，消费通常是以家庭为单位进行的。在一个家庭的购买活动中，每个家庭成员都可以扮演不同的角色，起不同的作用。按其在家庭购买决策过程中所起的作用不同，可分为 5 种不同的角色。

①发起者。第一个建议或想要购买某种产品或服务的人。

②影响者。影响发起者的建议，对最后决策有直接或间接影响的人；为购买提供评价标准和那些产品或品牌适合这些标准之类的信息，从而影响产品挑选的人。

③决定者。对最后购买做出决定的人，有权决定购买什么及何时购买的家庭成员。

④购买者。从事实际购买的人。实际进行购买的家庭成员与决策者可能不同。比如，青少年可能会授权决定购买何种汽车甚至何时购买，但是父母才是实际与经销商进行议价并付款的人。

⑤使用者，在家庭中实际消费或使用由他们自己或其他家庭成员所购产品的人。有时家庭中产品的使用者不一定是购买者，比如，儿童所喝的饮料，其广告的诉求对象应该是母亲，因为她们才是产品的决策者及购买者。

同样在家庭里，母亲和妻子是大部分日常用品的购买者，包括孩子和丈夫的用品。有些购买活动中，由一人承担大部分角色，也有一些购买由多人承担不同的角色。一般来说，发起者和使用者多为同一人，但是发起者所提供的信息和建议却不一定被采纳，取决于他在家庭中的地位和影响，影响者决定了家庭在一次购买活动中接触的信息，他们对信息进行分析处理，是其他人做出决定的重要依据。实际购买者有时也会承担信息收集任务，因为他们对于这类产品比较熟悉。

在消费上不同家庭成员对购买决策的影响要受到家庭的类型、特点，商品价格与购买风险的大小等因素的影响。购买不同的商品，每个家庭成员所起的作用是不一样的。但总体上来讲，每个家庭成员在不同商品的购买决策上无外乎上述五种角色。

家庭购买过程中的每一个角色，对企业产品设计、信息的传递、营销方案、营销预算的分配都有影响。对于企业来讲，了解家庭成员在购买和消费中扮演的不同角色和各自的作用，回答“谁最可能对企业的产品产生兴趣，谁将是产品的的最终使用者，谁最可能成为产品的最终决策者，不同类型的商品通常由谁来实际购买”等问题有利于营销策略的制定。在分析、研究各种家庭购买角色及其相互之间影响的基础上，企业要找出决定购买者，并对决定购买者采取各种诱导购买行为的有效措施和营销手段，扩大企业产品销售。

13.3 家庭购买决策

家庭购买决策是指由两个或间接做出购买决定的过程。在日常生活中，一个家庭每天都要做出许多购买决策。在这些购买决策中，有的极为重要，如购买何种汽车，买何处住房以及去哪里度假等等，另一些决策则普通得多，如决定午餐吃什么。作为一种集体决策，家庭购买决策在很多方面不同于个人决策。比如，在早餐麦片的购买活动中，成年人与儿童所考虑的产品特点是不同的，因而他们共同做出的购买决策将不同于他们各自单独做出的决定。

13.3.1 家庭购买决策方式

在家庭购买决策研究中的一个重要问题是，对于不同产品的购买，家庭决策是以什么方式做出的，谁在决策中发挥最大的影响力。一般家庭夫、妻是商品购买的主要决策者，他们不仅掌握着家庭的经济大权，同时还决定着商品的购买投向以及购买时间。但是，不同的家庭，夫、妻在商品购买决策中的影响作用是有很大差别的。随着社会的进步，夫妻地位日趋平等，经济收入一般公开，家庭中消费品的购买基本上是相互协商的，但由于家庭成员的性格、兴趣及消费经验的不同，选择商品的看法和标准存在差异，因此购买决策方式也不可能相同。

家庭购买决策主要有 4 种：

①妻子主导型。在决定购买什么问题上，妻子起主导作用。这种类型形成的原因比较多，例如，妻子精明能干，掌握经济权，又有丰富的购买经验和较强的决策

能力。或者是由于丈夫忙于工作，家务劳动绝大部分由妻子承担。

②丈夫主导型。在决定购买什么问题上，丈夫起主导作用。这种情况的原因一方面是由于丈夫生活能力高于妻子，有较强的理家购物能力；另一方面可能是丈夫收入高，家庭收入主要由丈夫提供。

③自主型。即家庭成员都有相对独立做出有关商品的购买决策，自主性的随意性都比较强。这类家庭收入都比较高，属于现代开放性。这种情况在那些家庭不和、夫妻关系紧张的家庭也存在。有时，在一般家庭中对于那些不太重要的购买，也可由丈夫或妻子独立做出决定。

④联合型。丈夫和妻子共同做出购买决定。这种家庭的主要特点是，夫妻双方关系融洽，思想比较开放，家用气氛民主，有良好的协商环境，共同做出的购买决策往往比较全面、理智。研究发现，在购买人寿保险、家电、汽车、住房等大件商品时，购买通常属于丈夫主导型决策；度假、孩子上学、购买和装修住宅则多由夫妻共同做出决定；食品、服装、化妆品、清洁用品和厨房用具的购买基本上是妻子做主，而像饮料、体育用品等产品的购买一般是由夫妻各自自主做出决定，研究还发现，越是进入购买决策的后期，家庭成员越倾向于联合做决定。换言之，家庭成员在具体产品购买上确有分工，某个家庭成员可能负责收集信息和进行评价、比较，而最终的选择则尽可能由大家一起做出。

需要注意的是，通常丈夫有夸大其在家庭决策中的影响和参与作用的倾向，而妻子则更可能低估其影响力。一项研究发现，10%到50%的夫妻对于各自在家庭决策中的相对影响存在重大的分歧。

所以丈夫和妻子在不同的消费品类别中各居决策主导地位，他们的决策模式也存在明显差异。丈夫由于生活节奏快，工作忙，在实际的家庭消费决策中，除了在住房、汽车等大宗消费品的购买过程参与较多外，对其他的耐用消费品往往只扮演终审者的角色。而在耐用消费品的整个购买过程中，前期的信息收集和比较的工作往往由妻子负责，丈夫只是最终的拍板人。通常的购买流程是：妻子帮我逛，逛得差不多了，然后她叫我去看行不行，决定权在我手上，但逛商场是她的事。女性对购物和商品信息的热衷在有关口碑传播研究中也得到印证，在这些研究表明，男性和女性虽然都乐于汲取并传播信息，但女性对“购买和使用商品的经验”“生活小常识”“子女教育”以及“医疗保健”等方面的关注程度明显高于男性。这也使女性更多担当着商品信息把关者和家庭日常消费主宰者的角色。

13.3.2 影响家庭购买决策方式的因素

为什么不同的家庭购买方式存在差异？影响家庭决策方式的因素有哪些？经研

究认为有三种因素：家庭成员对家庭的财务贡献；决策对特定家庭成员的重要性；夫妻性别角色取向。一般而言，对家庭的财务贡献越大，家庭成员在家庭购买决策中的发言权也越大。同样，某一决策对特定家庭成员越重要，他对该决策的影响就越大，原因是家庭内部亦存在交换过程。有时某位家庭成员可能愿意放弃在此领域的影响而换取在另一领域的更大的影响力。性别角色取向，是指家庭成员多大程度上会按照传统的关于男、女性别角色行事。研究表明，较少传统和更具现代化的家庭，在购买决策中会更多地采用联合决策的方式。除了上述因素，通常认为影响家庭购买决策的因素还包括以下方面。

（1）文化和亚文化

文化或亚文化中关于性别角色的态度，很大程度上决定着家庭决策是由男性主导还是女性主导。比如，在我国不发达的农村地区，由于家庭中的封建思想和重男轻女意思比较严重，家庭多以男性为核心。男性比女性有更多的受教育机会，更高的收入水平，如上海、北京、天津，人们受传统家庭观念的影响相对要小，家庭成员的地位较为平等，因此家庭决策过程中就更可能出现自主型、联合型甚至妻子主导型的决策方式。在2005年的一项调查表明，上海92%的家庭由妻子掌握日常经济支配权，在决定家庭大事和子女的教育投资上，妻子有绝对的发言权，当然，文化并非一个地理的概念，即使生活在一个城市，由于文化背景的不同，人们对于性别角色地位的认识也会有相当大的差别，由此导致男女在家庭决策中影响力的不同。

（2）角色专门化

随着时间的推移，夫妻双方在家庭决策中会逐渐形成专门化角色分工。日本的马场房子在她所著的《消费者心理学》一书中提道，在一个家庭中，父亲购买的商品主要是工具方面的，母亲购买的商品主要是表现情感的，这两种倾向影响夫妻的家庭决策。一般来说，妻子对食品，化妆品，服装，生活和日用品，室内装饰用品等商品的购买较有发言权。这和女人的社会角色有关，女人大都偏重于感性认识，具有较强的审美意识，在从事日常家务劳动，抚养子女方面担当重要角色，因而在家庭日用生活品，食品，服装，化妆品，室内装饰用品的购买中起到的作用就要大一些。

当今，随着社会的发展，婚姻中的性别角色不再像传统家庭中那样鲜明，丈夫或妻子越来越多地从事以前被认为应由另一方承担的活动。虽然如此，家庭决策中的角色专门化仍然是不可避免的。从经济和效率角度来看，家庭成员在每件产品上都进行联合决策的成本太高，而专门由一个人负责对某些产品进行决策，效率会提高很多。

（3）家庭生命周期

一个家庭从诞生、发展到消亡要经历不同的生命周期阶段，在不同的生命周期阶段，家庭的消费特点与决策方式有很大差异。一般在新婚阶段，夫妻双方协商，共同做出购买决策的情况较多；而随着孩子的降生及家庭生活内容的繁杂，一个人做出购买决策的机会不断增加；随着子女的不断长大，共同决策的情况又会出现。当然，不同家庭决策方式会有很大差异。这说明家庭生命周期对夫妻决策类型有一定影响。比起建立已久的家庭，年轻夫妻组成的家庭会更多地进行联合型对策，之后随着孩子的出生和成长，家庭内部会形成较固定的角色分工。当然，随着时间的推移，这种分工也会发生相应变化。

在家庭具体购买决策中，同样存在不同的阶段。家庭成员在购买中的相对影响力，随购买决策阶段的不同而异，家庭决策可分为三个阶段，即问题认知阶段、信息收集阶段和最后决定阶段。家庭决策越是进入后面阶段，角色专门化通常变得模糊，直至最后购买达成一致。

（4）个人特征

家庭成员的个人特征对家庭购买决策方式亦有重要影响。正如前面所指出的，夫妻双方的影响力很大程度上来自各自的经济实力，因此，拥有更多收入的一方，在家庭购买决策中更容易占主导地位。

个人特征的另一方面是受教育程度，妻子所受教育程度越高，她所参与重要决策也就越多。一项研究表明，在美国受过大学教育的已婚妇女中，有70%认为她们在选择汽车时，有着和丈夫同等的权利；而在只受过高中教育的妇女中，这一比例是56%；在学历不足高中的妇女中，这一比例就更低了，仅为35%。家庭成员的其他个人特征，如年龄，能力，知识等，也都会直接或间接影响其在购买决策中的作用。

（5）介入程度及产品特点

家庭成员对特定产品的关心程度及介入程度是不同的。比如，对CD唱片，游戏卡，玩具等产品的购买，孩子可能特别关心，因此在购买这些产品时他们可能会发挥较大的影响；而对于父亲买什么牌子的剃须刀，母亲买什么样的厨房清洁剂，孩子可能不会特别关心，所以在这些产品的购买上他们的影响力就比较小。

家庭购买决策方式因产品的不同而异。通常，当某个产品对整个家庭都很重要，而家人对这类产品比较陌生，缺乏足够的市场信息，由于觉察风险比较大，购买风险很高时，家庭成员倾向于进行联合型觉策；当产品为个人使用，或购买风险不大时，自主决策较多。当所购的商品价格高，对全家具有重大意义时，多数家庭是共同协商做出决策的。一般来说，价值较低的生活必需品，在购买时，无须做出家庭决策。此外，一些情景因素也会影响购买决策的方式。比如，当购买产品的时间充裕时，联合型决策出现的可能性增大，而当时间压力较大时，丈夫和妻子主导型以及自主性决策就更为普遍了。

另外，夫妻在商品特征选择上的影响作用是不一样的。不同商品的特征，即商品构成要素的主要特点，包括商品的性能，品牌，型号等。比如，一项调查表明，购买汽车时，由丈夫决定的占56.1%，主要由丈夫决定的占29.9%，合计86%由丈夫参与决策；购买电冰箱由妻子决定的占38.9%，主要由妻子决定的占43.3%，合计82.2%由妻子参与决策；还有微波炉，由妻子决定购买的占43.1%，主要由妻子决定购买的占40%，合计83.1%由妻子参与决策；吹风机由妻子决定购买的占51.5%，由丈夫决定购买的占22.2%，妻子在购买决策上起主要作用。

女性在家庭耐用消费品的购买过程中往往不是最终的拍板者，而是通过信息把关人的角色发挥其影响力。传播学中的“把关人”理论指出，传播者对于一切由他传递的信息都要进行筛选和过滤。因此，女性不仅决定了最终传达到男性决策者终端的信息内容，女性的态度和传递信息的方式同样也会影响男性的最终决策。所以为了使信息传递更加有效，产品的信息制定中应该少一些术语，使它更明白易懂。如果产品本身是技术复杂型的，就应该搭配书面的材料说明，以使这些信息最充分地传递给作为最终决策者地男性消费者。

13.3.3 孩子在家庭购买决策中的作用

传统儒家文化影响下的中国家庭观念历来强调长者的权威，孩子在家庭权力结构中一直是弱势群体的代表。孩子在传统家庭中的消费受到父母的绝对控制。他们的衣食玩学等用品均由父母提供。而20世纪70年代末期开始推行的计划生育从根本上改变了原有的家庭结构，子女在家庭中的地位也因此得以迅速提升。在大多数家庭中，独生子女甚至取代老人居于家庭的核心地位，形成了“一、二、四”的结构，即独生子女、爸爸、妈妈、爷爷、奶奶、姥姥和姥爷。这样的结构，很自然的突出了独生子女在家庭中的核心地位。这些家庭的父母，都对自己的孩子寄予厚望，不惜一切财力为子女创造最好的生活和学习条件，以期成才，对孩子的要求往往是有求必应，孩子成为家庭经济消费的中心，从而影响了家庭消费指数比例的分配及购买商品的类型。这不仅表现在对儿童服装，儿童食品，智力玩具，儿童化妆品，学习文具上，孩子往往有最终决定权，而且对家庭其他消费品，孩子的意见也举足轻重。所以，现代家庭观念中“子代偏重”和“文化反哺”的现象是孩子在家庭消费中的地位有很大改变。

孩子的消费在家庭中变得越来越重要，即使是一些家庭共用的大件消费品也往往以孩子的需求为中心，孩子在家长的购买考虑因素中已经占有非常重要的地位。一项有关家用轿车研究的数据表示，“为了方便接送配偶，孩子”是家庭汽车消费的四个主要目的之一。除此之外，孩子对购买决策影响的大小还受以下因素影响。

（1）家庭环境与气氛

如果是开明、活跃、父母与子女关系融洽平等的，子女的意见比较容易受到重视。父母在购买商品时，即使要购买的商品与他们关系不大，孩子也常常有机会发表意见，看法，参与家政，特别在重大购买决策时，常常是全家人共同商讨。相反，在那些专制，冷漠，关系紧张的家庭中，家庭成员很少进行交流，子女几乎无权对家庭的重大决策发表意见，只能被动的服从或接受，一切由父母说了算。这样的家庭，子女对购买决策的影响作用十分有限。

（2）子女的年龄

幼小的孩子一般是家庭放入消费中心，家庭很多消费热点都与这孩子有关，这时是由父母代替孩子购买孩子的一切生活所需。随着他们年龄的增长，到了少年时期，孩子就会成为这个家庭品牌选择的主导者，开始有自己选择商品的意识。在很多家庭出现了一家两治的现象，就是家长给孩子选择产品时选择比较有名，高级的牌子，给自己买就会选择比较低的牌子。孩子进入青年时期，已经具备评判商品的能力，在某些方面甚至还会超过他们的父母。父母更加重视他们的意见和要求，孩子的意见有时会对父母的决策产生重要影响。北京零点调查一项有关消费新趋向的研究结果表明，不同年龄段的孩子对家庭购买决策均具备一定的影响力，见图 13－4，其中 13～18 岁的孩子对家庭消费决策的影响力高达 44%。孩子不仅对个人学习，生活用品拥有强大的决策力，而且对于买房装修等家庭大宗消费也具有一定的建议影响力。从中学生决策权分布图中可以看到，在和孩子高度相关且商品价值不大的商品上，孩子具有较高的决策权，如中学生的零食，杂志和个人用品等；在和孩子相关度低或价值比较高的商品上，孩子的决策权较小，如房子，家人的衣服等。

（3）所购商品与子女的关系

在与孩子密切相关的物品上，孩子具有强大的决策权，除去他们不能表达自己意见的婴幼儿时期，父母一般会尊重孩子的选择。

因此在不与父母的基本理念冲突的情况下企业对相关产品的营销应围绕孩子进行，针对孩子实现产品诉求。但在进行产品传播时，要实现两个层面的沟通，一方面，应强调有吸引力的买点，以吸引孩子的注意力；另一方面，要帮助孩子找到一个理由，让他们可以说服父母，让父母认清该项消费对孩子的价值。

资料：家庭旅游渐成时尚

人们的时间充裕了，而且随着人们生活水平的不断提高，消费观念也发生了转变，于是外出旅游成为许多人度假的首选。每当节假日来临之际，经常会听到“你们家过节准备到什么地方玩”的对话。家庭旅游悄然带来了新的商机。

目前家庭旅游表现出的类型主要有以下三类：一是亲子型。对于核心家庭来说，我国现在的大部分家庭都是独生子女，带孩子外出旅游主要是为了让他们增长知识，陶冶情操。但核心家庭外出旅游也有一定的限制，比如孩子太小的时候带出去不方便，读中学的孩子学业太紧也很少能舍得花时间出去玩。除此以外的时间段，家长都有可能带孩子去旅游。二是情侣型。这包括两种情况，一种情况是初婚期的情侣用旅游的方式开始自己的新生活；另一种情况是处于空巢期的老年夫妇，退休以后没有工作压力和生活负担，如果身体条件允许的话，很多人都愿意出去旅游（但他们一般选择在非节假日的时间外出）。三是孝敬父母型。中青年人平时工作忙，很少能与父母聚在一起，利用节假日陪父母出去旅游，既可以弥补感情歉疚，又可以回报父母的养育之恩，享受天伦之乐。在我国，家庭旅游作为一种新趋势，对进一步发展旅游业，拉动内需将产生不小的影响。

13.4 家庭变革趋势对消费者行为的影响

中国的改革开放不仅使经济社会发生翻天覆地的变化，而且给中国的婚姻和家庭结构带来了前所未有的影响。中国家庭的价值观伴随着中国社会经济和文化的发展发生带来的一系列变化，而这种变化又无所不深刻地体现在中国家庭的消费模式中。根据中国社会科学院的研究，近三十多年来，中国的家庭模式呈现多样化，家庭规模趋于小型化，婚姻功能正逐渐被削弱。

13.4.1 家庭规模小型化

家庭规模是指家庭中成员数量的多少。家庭规模中社会的发展、人们观念的变化。在传统社会，我国的家庭规模比较大，家庭成员中由老中少三代构成。现在随着社会经济环境的发展变化，家庭规模小型化成为一种趋势。家庭规模小型化是中国城乡家庭结构变化的重要特征。据调查，目前，中国城乡家庭户人均规模是3.39人，改革开放三十多年来，户人居规模下降了1.42人，户型人口规模已接近美国、加拿大等发达国家户人均3人左右的水平。

北京、上海等大城市非核心化的小家庭占有更大比重，1 人/户和 2 人/户相加分别为 35.91% 和 35.98%；北京一代户所占比重为 30.93%，上海市为 35.18%；两代户在北京所占的比重刚刚过半，而上海甚至不到一半。

对于家庭规模的小型化，不能简单地认为核心家庭替代大家庭，从一种模式演变为另一种模式的过程。核心家庭却已成为家庭主流，但是 1 人/户和 2 人/户在近年来呈现持续增长势头。1 人/户、2 人/户和 3 人/户的比例从乡村到城镇到城市呈逐步升高的态势，而 4 人/户以上家庭则相反。这表明城市化水平与小家庭以及多样化趋势之间的某种关联。从市场的角度分析，家庭规模的小型化的影响表现在：

①使儿童消费品趋于高档化、多样化。尤其在我国，大多数家庭中只有一个孩子，儿童成为家庭的中心，父母对孩子吃穿用、教育等方面不留余力，舍得花钱。市场儿童产品分类繁多，儿童用品、儿童食品和儿童卡通文具向高档化、多样化发展。

②许多生活用品将趋向小型化。比如，面粉和大米改变了以往的大包装，小包装特别受欢迎。

③人们购买耐用消费品与购买服务之间的替代作用加强了。

④食物支出结构发生变化。人们就餐不再以家庭为主，在外面吃饭的人大大增加，节省时间的方便食品、半成品的消费数量增加。

⑤家庭用于个人医疗、文化娱乐等方面的支出比重增加。收入的提高，物质生活的充裕，增强了人们的健康意识，精神需要使文化、娱乐活动丰富多彩。

13.4.2 家庭模式多样化

在家庭规模的小型化的过程中，家庭结构又呈现出以核心化家庭为主、小家庭式样多样化的趋势。1 人/户、2 人/户的增长在很大程度上说明，除核心家庭外，其他非核心化的小家庭式样，如空巢家庭、丁克家庭、单身家庭、单亲家庭等，正在构成中国城乡家庭结构的重要内容。

13.4.3 婚姻功能被弱化

中国的婚姻观念发生变化，婚姻制度的功能性在下降，传统的婚姻功能正在受到更注重个人价值和生活享乐的价值观和生活方式的挑战，传统的婚姻观念正在被削弱、淡化。

中国城乡社会的结婚率 1981 年达到最高峰之后，开始逐渐回落，从 1987 年至今，结婚率呈连续下降之势。除被动不婚外，选择性独身和晚婚是导致结婚率下降的原因。初婚年龄推迟和独身者增多影响到初育年龄后移和生育率下降。20 世纪 90 年代以来，全国妇女的平均生育年龄在 25.1 ~25.5 岁的波动。大城市的生育观念和生育行为变化更显著。2002 年北京市生育率最高年龄的前两位是 25 ~29 岁和 30 ~34 岁组，生育年龄不断推后而且延长。在上海，不断下降的生育率已使人口进入负增长。

随着城市化和现代化的推进，中国的离婚率还将会保持继续增长的势头。而大城市的离婚率的迅速攀升，挑战了婚姻所特有的双系抚育功能，使社会学家心目中最适合子女抚养的制度环境发生了改变。

13.4.4 夫妻角色变化

在家庭消费的研究中，学者们最关注的家庭作为一个独特的社会小群体，赋予内部成员什么样角色和地位。传统中国家庭中“男主外女主内”的角色分工历来占主导地位，但这种分工模式曾随着中国的妇女解放运动而经受挑战（主要在新中国成立以后），女性穿着与男性一样的衣服，与男人一样工作。改革开放以后，女性在外在装扮上回归到女性形象，但女性地地位却随着社会经济建设浪潮而强化。出现了得到社会承认和倡导的“女强人”概念，女性仍然想做“像男人一样的女人”。20 世纪 90 年代末期，随着中国商业社会成熟和工作压力的增大，女性认识到获得事业成功的同时，她们将失去生活和女性自我。因此，在保持经济独立的同时，女性角色出现回归，也就出现了“男主外女主内”家庭模式的回归。2001 年中华女子学院曾经在全国六个省市的五所女子院校中做过性别意识调查，调查发现 85.3% 的女大学生不同意“工作是女人生活的重要部分”，而对于“相夫教子是女人最重要的工作”持赞同态度的女生占了 72.3%。

现代家庭的“男主外女主内”模式与传统模式的“男主外女主内”模式有着本质不同。旧模式中妻子通常不工作，缺乏与丈夫取得平等的经济资本，而新模式中妻子在经济上相对独立，地位也相对平等，许多女性在家庭内部事务上获得了更多的话语权和决定权。因此，中国的女性角色从传统模式中的“弱女人”，到新中国成立后的“女强人”，再到现代社会的“强女人”。夫妻角色的变化不仅反映了社会的包容性和开放性，也给企业营销带来了挑战，比如，在奢侈品、私家车、商品房的销售中，甚至在一些生活必需品的销售中，广告的定位和诉求点就要考虑到夫妻角色变化的特点。

资料：中国离婚率连续 7 年递增，专家称婚姻社会功能削弱

如同飞速增长的经济一样，近年来中国的离婚率一路狂飙。日前公布的全国民政统计数据显示，我国的离婚率已连续7年递增。2011年第1季度，共有46.5万夫妻办理了离婚手续，较去年同期增长17.1%，平均每天有3800多个家庭解体。

据民政部的数据，改革开放以来，离婚率持续上升，2010年离婚人数占总人口的比重是1979年的3.4倍。这么高的离婚率，许多专家认为应当归咎于经济发展与社会转型。

中国政法大学何俊萍教授认为，工业文明使得现代人在经济上、精神上都更加独立了，从而能让人能够独立生活而不依赖对方。北京岳成律师事务所古晓丹则表示，离婚率增高并非是社会转型的必然产物。现在，人们从恋爱到结婚，多是强化了婚姻在精神和感情层面的功能，反而忽略了婚姻在传统最受尊重的社会功能，忽视了家庭整体繁衍功能和风险防御功能。当婚姻遭受巨大的现实压力时，社会功能实际上是需要强化的，由于在观念上，这一块很薄弱，于是婚姻变得弱不禁风。

本章小结

家庭是社会的基本单位。在正常情况下，人的一生大都是在家庭中度过的。家庭对个体性和价值观的形成，与个体的消费与决策模式均产生非常重要的影响。本章主要分析家庭规模、家庭类型、家庭生命周期、家庭购买角色以及家庭购买决策方式等因素对消费者的影响。

家庭规模的小型化对市场的影响较大。家庭类型按其成员构成分别为核心家庭、主干家庭、联合家庭和不完全家庭。新的家庭类型如空巢家庭、丁克家庭、单亲家庭的出现为市场带来了新的机会。一个家庭从诞生、发展到消亡要经历不同的生命周期。在不同的生命周期阶段，家庭的消费特点与决策方式有很大差异。

夫妻在家庭决策中担任不同角色，孩子在家庭购买决策中发挥重要的作用。家庭变化趋势，如家庭模式呈现多样化，家庭规模趋于小型化，婚姻功能正逐渐在被削弱，夫妻角色的变化、结婚年龄的推迟和离异家庭的增多都会影响消费者行为。

思考题

1. 家庭对消费者行为的影响表现在哪些方面？
2. 不同的家庭生命周期有什么特点？
3. 简述家庭购买角色的划分。
4. 是丈夫还是妻子对购买决策有更重要的影响？请概述你的观点。
5. 分析家庭变化趋势以及其对消费者产生的影响。

实践活动

1. 与自己的父母亲就家庭购物进行一次交流，并和同学进行对比，尝试揭示子女在家庭购买活动的规律。

2. 根据自己家庭的实际情况，为旅游公司设计一个旅游产品。

案例阅读

家庭旅游渐成时尚

国务院1999年出台了延长节假日的规定，人们的时间充裕了，而且随着人们生活水平的不断提高，消费观念也发生了转变，于是外出旅游成为许多人度假的首选。每当节假日来临之际，经常会听到“你们家过节准备到什么地方玩”的对话。对此，一些精明的旅游企业把眼光盯在了家庭旅游这块蛋糕上。

目前家庭旅游表现出的类型主要有以下三类：一是亲子型。对于核心家庭来说，我国现在的大部分家庭都是独生子女，带孩子外出旅游主要是为了让他们增长知识，陶冶情操。但核心家庭外出旅游也有一定的限制，比如孩子太小的时候带出去不方便，读中学的孩子学业太紧也很少能舍得花时间出去玩。除此以外的时间段，家长都有可能带孩子去旅游。二是情侣型。这包括两种情况，一种情况是初婚期的情侣用旅游的方式开始自己的新生活；另一种情况是处于空巢期的老年夫妇，退休以后没有工作压力和生活负担，如果身体条件允许的话，很多人都愿意出去旅游（但他们一般选择在非节假日的时间外出）。三是孝敬父母型。中青年人平时工作忙，很少能与父母聚在一起，利用节假日陪父母出去旅游，既可以弥补感情歉疚，又可以回报父母的养育之恩，享受天伦之乐。

在我国，家庭旅游作为一种新趋势，对进一步发展旅游业，拉动内需将产生不小的影响。过去我国推出的旅游产品一般是大众型的，以为普通游客提供服务为主，这显然不适合现阶段我国家庭旅游发展的要求。而且，与国外旅游业相比，在家庭旅游这个项目上，我们做得还很不够。比如，最近美国的一些大型旅游企业，开始将儿童作为一个重要的市场来对待了。他们想方设法来满足小朋友的需求。即使是豪华酒店也增加了白天照顾孩子的项目，他们已经认识到必须让父母放心地玩，同时也必须让和父母一起来的小朋友们感到满意。

思考：针对“学龄前儿童的家庭”“中学生的家庭”“孩子毕业后参加工作而且与父母一起生活的家庭”来说，决定是否外出旅游或到哪里去旅游这样的家庭购买决策会有什么差异？

第 14 章

情境、商店环境因素与消费者行为

情境因素是影响消费者行为发生的重要因素。面对同样的营销刺激，同一个消费者在不同的情境下将做出不同的反应。所以，研究消费者行为不能忽视情境的影响。另外，消费情境中有一个商店环境因素是本章将要讨论的问题。在销售方式多元化的今天，商店因其品种繁多、现场选择、综合服务、功能齐全、能满足消费者多方面需要等优势，仍在各种销售方式中占据重要地位，成为消费者选购商品的首要渠道。所以，本章在讨论情境因素的基础上，将商店环境作为一个重要的问题，单独进行讨论。

14.1 情境因素与消费者行为

14.1.1 消费者情境的含义

消费者情境（Consumer Situation），是指那些独立于单个消费者和刺激消费者的单个客体（产品、广告等）之外，能够在某一具体时间和地点影响消费者购买行为的一系列暂时的环境因素。例如，消费者购买某一商品的行为，会受到当时的天气状况、消费者的心境以及购买场所的布局、音乐、卖场的拥挤程度等情境因素的影响。这样暂时性情境还包括很多，如生病和时间压力等。情境影响不同于个性、态度等个人和心理因素的影响，也不同于文化等宏观环境因素的影响，因为这两方面的影响具有更为持久和广泛的特征。

14.1.2 情境因素的构成

消费者情境是比较复杂的，有两种构成说：一种是根据对消费者行为产生影响的因素进行分类，比较有代表性的是贝克五要素说；另一种是根据消费者购买行为过程的不同阶段进行的分类。

14.1.2.1 贝克五要素说

贝克（Bellk）认为，情境因素主要是由物质环境、社会环境、时间、任务和先前任务状态等构成。

①物质环境，是指构成消费者情境的有形物质因素，如地理位置、气味、音响、灯光、天气、商品周围的物质等。物质环境对消费者的情绪感受具有重要的影响。例如，如果商店里光线暗淡，空气污浊，过道狭窄，就很难吸引消费者进店，即使进来了也会顿生撤出之意。因此，商店应努力创造良好的物质环境，以此吸引消费者。

②社会环境，即在消费过程中他人对消费行为产生的影响。比如，他人是否在场、彼此如何互动等。一个人独自收看电视节目与几个朋友一起收看时的行为会有明显的差别。同样，一个人单独购物和接受服务与有购物伙伴在场时相比，行为也会发生变化。典型的是在餐馆用餐，当有上级或有认识的人出现在邻座时，点的菜和喝的酒水也许会与平时不同。

③时间，是指情境发生时消费者可支配时间的充裕程度。它也可以指活动或事件发生的时机，比如，一天、一周或一月当中的某个时点等。时间是一种重要的资源，随着生活和工作节奏的加快，人们的时间压力越来越大。因此，众多以节省时间为目的的产品相继问世。另外，时间还可作为情境变量对消费者产生影响。比如，当时间压力增大，消费者用于信息收集的时间就会减少；距离上次用餐的时间越长，食物广告就越容易引起消费者的注意。再如，在一天的不同时段，消费者对信息的处理也将不同。研究发现，在即时识记和回忆测试中，早间广告节目较晚间广告节目效果好；而在延时识记和回忆测试中，即在观看节目两小时以后的测试中，晚间收看比早间收看效果好。一项关于时间压力对视频购物影响的研究显示，时间压力越大，消费者越有可能买不到打算购买的产品，并更少做计划外购买。当在不太熟悉的商店购物时，上述情况尤为突出。

④购买任务，是指消费者购买产品或服务的目的以及产品使用时的场所。比如，虽然是同样的品牌，但为送礼而购买的行为和为自己的消费而购买的行为是不一样的。

⑤先前状态，是指消费者带入情境中的暂时性情绪，如焦虑、兴奋、高兴等，或者状态，如疲劳、备有现金等。先前状态主要通过两种方式影响消费者：首先，他可能会导致消费者对问题的认识，如处于饥饿状态下的消费者，会产生购买食物的意识和冲动；其次，先前状态会通过改变消费者的情感来影响它的消费行为。良好的情绪状态会引起个体对刺激物的好感或正面态度，这一点合乎常识和逻辑，因

此不难理解。

14.1.2.2 不同购买阶段情境说

保罗·彼得（J. Paul Peter）和杰里·奥尔森（Jerry C. Olson）合著的《消费者行为与营销战略》一书中，将一般的消费情境归纳为五个，即信息的获得、购物、购买、消费和处置。这些对情境的广义界定是与大多数产品相关的。通过分析这些情境，营销人员可以辨别消费者的行为目标，从而制定营销战略和策略。在借鉴彼得和奥尔森一般消费情境说的基础上，我们根据消费者购买行为过程的不同阶段，将消费者分成如下四种类型。

（1）信息获得情境

信息获得情境是指消费者获得诸如品牌和商场选择的相关信息的环境。信息获得情境也包含能影响消费者的情感、认知和消费行为的社会因素（与朋友交谈、售货员的劝说）和物质刺激（商场里醒目的标志、产品的价签）。这些信息可能是偶然获得，也可能是有意获得。对于消费者的信息获得环境，有许多因素是营销人员可以控制的，如广告、促销、人员销售和商店的橱窗等。

信息获得情境中两个特别重要的行为是信息的接触和信息的交换。与销售信息的接触可以给消费者的购买行为带来显著影响。正因如此，许多商家千方百计地加快商品信息的接触，如美廉美超市在购物班车车厢上张贴产品广告等。凭借现代科技，营销人员可以将现代科技传递给特定的目标市场。许多百货商场、超市有与收款台电子扫描器相连的电子赠券发布系统，商店可以向购买不同商品的消费者提供不同的赠券。

（2）购买情境

购买情境是指当消费者购买商品和服务时所处的物质空间和社会特征。“物质空间”主要指购物行为在何种环境下发生，如在精品屋，在专卖店，在商场，在网上购物。在商店环境中，许多物质因素影响消费者的购买行为。“社会特征”主要指商店里有多少营销人员和收银员，商店对消费者购物时的帮助，消费者的亲朋好友的影响和商店里的其他人。

购物情境的这些因素可以影响消费者的情感和认知进而影响消费者的购买行为。比如，在欧美国家，有些人就不愿意去可能会被销售人员“围攻”的汽车展览大厅参观汽车展。

（3）使用情境

使用情境是指在产品使用场合会影响消费者行为的情境。使用情境是以解决问题的制约因素来起作用的，或者以解决问题的源泉来起作用的。使用情境可分为企业可控制情境和不可控制情境。可控制的使用情境是在产品使用过程中影响消费者情绪的情境。比如，一些服务产品消费过程中的背景音乐、店铺的设施等。不可控制的使用情境是在产品使用过程中消费者自身所引起的情境，如时间压力或其他约束力等。

（4）处置情境

处置情境是消费者在使用产品以后处置产品的情境。处置情境与一般行业高度相关，比如，二手轿车的价格会影响新车的购买行为。垃圾的分类回收初始产业关心产品外包装材料和包装方式。另外，消费者处置产品的行为与资源再利用有密切关系，这不仅对企业的市场影响策略有意义，而且对社会公共政策也有意义。

14.1.2.3 消费情境对市销的启示

营销人员需要辨别信息获得、购买、使用和处置情境中关键的社会环境和物质环境特征。同样，营销人员也应该知道消费者对环境因素做出的行为、认知和感情上的反应。比如，环境因素的某些方面会阻碍企业把自己的产品成功的推向市场。企业可以制定相应的营销战略和策略改善环境以刺激加快和强化消费者所想要的实施行为。如果消费者在资金上出现困难，企业还可以推出消费信贷。如果是消费者腻烦了消费环境，而使他购买情绪低落，企业的营销人员还可以向消费者推荐其他的购物环境，如网上购物、邮寄和电话购物等。

商店的本质特征是向消费者提供商品和服务。但是，不同类型，不同地点，不同购物环境的商店对消费者购买行为会产生极大的不同影响。行为学家和营销人员总是在问，人们为什么要逛商店呢？同样的商品，人们为什么要在这家商店买而不去另一家商店买呢？这些问题既涉及消费者购买行为的动机，也涉及商店能满足消费者的哪些需要，给他们带来哪些利益的问题。

资料：这家餐馆卖的是什么？

我国某城市餐馆林立，竞争激烈，每月都有十几家餐馆歇业改行。然而，有一家叫“香积厨”的餐馆却生意火爆，食客如云，来往不绝。它所处的小区之内有上百家大大小小的公司，又紧邻电视台和一家报社。参观的顾客绝大多数来自这些公司与媒体内的年轻员工，他们多属新新人类一族，身上没有传统的影子，文化品位较高，喜欢个性化，其中不少人从事网页制作和广告设计，收入颇丰，不会为埋单皱眉。

这家餐馆的招牌十分抢眼：“香积厨”三个字红底黑字，秀雅稳重，名称不响，但明白无误地告诉来往行人，这是吃饭的地方。旁边还有三面杏黄商幡迎风招展，上写“大块吃肉、大碗喝酒、大摇大摆”，使人特别是那些年轻人一看顿觉上了梁山，掷一块银子在桌上，喊一声“店家！好酒好肉只管上来”。一下就来了胃口，上了豪气。

大堂约有400平方米，窗框、窗襟、护墙都是木质。白土布窗帘放了一半下来，上面抄写的是《水浒传》《红楼梦》里的段子，当然都与酒肉有关，墙上有李白的《将进酒》，还有一些本市有名的、不那么有名的文人题写的诗句，内容都是劝人吃好喝足，享受人生。墙角有一个大背篓，山里人背柴草的那种，上大下小，里面装的都是人已难得一见的大蒲扇，让人回想起那些很久很久以前的亲切岁月。头顶的灯罩是一个个红线吊起来的竹篓，稀稀疏疏的，形同虚设，要的是那股漫不经心的味道。餐桌上纯棉制作的素色格子布，朴素干净。桌子上的碗、碟、杯子都是粗制陶器，酱色，有一层薄釉，大大咧咧、憨头憨脑，像文物，让人放得开手脚。餐馆内各个房间名称别具一格，厨房叫作“创作室”，厕所门上写着“快乐厅”，收银台叫作账房。大堂四周码放着几架书，初来者还以为到了图书馆。

这里的格调追求的显然不是豪华，也不是农家乐的简单平直，淡如白水，是一种旷达、古朴的情趣，一种让人过目不忘的东西。顾客一进门平添一种文人、名士的感受。服务生的服装也是统一的黑色，女的是对襟短袖，腰胚妥帖；男的是无领大襟子，松松垮垮的有几分像和尚，然而，头上又是黑发生猛。用餐前先喝茶，服务生提来一个在乡下才看得见的圆桶型茶壶续上茶水，一喝是苦丁茶，浓淡适宜，再摆上一小竹筛子瓜子儿，恰到好处。

菜谱十分别致，它叫《香积厨食书》，一本精心策划并制作的大16开册子，《香积厨食书》旁注一行小字：“最新修订版”，像出版书籍一样。绵实的上等牛皮纸，古旧的浅棕色，线装书式样，竖行，从左往右看，内容分头菜、暗酒冷碟、蔬菜果品、各种肉食、水族海鲜、汤水点心粥饭、酒浆茶饮七个部分，一样不缺，用词雅致。每页上端一首古诗，并注明杜甫酒诗、李白酒诗、白居易食诗，等等，有这几位古代大文豪撑腰，食客不管吃什么，都有一种规划风雅之感。

菜名也文气十足，有的看不大懂，比如“正月家书”“素来到”“太乙六合汤”。服务生一解释，才知其中奥妙：“正月家书”，即腊肉，摆成书册样式，腊肉是农历正月的时令菜，故名之；“素来到”，即素到极致，老南瓜、绿豆用米汤熬制，油盐少许，一素到底，用之于大荤之后；“太乙六合汤”，即六种汤汁，汤料不定，随时令而变化，“太乙”二字颇具玄妙，汤未上口，就好像与道家始祖老子同堂共饮。

在等某菜的过程中，食客可以研究摆在桌上的一本题为《香积厨纪事》的小书，副标题是关于吃、喝、拉、撒的现代玩本，封底还注明是“香积厨之产品说明书”，书的封面以南唐画家顾闳中的《韩熙载夜宴图》打底，黑白二色，古色古香。书的扉页是香积厨坐标图，标明餐馆地点。便于生客再来。第二页是众多本埠文人、名人的手迹，里面还有当代作家周洁茹的手迹：“我爱积香厨”一笔一画雅气而端庄，特别能引起食客兴趣的是里面关于“积香厨”的考证，原来“香积厨”是寺庙内僧家私厨，取香积佛香饭之义。考证的乐趣化解了等菜的烦躁。书中除了有香积厨菜谱之总谱之外，往后翻还有“香积厨赠书重点书目”，条件是消费要满100元，可以选拿一木，200元，可以赠送两本，原来四壁那么多的书是用来促销的。再往后翻，是本埠文人的饮食文章，都是在报上、杂志上活动的名人，看那些文字，多半是在此醉后涂出来的，横冲直撞，趔趔趄趄，十分好玩。

菜的味道真的不错，厚实的盘盘钵钵放满了桌，很有气势。食客就着满墙满壁的古诗古义，边喝边吃，论古道今者，吟诗念赋者有之，热热闹闹，一派繁荣景象，与同一条街上好几家饭馆冷冷清清的场面形成鲜明的对照。

资料来源：刘子安主编．现代营销学［M］．北京，中国对外经济贸易出版社，2002．略有改动。

14.2 商店选址与消费者行为

14.2.1 消费者逛商店的动机

人们逛商店除了必要的补充“缺货”以外，还可能是由以下原因中的一种或几种决定的：

将其视为一种娱乐活动，以改变日常单调的生活方式；

将其视为一种角色体现，例如，家庭主妇们的采购；

将其视为一种了解时尚、跟上潮流的方式；

将其视为一种社交方式，以此与人建立良好的关系；

将其视为一种展示自我的方式，如展示自己的经济地位或变现自己的鉴赏能力、讨价还价的能力等。

此外，消费者之所以选择了某家商店，还要看该商店能给他们带来什么。这就涉及消费者对可供选择的商店有怎样的评价标准，或者说到底哪些因素影响消费者选择。

根据作用方式不同，商店环境可分为外部和内部环境。前者包括商店的类型、地理位置、店门设计、招牌、橱窗、霓虹灯、标志等，后者包括店堂内部的建筑设施、柜台布置、商品陈列、装饰风格、照明、音响等。上述各项因素的综合作用，即构成商店的整体环境。而广义的商店环境还应包括销售方式、售货员的服务态度、服务质量等软件系统，但是，因篇幅所限，这里仅对一些问题加以讨论。

14.2.2 商店形象

形象是指总体或者全面性的印象，并非由客观的资讯及详细的说明所获得，而是受到实体环境的影响后所知觉到的形象。Berman 和 Evans 综合各学者的定义后指出，商店形象是由功能的（实质的）与心理的（情理的）要素所组成。这些要素被顾客加以组合后，纳入其知觉框架，此知觉框架决定了顾客对某商店整体的期望。商店形象是顾客和商店之间的一种相互作用和相互影响，一方面是客观上可以观察的商店的功能性属性，另一方面是主观的，只能间接地加以了解的顾客对商店的想象和评价等。

商店形象的获得不仅来自消费者对商店的功能性特征如价格、方便性和商品选择范围的感知，也来自她对非功能性如建筑物、商店内部装修、气味、广告等的感觉与体验。商店形象的一些研究结果表明，消费者对商店形象要素的认识程度直接影响对商店的选择。商店形象包括商品、服务、顾客、物理设施、便利性、促销、商店气氛、机构以及购买后消费者的满意程度九个层面。

女性爱逛街，如果她们认为某个商店卖的衣服档次高、装修豪华、服务周到，正好与她的身份地位相当，她会经常到这个商店逛逛，不知不觉地形成了到这个商店购买衣服的习惯。相反，如果她认为某家商店形象特别糟糕，逛逛都会影响自己的心情，她肯定一步都不愿踏进这个商店即便路过很多次。

14.2.3 商店的类型

19 世纪中期以来，随着经济的发展，商店类型出现了一系列新的变化。不同的商店，适应了顾客购物的不同心理需求。

（1）大型百货商店

属于综合商店的一种。它一般设在城市中心的繁华闹市区。建筑富丽堂皇，营业面积大，营业场所宽敞，环境布置优雅气派，上下电梯方便。经营门类广泛，品种齐全，设施优良，服务完善，明码标价，拥有良好信誉等多种优势，具有较强的综合功能。可以满足消费者求全心里、选择心理、安全心理及享受服务心理等多方面的心理需要，同时适应各种职业、收入、社会阶层的消费者的消费心理特征，因而对大多数消费者具有较大的吸引力。是消费者集中选购多种商品，了解市场信息，乃至享受购物乐趣的主要场所。

（2）超级市场

超级市场是一种敞开货架，被顾客自选的商店。自选售货方式把顾客从紧逼性体校的压力下解放出来，可以随心所欲地拿取自己喜爱的商品，且可以改变主意，把已经挑选的商品随意放回原处调换，增加了购物的乐趣，同时减少了与售货人员产生人际摩擦的可能性。另外，超市因为雇员相对减少，商业成本较低，这样一来，商品的价格就比较低廉，可以使消费者得到实惠，由于超市购物实行一次性集中付款结算方式，节约了顾客购物的时间，受到消费者的欢迎。因此，超级市场一经出现，便受到消费者的特别偏爱。

（3）连锁商店

是一种具有统一经营方式、统一品种、统一价格、统一服务、统一标识、分布广泛、接近消费者等特点的商店群。近几年，食品、百货连锁商店常与超级市场相结合，构成连锁超市。在连锁商店购物，可以满足消费者认准服务品牌、方便消费、放心消费的心理。

（4）仓储式商店

近年来，仓储式商店在各种商店类型中异军突起。这种商店一反传统消费方式，将零售、批发和仓储式各个环节合而为一，并采用小批量，如成盒、成打的形式出售商品，因而可以最大限度降低商品的零售价格。所以，尽管这类商店环境设计简单，服务设施简陋，但因价格低廉的突出优势，迎合了工薪阶层求廉、求实的心理需求，对大多数消费者有强大的吸引力。

（5）Shopping Mall 模式

Shopping Mall，译为大型购物中心，最早起源于20世纪50年代的美国，是美国全面进入小康社会、物质生活高度丰富时期的产物，也是继百货店、连锁店、专卖店、折扣店、超市、购物中心之后，在商业领域兴起的最新业态。它集购物、餐饮、娱乐、休闲、旅游、社交、商务等功能于一体，为消费者提供一站式服务。20世纪80年代以后，因其商品功能逐渐向休闲消费功能转移，这一商业模式很快风靡全球。

与传统的商业模式相比，Mall 具有三个显著特征：一是大：占地面积大、绿地面积大、停车场规模大、建筑规模大，营业面积一般在10万平方米以上，并且一般坐落城市边缘；二是多：店铺多、行业全、功能多，集购物、餐饮、休闲、娱乐、文化、服务于一体；三是好：主要指购物环境好、档次高，顾客购买力聚合型好。Mall靠“玩”聚集人气，带动购物和餐饮，辐射范围广，所以也有人说Mall是建立在“汽车轮子上的购物中心”。

目前Mall是欧美国家的主流零售业态。在日本，Mall是消费者假日购物的首选。在香港，每30万人便拥有一个Mall。在北京四环有目前世界最大的、占地68万平方米的“金源新燕莎Mall”。在北京繁华的西单商业街上的“大悦城”也属于Shopping Mall，每天人气旺盛，是“80后”“90后”喜欢去的商店，Shopping Mall营销推广的主体并不是具体的商品，而是商家、品牌和不同的业态，其销售的目的就是向消费者倡导一种全新的购物方式，不是一种简单的购物行为。

14.2.4 商店位置

行家嘴边上常挂的一句话是：“做买卖第一是选址，第二是选址，第三还是选址。”可见。“地利”是影响消费者对商店选择的重要因素之一。另外，除此之外，商店的规模和距离也是消费者对商店选择的重要因素。消费者对商店的选择，可以用引力模型来解释。

14.2.4.1 零售引力法则

如果有一位消费者居住在位于两个城市之间的城镇，那么，这位消费者如何选择在两个城市的商店？美国学者威廉·J. 赖利（William J. Reilly）早在20世纪20年代末提出了零售引力法则。根据零售引力规则，吸引消费者的零售引力与两个城市的人口成正比例，而与中间城镇距离的平方成反比例。其公式如下：

$$B_a/B_b=(P_a/P_b)(D_b/D_a)^2$$

其中，B_a为城市A对A、B城市中间某地C处顾客的吸引力；

B_b为城市B对C处顾客的吸引力；

P_a为城市A的人口；

P_b为城市B的人口；

D_a为城市A与C处的距离；

D_b为城市B与C处的距离。

根据这个公式，消费者将依据城市的人口和到他居所的距离作为选择购物地点的参考因素。一个城市的人口越多，距离越近，消费者越是可能去这个城市购物。在这里，人口因素不仅仅代表了城市规模，同时也暗含了商业规模。因为，人口多的城市，商店的数量会更多，质量也会更高，因此对消费者的吸引力也会较大，这就是所谓的“零售引力”。

14.2.4.2 哈夫概率模型

在哈里斯的市场潜能模型的基础上，美国加利福尼亚大学的经济学者戴维·哈夫（D. L. Huff）教授于1963年提出了关于预测城市区域内商圈规模的模型——哈夫概率模型。

哈夫认为，从事购物行为的消费者对商店的心理认同是影响商店商圈大小的根本原因，商店商圈的大小规模与消费者是否选择该商店进行购物有关，通常而言，消费者更愿意去具有消费吸引力的商店购物，这些有吸引力的商场通常卖场面积大，商品可选择性强，商品品牌知名度高，促销活动具有更大的吸引力；而相反，如果前往该店的距离较远，交通系统不够通畅，消费者就会比较犹豫。

哈夫论点，商店商圈规模大小与购物场所对消费者的吸引力成正比，与消费者去消费场所感觉的时间距离阻力成反比。商店购物场所各种因素的吸引力越大，则该商店的商圈规模也就越大；消费者从出发地到该商业场所的时间越长，则该商店商圈的规模也就越小。

哈夫模型是国外在对零售店商圈规模调查时经常使用的一种计算方法，主要依据卖场引力和距离阻力这两个要素来进行分析，运用哈夫模型能求出从居住地去特定商业设施的出行概率，预测商业设施的销售额，商业集聚的集客能力及其表化，从而得知商圈结构及竞争关系会发生怎样的变化，在调查大型零售店对周边商业集聚的影响力时也经常使用这一模型。

哈夫概率法则的最大特点是更接近于实际，他将过去以都市为单位的商圈理论具体到以商店街、百货店、超级市场为单位，综合考虑人口、距离、零售面积规模等多种因素，将各个商圈地带间的引力强弱、购物比率发展成为概率模型的理论。

哈夫模型不仅是从经验推导出来的，而且表达了消费者空间行为理论的抽象化。考虑了所有潜在购物区域或期待的消费者数，这个模型考虑了营业网点的面积，顾客的购物时间，顾客对距离的敏感程度，经统计可得出消费者对不同距离到目标店购物的概率。各零售店可根据自身的情况不同，设立不同的概率标准，选择在一定概率下的距离来划定商圈范围。

14.3 商店设计与消费者行为

14.3.1 门面的设计

商店的门面无疑就如人的脸面一样，是其形象的突出代表部分。在商店门面设计时，首先，应全面了解商店的商品种类、规模、特点，使之尽量与店面外部形式相结合；其次，应满足消费者方便实用的心理要求；最后，还应了解周围环境、交通状况、建筑物风格，使店面造型与周围环境协调、和谐。

由于商店类型不同，店门口的开放程度也不一样，不论是哪一种开放程度的门口，在设计上应以方便顾客出入、形式大方、宽度足够、能吸引顾客的视线为基本考虑点。不同开放程度的类型有如下几种：

①封闭型，亦称“两小一大型”，即小店门、小橱窗、大招牌。这种类型的店面设计是：面向大街的一面用橱窗或有色玻璃遮蔽起来，入口尽可能小些，同时商店招牌应醒目、高大、引人注意，而橱窗则应小些，陈列物也应简单、大方，数量不多但精美华贵。采用这种形式是一些经营高档商品，如金银首饰、名贵工艺品、艺术瓷器等高档商品和特殊商品，以及经营西餐、咖啡饮料等专业化商店。它突出了经营贵重商品的特点，设计别致、豪华，给人以高档的感觉，并且创造了幽静、文雅的购物环境和气氛。

②半开型，亦称“三大型”，即大招牌、大店门、大橱窗。这种类型的店面设计是：大店门入口适中，既适应客流量大的需要，又给人以宽敞明亮的感觉，使消费者能看清店内大体结构；大招牌往往给人以大店、名店的印象，显示经营者的实力和信誉度，有利于吸引更多消费者的注意；大橱窗使消费者未进店前，即可了解商店所经营的主要商品种类，有利于吸引更多的浏览者和过往行人。采用这种形式的多是一些经营日用工业品或其他生活用品的大、中型零售商店、各类超级市场等。

③全开型，亦称“两大型”，即大店门、大招牌。这种类型的店面设计是：商店临街的一面或两面全部开放，有时干脆无店门，没有橱窗，消费者出入随便，没有任何障碍，还能满足消费者方便、实用、经济的心理需要。门口只要有醒目、简单的大字招牌即可。采用这种形式的多是一些农副产品商店、农贸市场和食品店。

14.3.2 橱窗的设计

橱窗是以商品为主体，通过布景道具和装饰画面的背景衬托，并配合灯光、色彩和文字说明，进行商品介绍和商品宣传的综合性艺术形式。

商家们十分重视橱窗设计，一些老字号商店橱窗设计被看作一种文化，有很深层的底蕴。经营者们认为好的橱窗能够吸引顾客，加深消费者的印象，因而他们动脑筋把橱窗设计得极具个性化。国内众多的商家借鉴国外先进经验，把形象设计作为商战的一个重要利器，而橱窗也相应成为店铺形象的表现形式。比如，北京国华商场西侧橱窗内展示的是一幅购物粘贴画，画面简洁明快，尤其是“购物到国华，充实千万家”的广告词，体现了该商场追求大众化的经营理念。

橱窗一般设在商店的大门两侧或者两门中间的显眼位置。具体的设计要根据商店的位置、营业项目和营业场所的大小而定。百货商店传统上使用大面积并有一定深度的橱窗，以展示整个房间的家具，或配上野外景致的运动用品使用情境。而营业面积小的商店，则不必设置专门的橱窗，可采用玻璃墙的办法。这样既能使所陈列的商品一览无余，又能反映商店的经营情况，可以说也是一种特殊的橱窗。

橱窗作为商店外观的重要部分之一，是商店向外界宣传自身形象的一个阵地，可以说是商店无声的广告。现代商店特别强调橱窗的展示作用，就在于它对消费者有以下心理功能：

①形成商店外观的一部分，向外界做广告宣传，塑造商店形象。

②表现商店的经营方向，陈列出所经营的代表性商品，体现商店的风格特点。

③以特殊的商品造型设计吸引行人注目，留住往来行人的脚步，制造顾客光临的机会。

④随着社会环境与季节的变化而改变设计，指导流行趋势，引导消费潮流。

⑤向顾客提供新商品信息，介绍最新的商品销售情况。

⑥美化购物环境，营造优雅的现代气氛。

⑦有时，也可以用来公布商品信息。

另外，如果将橱窗与招牌和其他异形物搭配起来，会更加突出店铺布局，大大提高顾客的注目率和震撼感。

14.3.3 商店内部设计

商店内部设计包括空间布局、销售设备和货架的陈列、购物场所的音响与温湿度控制、货场的灯光照明及色彩调节等内容。合理的商店内部设计，一方面，可以营造与商店形象相一致的卖场氛围，使消费者在观赏和选购商品的过程中，始终保持积极的情绪，顺利完成购买活动。另一方面，它也能使商店营业员的精神饱满、情绪稳定、态度热情，从而提高工作效率和服务质量。

14.3.3.1 购物场所的环境

(1) 照明设置

“一盏放在地板上的灯可以使建筑产生一种幽灵的气氛，一束照在石头的纹理、天花板和墙壁质地的顶灯，把屋舍渲染得富于神奇和肃穆。”苏珊·朗格的观察表明，空间不但要通过光束来表现，而且空间氛围、空间个性也要靠光束来渲染和控制。在零售业，灯光被视为店面的经典销售工具之一。商店内部空间的光源主要是自然采光和人工采光两大类，具体可以分为四种：

①自然照明。这是商场中的自然采光，通过天窗、侧窗接收户外光线来获得。自然光柔和、明亮，使消费者心情舒畅，是最理想的光源。但自然光受季节、营业时间和气候的影响，不能满足商场内部照明的需要，因此要有人工制作的其他照明相补充。

②基本照明。以在天花板上配置荧光灯为主的一种照明方式，为整个营业场所而设置。这种照明灯光模拟自然光的光谱频率，光色比较柔和，只是紫光的成分比较多，但一般消费者也乐意接受。照明光度的强弱，要视商店的经营范围和主要销售对象而定。一般而言，质地精密、色彩多样且挑选性较强的商品，光度要大些；结构简单、色彩单调且挑选性不强的商品，光度可小些；主要销售对象是老年顾客的，光度要强些；主要销售对象是青年顾客的，光度可弱些。商店不同位置的照明度也有差别，营业厅前部可适当弱些，使消费者进店后有一段短暂的视觉适应过程，越往里，光度逐渐增强，使消费者的视线本能地转向明度的地方，吸引消费者向商店内部行走。

③特别照明。特别照明目的在于增加柜台、货架的光度以突出商品，多采用聚光灯、探照灯等定向照射。对于一些名贵、精密的商品使用特别照明，便于消费者观看观赏、挑选比较，并能显示出商品的华美、贵重，激发消费者对商品的喜爱和向往。

④装饰照明。大多采用彩灯、壁灯、吊灯、落地灯和霓虹灯等照明设备。这类照明有美化店容、渲染气氛的作用，使消费者感到轻松愉快、情绪兴奋。照明设备必须与商店建筑结构相协调，强度对比不宜过大，彩色灯光和闪烁灯光要适度运用，如果过多、过杂或光线变化剧烈，会破坏店内环境。还需注意不能乱用灯光，以免歪曲商品颜色。

科学地配置采光和照明，不仅能够吸引消费者的注意力，使消费者的视觉感官舒适，而且是促销的一种手段。

资料：灯光怎样“忽悠”我们的大脑

（1）菜市场里“虾蓝肉红”

经常买菜做饭的人可能都有这样的经历，在菜市场买了几斤肉之后，回到家里却发现肉的颜色黯淡无光，与先前在菜市场看到的鲜红透亮判若两样。这是什么原因？其实是菜市场卖肉的柜台上的灯光扰乱了人们的视线。平常买肉时一般人都从肉的颜色判断肉质是否新鲜，根本没想到这灯光会给肉的颜色“掺假”。

如果仔细观察，人们就会发现不同摊点上亮着的灯也不一样：生肉区用红灯，鱼虾区用蓝灯，面包专柜则会选择使用黄灯。这是因为，在红色灯光下看东西，极易造成视觉上的疲劳，时间久了就很难分辨出事物外观上的一些微妙变化；蓝色往往使人感觉到寒冷，所以蓝色灯光最适合作为冷冻食品的标志色；黄色光感最强，容易让人想起丰收的五谷和甜美的事物。

（2）餐厅中的明暗玄机

我们经常看到，一家餐厅的大厅灯光辉煌，但是等到走进餐桌的时候，灯光却骤然暗了下来。这样看似普通的设置却有着神奇的奥妙——它不仅仅是为了单纯的照明，更是为了美化菜肴，营造良好的用餐环境和氛围。

一位餐饮行业的负责人揭示了其中的秘密。一张张桌子并列排着，中间的间距比较大，暖暖的灯光只是直直地射下来，聚成一个圆，在桌子的正中间，顿时，吃饭的普通饭桌便成了“舞台”，在舞台上“跳舞”的是一道道刚端上来的飘着香味的菜肴。桌子的两边，是一个暗区，一明一暗，这样，饭桌上的人自然而然就把目光聚焦到了菜肴上，经过光源的照射，绿色的蔬菜泛着绿色的光，让人顿时有了食欲。

还有餐厅在桌子正上方使用磨砂的筒灯，这种灯不会散光，光源聚集非常好，能营造出一种非常特殊的氛围。这样，吃饭的人会很轻松，心情很愉快，加上灯光照在菜上，每盘菜色都相当不错，这让大家会感觉吃得更香。

（3）灯光如何制造情调

灯光不仅可以营造空间气氛，而且能够传达不同的空间表情。麦当劳、肯德基等西式快餐作为一种休闲餐饮，光源系统以明亮为主，有活跃之意。传统的咖啡厅、西餐厅是最讲究情调的地方，灯饰系统以沉着、柔和为美。不同的国家有不同的情调，英国式的古典庄重、法国式的活泼明朗、美国式的不拘一格等，都需要灯光来配合。根据中国传统的就餐心理，中餐厅就灯火辉煌、兴高采烈，布光呈现出热烈喜庆的气氛。

一般的家用餐厅，灯光越柔和、越含蓄越好。柔和含蓄的灯光能使人融入温馨浪漫的情调中，使精神和身体更加放松和愉快。对于色彩方面，运用最多的暖光源当属橙色光，它是一种富足、快乐而幸福的色彩，会大大促进食欲；蓝色、紫色的则不会让人吃太多，因此想要减肥的朋友不如尝试一下在餐厅中装一盏蓝灯，或者将餐具换成蓝色、紫色，也许会有意想不到的收获。

资料来源：辽沈晚报，2010年7月24日刊。

（2）色彩调配

一个色彩缤纷的商店比一个缺少色彩的商店更能受到消费者欢迎，这是显而易见的。不过，在商店的内外装饰中，颜色的搭配大有学问。如果黄金首饰店铺以大红色为主色，有喜庆气氛，并且十分引人注目，效果会很好；高档器皿店以淡绿色花岗石装饰地板，配以淡咖啡色的陈列家居，有清新高雅的环境效果，令人赏心悦目。如果换一个场合，在美容院使用大红色为主色，或在儿童用品商店使用以上高档器皿店的装饰色彩，那么效果就完全两样了。这是因为从色彩心理学的观点看，每一种颜色都会给人们特定的感觉。而人们对色彩的反应与偏好又是与他们的社会文化、个性特征、生活经验、需要和情趣等相联系的。不同的色彩能引起人们不同的联想，产生不同的心理感受。因此，当一个商店内部装饰运用色彩调配时，应注意色彩对消费者心理所具有的影响作用。在设计时，应根据商店周围环境、经营性质、商品特点、顾客层次等进行颜色的选择和搭配。同时，还需要注意在墙壁、天花板、地板、陈列用具、灯具、商品等要素之间做主色与副色的安排。

（3）音响

广义的音响包括店堂内播放的背景音乐、广播播发的语音信息和一些柜台营业员为顾客演示商品性能供人试听而发出的各种声音。只有和谐的音响、柔和的音色和适中的响度才能令人感到舒适。商店在营业时间声音嘈杂是不可避免的，但如果过度，会使消费者不愿留步，并使营业员工作效率下降。因此要注意：

①在店堂内播放的背景音乐，题材要适合特定场所的购物环境。若商品销售的地方特色明显，可播放一些民族音乐；若商场的现代气息比较浓郁，可播放一些现代轻音乐；若商场的艺术色彩比较浓厚，可播放一些古典音乐；若主要消费对象是青年人，可播放一些流行音乐；而若以中老年顾客为主，可播放那些怀旧金曲。总之，要使顾客的情绪在音乐的映衬下能与商场的主题风格产生共鸣。

②商品广告信息、各种提示、寻人启事等属于语音信息播放。这类信息的音色要比较柔和，使人有亲切舒适的感觉。由于语音较容易受到周围噪声的干扰和掩盖，会影响人们对所含信息的接收，因此要求清晰度高，音量略大于背景音乐。

③其他声音发送。例如，挑选电视机和组合音响等，供人试听时发出的各种声音非常难以掌握。噪声强度若超过 60 分贝，会严重影响人与人之间的交谈；噪声强度若超过 80 分贝，会使人产生痛苦的感觉。商家应严格控制此类噪声和其他噪声，尽可能排除噪声声源，降低音量，以创造一个相对宁静的购物环境。

（4）气味

气味刺激消费者的嗅觉。商店中的气味直接影响消费者的心理感受。清新芬芳的气味吸引消费者欣然前往，强烈刺鼻的异味会使消费者生理上难以忍受，同时心理上引起反感，对其购买活动无疑是起消极作用的。

保持商店空气清新宜人，温湿度适中，才能保证消费者产生舒适、愉快的心理感受。空气污染是商场需要重视和加以解决的问题。在有限的空间中，大量聚集的人们呼出的二氧化碳，加上营业过程中产生的各种灰尘，会使空气受到污染，空气质量下降。空气质量下降会导致顾客感官受到有害的刺激，引起烦闷、焦虑，影响正常营销活动的进行。商场应安装必要的措施，保持空气的流通，以清新宜人的空气满足顾客的生理需要，产生舒适、愉快的心理感受。这样也可以调节营业员的情绪，提高服务质量。

资料：欧美超市舒适源自细节

美国超市：信任顾客

美国超市一般没有楼层，面积宽，空间高，整齐地排列着高高的货架，用叉车取放商品，门外则是可容纳几百乃至上千辆车的停车场。

美国超市使用标签提示顾客各种商品营养成分的做法非常普遍。他们还推出一套“营养导购系统”，就是给在超市里销售的食品按其营养成分用星级的方式标注。比如。研碎粗谷物为最有营养的“三星级食品”，烤豆子是有营养的“一星级食品”，而膨化食品则是一颗星都没有。

英国超市：体贴入微

英国超市近年来风头正劲，其方便的购物环境和齐全的货物挤兑得一些传统小店几乎没有容身之地，这其中人性化的管理服务功不可没。

在超市销售的水果大多是洗净可以直接吃的，为了方便顾客把买回家的水果一次性吃完，超市在进货时一般只挑选中等大小的水果。

在超市蔬菜只按个卖，不用称重，还能买半个。鸡蛋使用了顾客携带时能防挤碎的包装。不管哪个厂家的牛奶，都按全脂、低脂和脱脂等不同类型分为蓝、绿、红等几种颜色包装。

法国超市：浪漫本色

与英美超市相比，法国超市并不显得特别有序，但让顾客购物时少了很多牵绊，多了几分愉快。法国超市很多，其中家乐福和欧尚等连锁超市早已遍及全球。在法国，超市分成“三六九等”，许多针对移民和留学生的联家超市很红火，但法国中产阶层并不怎么光顾。在超市里面，顾客如果不小心打碎玻璃杯或酒瓶，则大可不用买下，法国超市不会向你索赔的。

浪漫的法国人甚至利用超市来创造恋爱机会。在巴黎的一家超市，每周四晚上为单身男女组织“相亲”，当天晚上到这家超市购物的单身男女均可获得超市提供的独特紫色购物框，框壁上贴有一对爱侣亲吻的卡通图案。

德国超市：精打细算

德国平均每8600人拥有一家超市门店，超市的密度很高，各超市之间的竞争非常激烈。德国有不少大型连锁超市专门面向低收入者。比如，食品连锁超市阿尔迪，该超市出售的商品，价格要比其他超市平均便宜20%左右。

德国超市往往从细节入手，通过贴心的服务最大可能地延长顾客在店里逗留的时间。比如，对于在超市内的广告画甚至是播放的音乐都精挑细选。考虑到德国人一般家中人少，各种商品都采用小包装。在超市退货也相当方便。一位德国留学生说，他曾经在阿尔迪超市办理退货，本来非常不好意思，但超市的职员仿佛更为抱歉，一个劲地道歉，说商品不合意，给你添麻烦了，这份热心让他非常感动。

德国超市非常注重效率，超市的服务人员很少，收银员同时兼任货架管理员。德国超市虽然算得精细，但处处都是为顾客算计。超市会给顾客免费提供木制的提手，防止口袋勒手，也方便顾客重复使用。另外，德国人一向以善用高科技著称，德国西南部的Edeka超市从2004年开始已经采用指纹付款。只要将指纹记录交给超市，买完东西伸手就能结账回家了。超市会根据顾客的指纹记录自动从账户上扣款。

资料来源：韩曙/文. 欧美超市舒适源自细节[J]. 北京晚报，2006-09-23.

14.3.3.2 售点广告

售点广告又叫店面广告或销售现场广告（Point of Purchase Advertising，POP）。售点广告是一种设置在零售商店内部和门口的陈列式广告，分为立式、悬挂式、柜台式和墙壁式四种。POP的功能是充分利用销售时空，对顾客购买到最后的劝说。售点广告不仅可以提醒消费者购买其已有印象的产品，指牌认购，还可以美化店面环境，增加零售点对顾客的吸引力，烘托销售气氛。

在设计售点广告时，要掌握以下原则。①注重心理攻势。销售现场广告有直接促销的作用，设计者必须着力于研究店铺特点与商品性质，以及消费者需求和心理，以求有的放失地表现最能打动顾客的信息内容。售点广告应有针对性地传达店内所售商品的信息，标明商品优点、特性、功效等。②注重设计。由于售点广告体积小，置于琳琅满目的商品之中极易被人忽略，其立体设计应注意造型新颖别致，形象突出抢眼；平面设计则应使图文鲜明醒目、便于阅读。③注重陈列。现场广告不是节日点缀，并非越花哨越好，它是商店整体的一个重要组成部分。售点广告陈列布置应与商店总体形象保持和谐统一，从而达到塑造商店形象、营造文化氛围的效果。此外，还要注意发挥室外 POP 的作用，像商店的牌匾楹联、橱窗设计、店面装饰、霓虹灯、招贴画、活人广告等，他们具有引导消费者做出走进商店的选择和美化城市的功能。

14.3.3.3 商品陈列

一个合理的布局同时应考虑商品陈列的美观大方。一件商品能否使顾客感到华丽、新颖和富有吸引力，其布置与陈列起着十分关键的作用。

（1）商品陈列的“三易原则”

在今日，“陈列就是沉默的推销”已成为商店管理的至理名言，“成功的商品陈列就是优秀的无声推销员”已被越来越多的人接受。商店为了让顾客方便购买，在商品陈列上还应该根据人体的高度，科学地摆放商品，掌握使顾客易看、易摸、易挑的“三易原则”。

①易看。商品要让顾客容易看得见，并没想象中那么简单，必须使陈列的高度与人眼睛的高度大致相等。一般来说，男性距地面 150 厘米，女性距地面 140 厘米，在这个高度上下最方便人的视觉，也最容易引起人的注视，商店经营者应把最主要的商品陈列在此高度范围中。比如，国外有人做过实验，将售路差的商品移到同顾客眼睛平行的货架上，可以多销售两成。但有些商场为了加速资金流转、获取更多利润，仅仅将价格、利润高的商品放在与顾客眼睛平行的货架上。

②易摸。商品不仅要让顾客容易看见，还要让顾客抬手就可以摸到。这样会给顾客一种亲切感，增加他们的购买欲望。特别是在自选商场，除非是易受损伤、小件易掉或昂贵的商品，一般应尽量采用让顾客容易摸到或容易拿到的陈列方式。人们最容易触摸到的高度是从地面算起约 80 ~ 120 厘米的高度，这一高度被称为“黄金位置”。一般而言。顾客观看和拿取商品的有效范围是离地面 30 ~ 180 厘米以内。如按容易的程度来排列，60 ~ 150 厘米为“第一有效区”，商场应该把最主要的商品陈列在此高度范围中，以便顾客拿取；30 ~ 60 厘米和 150 ~ 180 厘米为“第二有效区”；1 ~ 30 厘米和 180 ~ 200 厘米为“第三有效区”，该区域较少用来陈列商品，通常作为存货空间或留作空白。以上这些高度数据，可以在决定商品陈列的位置时做参考。

③易选。商品整理分类，让顾客一眼就能明了，这就是“易挑选”。这不仅是要把商品的种类区分开来，摆放的便于顾客挑选，而且对商品的大小、款式、用途及适用对象的年龄等也要做明确的分类，注意到相关的问题。

（2）商品陈列布置法则

商品的陈列有一定的章法，若无章法地乱放，是不能抓住顾客的心的。商品的陈列要把重点放在顾客的视觉感官上，既要展现商品的特性，又要借美观的陈列设计，把商品动人心弦的魅力表现出来。

①主题陈列法。它是结合某一特定事件、时期或节日，集中陈列展示应时销售的连带性产品，或根据商品的用途在特定的环境时期所采用的陈列方法，如春节前商店中的年画专柜。它能使商店创造一个春节文化独特的气氛，吸引消费者的注意力，进而购买年画。

②整体陈列法。它是将整套商品完整地向消费者展示的陈列方法。比如，将全身服饰作为一个整体，用人体模型从头至脚完整地进行陈列。整体陈列形式便于消费者做整体思想，便利消费者的购买。

③分类陈列法。它是根据商品的类型、质量、性能、特点、产地和使用对象进项分类，并向消费者展示的陈列方法。分类陈列法是一种广泛使用的方法，它便于消费者集中挑选、比较，也有利于反映商店特色。

④价格系列法。根据商品价格高低展示商品。比如，男子西装可按照500元以下、500~1000元、1000元、1500元、2000元以上分成五组展示。这一方法可以让顾客按照他们出价的意愿挑选商品。

⑤垂直陈列法。它是将同一类型或同一种类的商品，在货架上一层层上下垂直陈列的方法。这种方法方便消费者在不同式样、不同质地、不同型号之间进行挑选。

⑥关联陈列法。它是将不同种类但相互补充的商品陈列在一起的方法。运用商品之间的互补性，可以使消费者在购买某商品后，顺便购买与该商品互补的商品。比如，顾客购买电灯，顺便就买了灯泡。这种方法增加了消费者购买商品的概率，有利于满足消费者的求便心理。

⑦悬挂陈列法。它是将商品展开悬挂或安放在一定的支撑物上，使消费者能直接看到商品全貌或触摸到商品的方法。这种方法适用于布匹、绸缎、呢绒、高级服装、家庭装饰用品等商品展示，可以增强消费者对商品的感性认识，激发购买欲望的产生。

本章小结

本章论述了情境因素影响消费者行为的问题。消费情境是指那些独立于单个消费者和刺激消费者的单个客体（产品、广告等）之外，能够在某一具体时间和地点影响消费者购买行为的一系列暂时的环境因素。

在情境因素的构成中，介绍了贝克的五要素说以及彼德与奥尔森的不同购买阶段情境理论。贝克五要素说认为，情境因素主要是由物质环境、社会环境、时间、任务和先前任务状态等构成。不同购买阶段情境说认为，一般的消费情境包含信息的获得、购物、购买、消费和处置。营销人员要制定相关的营销战略和策略，改善环境以刺激和强化消费者所想要去实施的行为。

购买情境中包括了商店环境，尽管现在的销售方式多种多样，但是商店还是消费者主要选择的销售方式，商店环境的优劣对消费者购买过程中的心理感受具有多方面的影响。

商店环境包括商店形象、商店类型、商店位置。在消费者购买不同种类商品时。商品的类型和地理位置对他们购买商品的影响很大。除此之外，商店环境还包括内外环境设施等硬件系统。外部环境包括招牌、橱窗和门面。如果将招牌、标识、橱窗和其他异形物混合使用，会更加突出店头布局，大大提高顾客的注目率和震撼感。

商店内部设计包括购物场所的环境、POP 广告和商品陈列等，这些是零售商的重要资源。合理的商店内部设计，一方面，可以营造与商店形象相一致的卖场氛围，吸引顾客；另一方面，可以使顾客在观赏和选购商品的过程中，始终保持积极的情绪，在优雅、舒适和友善的环境气氛里，从容选购，顺利完成购买活动，并留下对商店的良好印象。

思考题

1. 简述消费者情境的含义以及重要意义。
2. 情境一般由哪些因素构成？
3. 商店选择需要注意哪些问题？
4. 商店内部设计主要考虑的内容是什么？

实践活动

1. 傍晚到商业区调查，研究灯光对消费者购买行为的影响。
2. 到学校附近或自家附近的商店做一次调查，调查内容包括：该商店的顾客特点，商店的布局，商店的商品及价格，商店的服务。

案例阅读

“厕所”主题餐厅，倒闭后被误认为“厕所”

2011 年的圣诞节，广州首家“便所餐厅”登陆地王广场，开张首日就吸引众多年轻人前来“帮衬”，现场火爆异常。试业阶段，每天 11 时 30 分开业时，门口已有顾客在门外排队。当时餐厅装修成“洗手间”，悬挂着“大便”公仔，餐桌椅也被设计成马桶、便池等造型。菜名也别具特色，如“黄金便便条”“便所大便泡芙”等。

日前（2015年6月）发现，餐厅大门紧锁，桌椅已搬走，曾被设计成厕所的包厢也不见了，但大门前“便所餐厅”的标志仍在。大门紧闭的便所餐厅，看起来更像厕所了。有路人指着便所餐厅询问保洁人员“这里是厕所吗?”在餐厅门口左侧旁，还有一张通知提醒“这里不是厕所，厕所在负二楼”。

同样于2011年开业的另外一家便所餐厅位于时尚天河美食坊，开业时同样备受追捧，坐在“便桶”上尝“屎”味的噱头，也让该餐厅的生意火爆一时。日前发现餐厅已不知所踪，取而代之的是麻辣香锅。据商场工作人员介绍，便所餐厅在5月前已停业撤场。

“这里平时客人不多，就餐时间也就几桌客人”，旁边一家店铺的老板透露，平时白领吃中午饭也很少去便所餐厅，老板早就想撤场了，但因为有20万元的押金才一直坚守到最后。

资料来源：搜狐财经［J］. 餐饮O2O，2015-06-07.

思考：分析这两家餐厅从“兴隆”到“萧条”的原因。

第 15 章

网络购物影响因素与消费者行为

互联网的普及，为人们的生活方式以及消费行为注入了许多新的元素，网络购物更是成为一些消费者，特别是年轻人青睐的购物方式，甚至成为一种时尚。应该怎样细分网络消费者，怎样把握网络消费行为的影响因素，研究网络消费者的营销价值就成为本章讨论的重点问题。

15.1　网民、网络消费中的消费者

15.1.1　电子商务、网络消费和网络购物

15.1.1.1　电子商务的含义

国际上对电子商务的定义还没有形成统一的认识。目前，联合国经济合作与发展组织（OECD）在有关电子商务的报告中所使用的电子商务的定义，为较多数人接受，主要指电子商务是发生在开放网络上的，包含企业之间（B2B）、企业和消费者之间（B2C）和消费者之间（C2C）的商业交易。

15.1.1.2　网络消费的含义

从经济学上来讲，网络消费是人类通过互联网购买和消费商品以满足自身欲望的一种经济行为和经济现象。

从消费者行为学来讲，所谓网络消费有广义和狭义之分。从广义上说，是指直接或间接利用互联网进行的买卖商品或劳务的行为，是包括网络教育，在线影视，网络游戏在内的所有消费形式的总和，消费的产品包括物质产品和精神产品两方面。从狭义上说，网络消费仅仅是指通过相关网站，在网络上购买商品或服务的形式，也称网上购物。本书在讨论网络消费环境与消费者行为关系时既涉及广义概念，也涉及狭义概念。

15.1.1.3 网络购物的含义

网络购物是指消费者通过网络（购物网站）向供应商购买商品或享受服务，包含 B2C 和 C2C 电子商务模式。消费者浏览网上商品目录，比较、选择满意的商品或服务，通过网络下订单，进行网上付款或离线付款，而供应商处理订单，网上送货或离线送货，从而完成整个网络购物的过程。

除以上两种电子商务模式之外，现在又兴起了一种电子商务模式，即网络团购（B2T，Business To Team）。网络团购指通过物联网平台，采用各种方式将零散的消费者集合成一个团队，由团队集体向商家进行大批量的采购。这种电子商务模式的特点是，根据团购人数和订购产品的数量，消费者可以得到更优惠的价格和服务。

15.1.2 我国网民基本特征统计

15.1.2.1 网民规模

（1）总体网民规模

所谓网民，一般只是：过去半年内使用过互联网的 6 周岁及以上中国居民。根据中国互联网络信息中心（CNNIC）2015 年 7 月公布的《第 36 次中国互联网络发展状况统计报告》，截至 2015 年 6 月，我国网民规模达 6.68 亿，半年共计新增网民 1894 万人。互联网普及率为 48.8%，较 2014 年底提升了 0.9%，整体网民规模增速继续放缓。如图 15.1 所示。

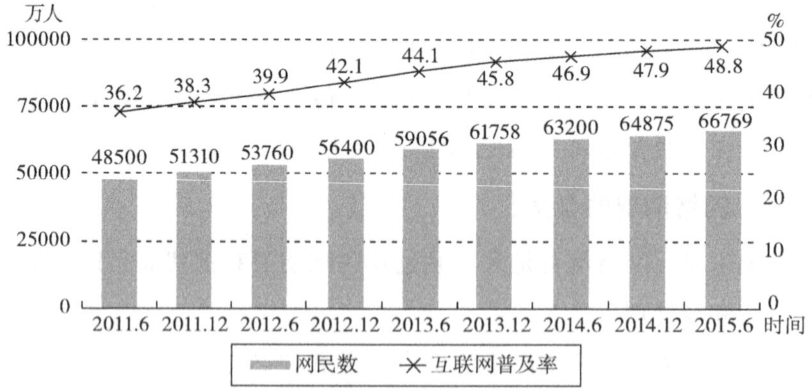

图 15.1 中国网民规模和互联网普及率

资料来源：中国互联网络发展状况统计调查

随着网民规模的增长进入平台期，互联网对个人生活方式的影响进一步深化，从基于信息获取和沟通娱乐需求的个性化应用，发展到与医疗、教育、交通等公用服务深度融合的民生服务。与此同时，随着“互联网 +”行动计划的出台，互联网将带动传统产业的变革和创新。未来，在云计算、物联网及大数据等应用的带动下，互联网将加速农业、现代制造业和生产服务业转型升级，形成以互联网为基础设施和实现工具的经济发展新形态。

（2）手机网民规模

截至2015年6月，我国手机网民规模达5.94亿，较2014年12月增加3679万人。网民中使用手机上网的人群占比由2014年12月的85.8%提升至88.9%。如图15.2所示。

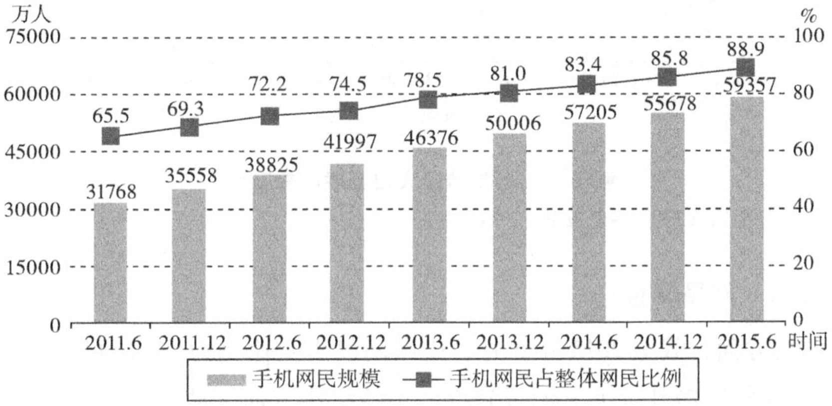

图 15.2　中国手机网民规模及其占网民比例

资料来源：中国互联网络发展状况统计调查

（3）农村网民规模

截至2015年6月，我国网民中农村网民占比为27.9%，规模达1.86亿，相比2014年底增加了800万。如图15.3所示。

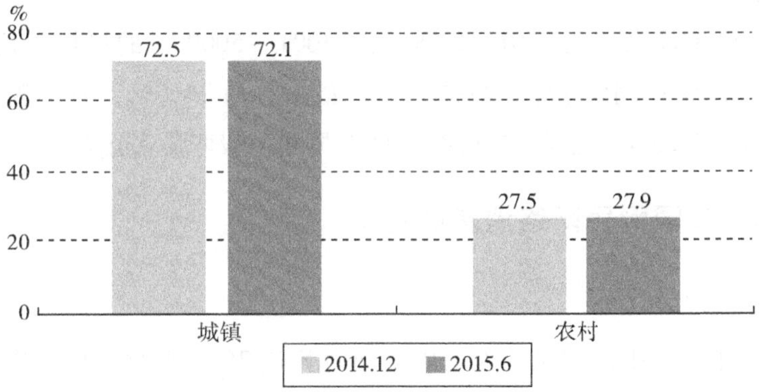

图 15.3　中国网民城乡结构

资料来源：中国互联网发展状况统计调查

城镇地区与农村地区的互联网普及率分别为64.2%、30.1%，相差34.1个百分点。人口结构方面，10~40岁人群中，农村地区的互联网普及率比城镇地区低15~27个百分点，这部分人群互联网普及的难度相对较低，将来可转化的空间较大。如图15.4所示。

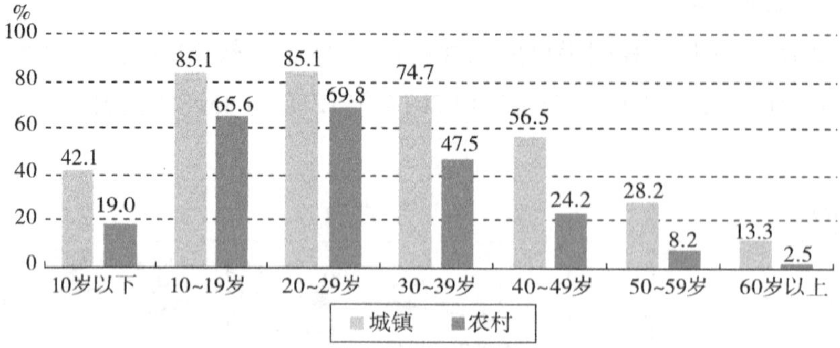

图15.4 各年龄段人口互联网普及率

资料来源：中国互联网络发展状况统计调查

15.1.2.2 网民属性

性别结构方面，截至2015年6月，中国网民男女比例为55.1∶44.9，女性网民占比相比2014年底提升了1.3个百分点。年龄结构方面，截至2015年6月，我国网民以10~39岁年龄段为主要群体，比例达到78.4%。其中，20~29岁年龄段网民的比例为31.4%，在整体网民中的占比最大。与2014年底相比，20岁以下网民规模占比增长1.1个百分点，互联网继续向低龄群体渗透。学历结构方面，截至2015年6月，整体网民中小学及以下学历人群的占比为12.4%，较2014年底上升1.3个百分点。与此同时，大专及以上人群占比下降0.8个百分点，中国网民继续向低学历人群扩散。

另外，网民中月收入在2001~3000元、3001~5000元的群体占比最高，分别为21.0%和22.4%；网民中学生群体的占比最高，为24.6%，其次为个体户/自由职业者，比例为22.3%，企业/公司的管理人员和一般职员占比合计达到16.3%。

15.1.3 我国网民网络消费概况

15.1.3.1 总体情况

2015年上半年，中国网民的人均周上网时长达25.6小时，相比2014年底减少0.5个小时。我国个人互联网应用发展加速分化，电子邮件、BBS等传统互联网络应用使用率继续走低；搜索、即时通信等基础网络应用使用率趋向饱和，向连接服务方向逐步发展；移动商务类应用发展迅速，成为拉动网络经济的新增长点；网络支付从线上走向线下，使用率增长迅速。此外，网络炒股成为网民投资焦点，由于股市带来的用户分流，使得网络余额理财类应用的使用率增长出现停滞。如表15.1所示。

（1）信息获取类应用与前沿技术融合发展，实现个性化服务

搜索引擎、网络新闻作为互联网的基础应用，使用率均在80%以上，未来几年内，这类应用使用率提升的空间有限，但在使用深度和用户体验上会有较大突破。搜索引擎方面，多媒体技术、自然语言识别、人工智能与机器学习、触控硬件等多种技术探索融合，推动产品创新；网络新闻方面，在“算法”的支持下，新闻客户端能迅速分析用户兴趣并推送其所需信息，实现个性化、精准化推荐，提升用户体验。

（2）商务交易类应用稳定发展，支付工具增长明显

网络交易类应用经过多年发展，在国内市场已经逐渐步入稳定期，虽然用户规模增速逐渐放缓，但绝对规模均较2014年底有了不同幅度提升，其中网上支付工具的增长最为显著。究其原因，网上购物类应用由于用户基数较大，很难再获得突破性增长；团购由于低价模式难以持续，正在尝试“去团购化”转型；而支付类工具由于移动支付技术与设备的日益完善以及“线上支付线下服务”模式的逐渐成熟，逐渐被越来越多的用户所接受。

（3）金融服务类网络应用发展紧随市场环境

2015年上半年网络金融服务类应用发展紧随金融市场变化。伴随着过去一年来国内股市的暴涨，网上炒股的用户规模显著提升，截至2015年6月，网上炒股的用户规模达到5628万，较去年增长了47.4%。而受到今年上半年宽松货币政策影响，货币基金收益率持续下滑，以及股市带来的用户分流，使得网络余额理财类应用的使用率增长出现停滞。

（4）娱乐类应用整体用户规模保持稳定，使用率涨跌互现

数据显示，娱乐类网络应用的整体用户规模在过去半年中基本保持稳定，除网络文学用户规模略微有所下降外，其他娱乐类应用的用户规模均有增长；在使用率方面，网络文学和网络音乐的用户使用率有所下降，网络视频和网络游戏的使用率略有提升。就整体而言，娱乐类应用作为网络应用中最早出现的类型，经过多年发展用户规模和使用率已经逐渐稳定，而在过去半年中，对于新型商业模式的探索成为其发展的主要方向。

表 15.1　2014.12—2015.6 中国网民对各类网络应用的使用率

应用	2015 年 6 月		2014 年 12 月		半年增长率（%）
	用户规模（万）	网民使用率（%）	用户规模（万）	网民使用率（%）	
即时通信	60626	90.8	58776	90.6	3.1
网络新闻	55467	83.1	51894	80.0	6.9
搜索引擎	53615	80.3	52223	80.5	2.7
网络音乐	48046	72.0	47807	73.7	0.5
博客/个人空间	47457	71.1	46679	72.0	1.7
网络视频	46121	69.1	43298	66.7	6.5
网络游戏	38021	56.9	36585	56.4	3.9
网络购物	37391	56.0	36142	55.7	3.5
微博客	20432	30.6	24884	38.4	-17.9
网络文学	28467	42.6	29385	45.3	-3.1
网上支付	35886	53.7	30431	46.9	17.9
电子邮件	24511	36.7	25178	38.8	-2.6
网上银行	30696	46.0	28214	43.5	8.8
旅行预订	22903	34.3	22173	34.2	3.3
团购	17639	26.4	17267	26.6	2.2
论坛/bbs	12007	18.0	12908	19.9	-7.0
网上炒股或炒基金	5628	8.4	3819	5.9	47.4
互联网理财	7849	11.8	7849	12.1	0.0

资料来源：《第 36 次中国互联网络发展状况统计报告》，中国互联网络信息中心（CNNIC）

15.1.3.2　网络购物

截至 2015 年 6 月，我国网络购物用户规模达到 3.74 亿，较 2014 年底增加 1249 万人，半年度增长率为 3.5%；2014 年上、下半年，这一增长率分别为 9.8% 和 9.0%，数字表明我国网络购物用户规模增速继续放缓。与整体市场不同，我国手机网络购物用户规模增长迅速，达到 2.70 亿，半年度增长率为 14.5%，手机购物市场用户规模增速是整体网络购物市场的 4.1 倍，手机网络购物的使用比例由 42.4% 提升至 45.6%。如图 15.5 所示。

近年来，网络购物市场的繁荣与宏观政策、经济、社会、技术环境良好密切相关，具体表现为：

“互联网 +”相关政策的支持，促进网络购物快速发展，带动其他行业升级转型。2015 年 3 月，政府在工作报告中提出“互联网 +”概念，旨在通过互联网带动

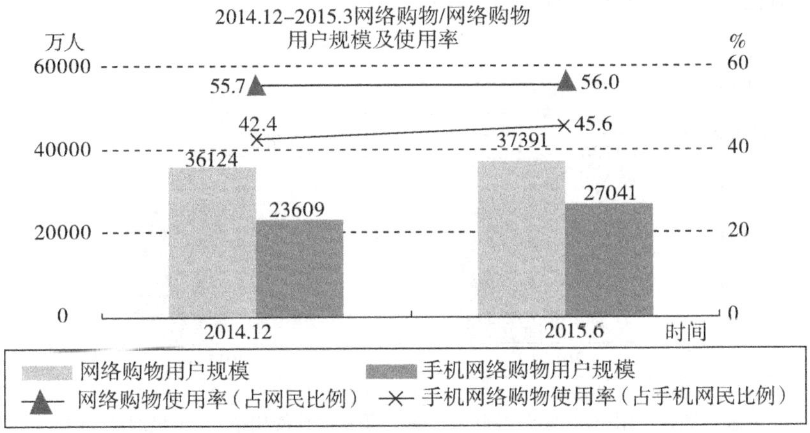

图 15.5　2014.12—2015.6 网络购物/手机网络购物用户规模及使用率

资料来源：中国互联网络发展状况统计调查

传统产业发展，而网络购物作为“互联网 +”切入口，能够带动传统零售、物流快递、交通、生产制造等其他行业升级转型。随后，商务部发布的《“互联网 + 流通”行动计划》，进一步明确了网络购物与其他产业深度融合、转型升级的任务部署。

消费市场运行总体平稳，我国居民人均可支配收入稳步提升，为网络购物市场的繁荣发展提供了必要的基础保障。与此同时，随着中国经济正在由外需驱动向内需驱动转变，网络购物在实现消费拉动经济增长的过程中扮演越来越重要的角色，移动网购、跨境网购和农村网购等发展潜力逐步凸显，将成为新的增长点。

网络交易环境逐步改善，实名制的推进提升诚信水平。近两年，为了响应国家号召，即时通信、网络购物等企业积极贯彻落实政府的实名制要求，推出包括实名制相关的行业自律公约、用户实名制认证等诚信举措，提升行业信任水平，助力形成政府主导、多方参与的交易市场诚信体系建设。

技术的发展推动创新变革，提升用户消费体验。互联网技术的革新对网络零售业影响较大，多样化的移动支付方式重塑用户的消费习惯，智能手机和移动应用的发展将取代传统钱包。随着 3D 打印、无人机送货、虚拟试衣等技术的研发和完善，更多技术应用不仅能够提升用户体验，而且有助于推动生产运输、物流配送、平台展示等运营模式的变革创新。

15.1.3.3　团购

截至 2015 年 6 月，我国团购用户规模达到 1.76 亿，较 2014 年底增加 372 万人，半年度增长率 2.2%，团购网站的使用率为 26.4%。相比整体团购市场，手机团购发展更为迅速，手机团购用户规模达到 1.29 亿，半年度增长率为 8.7%，手机团购的使用比例为 21.7%。如图 15.6 所示。

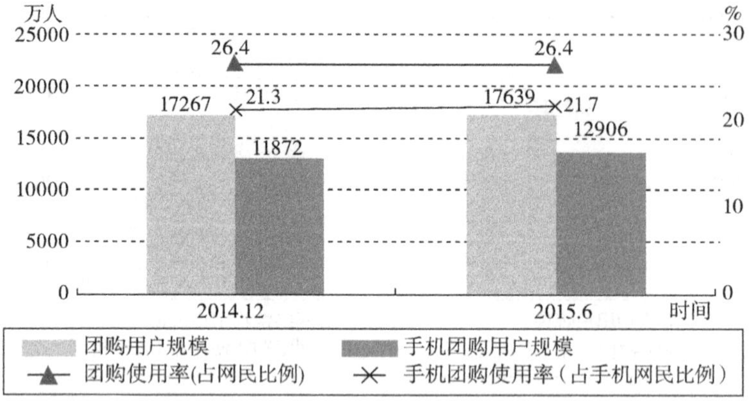

图 15.6　2014.12—2015.6 团购/手机团购用户规模及使用率

资料来源：中国互联网络发展状况统计调查

近两年，低价团购模式难以持续，团购网站“去团购化”转型谋求生存发展，具体表现为：

团购企业由价格驱动向服务驱动转型。虽然团购模式最初的低价策略对于刺激模糊需求、吸引新客户效果明显，但是单纯的低价策略难以维持可持续发展，由于其无法提高商户的品牌知名度和用户忠诚度，很难获得预期收益。鉴于此，团购网站通过提供更多的便捷化服务改善用户体验，提升用户满意度和忠诚度。比如，全面推崇免预约服务、提供现场下单—团券—消费的即时服务模式、团购电影票可享受在线选座自助终端取票服务等。

由构建大而全的团购平台向发展垂直业务转型。当团购行业的市场格局较为稳定，企业市场份额难以快速提升时，团购平台不再追求品类扩张，而是集中资源和精力专注强势业务和潜力业务。目的是依托团购平台孵化垂直业务，再通过垂直业务的崛起带动整个平台的发展。以美团为例，其大力发展高频消费的电影票业务和外卖订餐业务，并推出独立的猫眼电影移动客户端。与此同时，美团也在拓展旅游产品团购业务。

团购网站转型本地生活服务平台电商，以提供营销服务获得收益。团购网站以往靠低价吸引客户，毛利偏低，利润更是微乎其微。转型本地生活服务平台电商后，团购网站的盈利模式变为平台经济，即团购网站拥有平台资源的所有权，将使用权批量复制租给商户，商户利用平台资源和服务自行做团购业务。以窝窝团为例，其已转型并更名为窝窝商城，并为平台上的商户提供各种营销服务。

15.1.4 网络消费者的基本类型

网名及网络用户是网络消费行为发生的主体。2005 年，Brigham Young 大学对 4000 名网络用户态度的调查结果，他们把网络消费者分为以下 8 种类型。

①网络狂热型。这类消费者是网络消费的主力军，是新鲜事物的尝试者，多以年轻人为主，他们喜欢追逐潮流，并且将其视为自己与他人的不同之处。他们经常上网“冲浪”，不仅经常自己在网上购物，还向别人讲述自己的购物经历，并且会推荐他人上网消费。

②冒险学习型。这类消费者对新鲜事物的好奇程度和接受程度要低于前一类消费者。他们喜欢网上购物的新奇感受并充满兴趣，但要将这种兴趣转变成真实的消费还需要商家的进一步培养。

③初次尝试型。这类消费者的电脑应用水平比较低，当他们听说网络消费后，觉得这是可以尝试的，并且根据自己的摸索或向别人请教开始网上购物。电脑水平是限制这些人成为长期上网购物者的因素。

④工作需要型。这类消费者拥有较高的电脑技能，由于工作需要长期使用网络，上网工作的同时也会不由自主地看到网上商品的出售，但是他们很少实施网络消费行为。

⑤担心安全型。这类消费者比较小心谨慎，他们了解购物网站，并知道如何进行网上购物，但出于心理因素的考虑，他们担心信用卡安全，送货以及投诉等方面的问题。

⑥生活习惯型。这类消费者大都比较保守，他们的年龄偏长，对于网络的接受能力及适应能力稍差，相对于网络来说他们更喜欢在商场中购物的感觉。

⑦技能限制型。这类消费者不熟悉电脑应用，上网时间少，对互联网兴趣不高，因此对网络消费者也没有什么兴趣。

⑧需求差异型。这类网络用户上网仅是为了娱乐而不是购物，这是由于安全、个人信息、收入水平低等因素所致，他们的网络消费需要有待发掘。

资料：未来一切商业都将互联网化

传统企业的互联网化一直以来都是营销和电商领域关注的焦点话题，而随着移动互联网时代的到来，商品销售模式、渠道以及消费者的购物习惯都发生了重大变化，对于传统企业来说这意味着什么？财经作家吴晓波曾在演讲中给出过答案：“未来5 年，所有的商业都将互联网化，50%的传统企业会因为缺少科技含量而走向破产”。

1991 年成立的华美食品有限公司是国内月饼生产龙头企业，也是目前月饼市场占有率最高的企业，这两年因为中央“禁礼令”等因素，月饼市场走向萎缩，然而在严峻的市场形势下，华美却保持了每年持续增长的销售额。一家传统的食品企业是怎么做到如此优秀的销售成绩的？秘诀在于12 个字，也就是华美的市场观：洞察市场态势，创新营销模式。而提到创新就不能不提华美在营销模式上的互联网化。

华美月饼历来都是营销领域的典范，还曾因此获得过创意营销奖项，在以往荣誉的基础上，华美今年再次发挥创新能力，推出互联网首创的“会说话的月饼”，结合中秋佳节馈赠亲友送祝福的传统，联动微信与微视两大互联网人气平台，引导消费者通过扫描包装盒上的二维码录制祝福视频送给亲人，这样的形式一经出现就在互联网上引起不小的轰动。在微博上，关于“会说话的月饼”的讨论量已经超8.3 万，而阅读量已近4000 万。

互联网是否真的具有化腐朽为神奇的力量？一个优秀的创意能否造就一个火爆的产品？在华美“会说话的月饼”火爆的背后有着什么样的营销模式？华美是如何在严峻的市场形势下完成逆袭的？我们不妨来分析一下。

一、创意吸引眼球，增强品牌认知度

所谓创意，关键在于一个“创”字，也就是说，行业内还没有先例，能够开启历史先河，让一个创意成为品牌的标签，让消费者透过创意记住这个品牌，让创意与品牌形成绑定关系，增强品牌的认知度。华美月饼做到了，而这个创意就是让月饼会说话。

物质极大丰富的今天，商场里的品牌琳琅满目，月饼堆积如山，怎么样让消费者在众多月饼中一眼看到你，记住你，非常关键。华美月饼打出了“会说话”一个概念，造成的结果是：“未尝其味，先闻其名”，直接从源头上把消费者的视线拉到自己身上，抢走了其他月饼的风头。同时“会说话的月饼”也让消费者印象深刻，提到这个概念首先就想到华美月饼。

二、新技术新玩法，让消费者玩起来

互联网技术不断更新迭代，也让互联网产品有了不一样的玩法，传统企业利用互联网技术与自身品牌相结合，能够碰撞出不一样的火花。华美月饼利用当下流行的扫码和录制视频等技术让月饼会说话，使消费者眼前一亮，原来一个小小的月饼还可以这么玩。

新的玩法出现，势必会引来围观，特别是年轻消费群体，他们对新的事物很敏感，对新玩法的参与度也较高，这样的玩法一经出现，就会在社交媒体上引发其他人效仿。让消费者在购买商品的同时感受到乐趣，与商家和亲人形成互动，一旦他们玩起来，就会形成主动传播，从而提高品牌的知名度。

三、情感营销—亲情牌永远不过时

情感营销向来都是商家们惯用的手段，广告界最著名的“黑芝麻糊”、“给妈妈洗脚”等案例都是情感营销的典范，只要世间尚有亲情在，打亲情牌就永远不会过时。华美此次营销就抓住了月饼传情达意的功能，用月饼寄托消费者对亲人的思念，既提高了月饼的附加值又让消费者感到商品的人文情怀。

打蛇打七寸，卖商品就要找准消费者的痛点，尽管在禁礼令的作用之下，送礼风有所收敛，但月饼最大的功用仍然是送礼，但是送来送去，大家似乎都已经忘了月饼的本来价值，就是“传情达意”。消费者忘了这一点，那么商家就要提醒他，戳中他的痛点，让月饼回归到本真，让亲情与月饼牢牢绑定起来，让消费者觉得买的不是冷冰冰的商品。

四、微信、微视、微博三管齐下，引爆社交媒体

营销要精准，传播要全面，营销是传播的目的，传播是营销的铺垫。既然有了会说话的月饼这个概念，那就要让这个概念尽可能的覆盖到所用互联网用户。华美采取微信、微博、微视三管齐下的方式，在社交媒体上引发了讨论热潮。

在微信上，华美请来代言人周华健录制一段视频为会说话的月饼造势，并且在页面交互上直接与微视打通，让消费者直接能够跳转到微视录制祝福视频，而在微博上，截至目前，关于“会说话的月饼”的话题讨论数量已经达到8.3万，阅读量也逼近4000万。华美还不断用抽奖的方式刺激用户转发、评论，再加上一段搞笑的动画视频更是让传播效果发挥到了极致。

五、差异化竞争，主打“送祝福”概念

目前月饼市场品类繁多，但同质化现象十分严重，月饼厂商仅仅在销售渠道和产品的推陈出新上下功夫，已经很难让一款月饼从众多品牌中脱颖而出。而华美则走了一条不同的路，打出“中秋送祝福”的概念，从产品的感情层面上吸引消费者，实行差异化竞争。

“送祝福”其实是月饼固有的一个属性，但随着送礼风的盛行，这个属性被弱化、被冲淡了。华美把“送祝福”的概念重新抛出来，其实是对用户“送祝福”这一基本需求的再次挖掘。这么做既增加了产品的附加价值，又避免了与其他产品的同质化竞争，可谓另辟蹊径，出奇制胜。

六、营销背后，产品过硬才是关键

有些人可能会说，营销再好，产品不过关也是白搭。这句话说的没错，但是产

品再好，营销做得不好，结果也是白搭，所以营销与产品同样重要。在这方面，罗永浩的锤子手机做了很好的反面教材，营销做得一级棒，可是最后产品问题不断，最终沦为他人笑柄。

华美在营销上很成功，在产品上也不掉链子。每年的营销大会上，华美都会发布几款月饼新品，根据消费者口味不断做出调整，而且在食品安全问题上也毫不放松，将生产标准化，将标准专业化，最终被认定为“中国驰名商标”。总之一句话，一家成功企业的背后离不开优秀的营销，但决定企业生死存亡的还是产品的过硬与否。

资料来源：吴晓波．科技快报［N］．2014－12－05．

15.2 影响消费者行为的因素

影响网络消费者行为的因素主要包括外部影响因素和个人影响因素。

15.2.1 影响网络消费者行为的外部因素

15.2.1.1 经济文化因素

社会经济文化因素的基本指标在第10章中已经阐述，该因素不仅是影响消费者一般消费行为的主要外部因素，也是影响网络消费者行为的主要外部因素。比如，根据中国互联网络信息中心（CNNIC）的调查统计，在2009年，我国网络购物用户规模为1.08亿人，年增长45.9%。分析师解读，金融危机客观上促进了网络购物的发展。从供应端看，很多企业受到冲击，网络作为便捷的营销平台，成为企业摆脱困境的捷径。2009年企业进驻C2C或自建B2C平台的数量增加迅速，增加了网络购物市场的商品供应量。从用户客户端来看，随着网络购物观念的普及，网络购物已经渐成网民消费生活的习惯。

再如，2010年1月CNNIC在《第25次中国互联网络发展状况统计报告》中指出，伴随着2009年中国旅游市场回暖，旅游业发展进入正常轨道，网络旅游预订市场也蓬勃发展。截至2009年12月，旅游预订的使用率为7.9%，用户规模3024万人，年增长77.9%。商家越来越注重线上营销，纷纷加大网络零售渠道的投入力度。由于在线旅游预订便捷，个性化的服务优势，用户习惯的培养在逐渐强化。未来网络旅游预定的形式将进一步丰富，越来越多的传统企业开始建立自己的在线服务平台，如航空公司、连锁酒店等。

15.2.1.2 社会群体因素

社会群体因素指的就是网络消费者周围的人文文化对其网络消费行为所产生的影响，其中主要包括正式群体与非正式群体、参照群体、意见领袖和社会阶层等。这些影响因素中的每一个指标，既可以作为一个单独指标去制定营销策略，也可以与其他变量放在一起，作为细分网络消费者的依据。比如，对于中高收入阶层来说，他们具有很强的消费能力，对品质的要求相应也很高。这些人具有比较固定的价值观念，不易受广告的影响，忠诚度较高，高品质的产品、服务以及产品诉求是赢得他们的根本所在。对于投放网络广告的广告主来说，了解他们的上网习惯与经常浏览的网站与频道，将会使广告的投放更具有针对性。

15.2.1.3 互联网基础资源

互联网基础资源是网络消费的基本保证，网络基础资源包括 IP、域名，其中包括 CN 域名、网站，其中包括 CN 下网站和国际出口宽带等。根据 CNNIC 的调查统计，截至 2015 年 6 月，中国大陆地区的 IPv4 地址数量已经达到 3.4 亿，IPv6 地址数量已经达到 19338 块/32。截至 2015 年 6 月，中国域名总数为 2231 万个，其中“.CN”域名总数为 1225 万个，占中国域名总数比例为 54.9%，“.中国”域名总数为 26 万个。截至 2015 年 6 月，中国网站总数为 357 万个，其中 CN 下网站数为 163 万个。这些网络基础资源为我国网络的发展奠定了坚实基础。

15.2.1.4 网络安全和信任环境

网络安全和信任环境是影响网络消费最主要的问题。2015 年 2 月，中国互联网络信息中心（CNNIC）发布的《2014 年中国青少年上网行为研究报告》指出：青少年网民遇到的网络安全事件中，账号或者密码被盗的比例最高，为 27.8%，超过了网民总体水平；其次，电脑或者手机中病毒、木马的比例为 25.4%，在网上遇到消费欺诈的比例为 11.7%；青少年群体中年龄越大，遇到的网络安全事件比例越高；大学生遭遇各类网络事件的比例高于中小学生，大学生对互联网应用更为广泛，因此面对的网络安全问题也越多。青少年对互联网的信任程度要高于网民总体水平，青少年网民对互联网上信息完全信任的比例为 3.8%，比总体高 0.6 个百分点。一个明显特点是，青少年网民年龄越大，对互联网的信任度就会越低。从数据可以看出，小学生对互联网上的信息完全信任的比例最高，为 5.9%；中学生完全信任的比例次之，为 4.5%，大学生完全信任的比例最低，仅为 1.3%。

青少年网民对互联网信息的信任度高，但是互联网上信息量庞大，青少年受到年龄、阅历的限制，对于信息真伪缺乏辨识能力，容易轻信。相关部门需要对网络信息加大管理，特别是对青少年使用较多的即时通信、微博等工具更要加强管理。即时通信、微博等社交工具是青少年获取信息、发布信息和分享信息的重要平台，加强监管，对信息内容进行把控，才能为青少年营造一个健康的网络空间。

15. 2. 1. 5　网络营销组合策

网络为企业营销提供了巨大的市场和无限的商机，但是，网上购物又挑战着企业营销管理者的智慧，挑战着企业网络营销组合策略的制定。基于网络时代的目标市场、顾客形态、产品种类与传统营销会有很大的差异，如何跨越地域。文化、时空差异再造顾客关系，将需要许多创新的营销行为，而网络营销策略制定得如何，又直接影响着网络消费者的购买行为选择。

15. 2. 2　影响网络消费者行为的个人因素

影响网络消费者行为的个人因素包括消费者的年龄、职业、收入、受教育程度和心理特征，在这个问题中主要讨论网络消费者的心理因素。

15. 2. 2. 1　网络消费形成的心理基础

（1）追求时尚和新颖的心理

网络消费者多数为年轻人，年轻人的特点是热情奔放、思想活跃、喜欢联想、富于冒险，这些特点反应在消费者心理上，就是追求时尚和新颖，尝试新鲜生活，喜欢购买新颖独特的产品。在互联网背景下，消费者按下鼠标，几秒钟之内就可以搜索到所需产品的品牌、价格、形状、功能、特征等信息，轻而易举地找到“新、奇、美”的商品。

（2）追求物美价廉的心理

虚拟的网上商品比实体商店成本要低得多，所以网络消费的价廉就迎合了越来越多消费者的心理需求。另外，网上商店比起传统商店来说，消费者不用跑腿，就能更为直观地了解商品，能够精心挑选、货比三家，满足了消费者追求物美价廉的心理。针对消费者的这种心理，电商网率先在全国开通了“特价热卖”栏目，汇总了知名网站如新浪、8848、网猎、所有、酷必得等30多个网站的热卖信息。消费者只要进入电商网的“特价热卖”专栏，就可以轻松获得各个热销产品的信息以及价格，进而通过链接快速进入消费者认为合适的网站，完成购物活动。这种网上购物满足了消费者追求物美价廉的心理。

（3）追求个性、自我和独立化的心理

现代消费者往往富于想象力、渴望变化、喜欢创新。有强烈的好奇心，对个性化消费提出了更高的要求。以自我为中心的网络用户以年轻、高学历用户为主，他们有自己独立的思想、喜好、见解和想法，对自己的判断能力也比较自信。而网上商店独特的购物环境和与传统交易过程截然不同的购买方式，会引起追求个性的消费者的好奇和个人情感变化。这样，消费者完全可以按照自己的意愿向商家提出挑战，以自我为中心，根据自己的想法行事，在消费中充分表现自我。

（4）追求方便、快捷的心理

网络时代，消费者的消费倾向和消费文化已经与互联网产生了千丝万缕的联系，他们动一动鼠标，便可以买到自己想要的产品，不用忍受逛街之累。消费者生活节奏加快，消费被重新定义。网络时代让消费者越来越忙，但同时也越来越“懒”，越来越多的消费者不再愿意去逛实体店，而选择相对快捷方便的网络购物，坐在家里不动便可以享受“送货上门”的快捷与方便。网上购物者受教育水平相对较高，他们往往工作压力大、生活节奏快、闲暇时间少，如何在越来越少的闲暇时间获得最大程度的休息和放松，成为他们要思考的主要问题之一。对于惜时如金的现代人来说，在购物中即时、便利、随手显得更为重要。传统的商品选择过程短则几分钟，长则几小时，再加上往返路途的时间，消耗了消费者大量的时间、精力，而网上购物弥补了这个缺陷。

（5）强调体验购买乐趣和从众的心理

消费者的购买决策过程包括需要激发、信息收集、比较评估、实际购买和购后感受五个阶段。一般地，网络用户具有兴趣需要、聚集、交流三个方面的基本需求。用户可能由于兴趣的需要而引起对兴趣相关的产品的购买，因此可以在电子商务网站上提供网络用户感兴趣的内容，吸引用户的目光，使消费者能注意并光顾你的网站，以达到营销的目的。在聚集和交流方面，可以采用虚拟社区、论坛、BLOG等形式，使众多的网络用户聚集在一起，并充分地进行信息和经验的交流，使用户能充分发表自己的看法，从而感到自己是被重视的。用户自然会关注企业并促成购买。人们生活在一定的社会圈子中，有一种希望与自己应归属的社会圈子同步的趋向，既不愿突出，也不想落伍。受这种心理支配的消费者构成了追随消费者群，这是一个相当大的顾客群。研究表明，当某种产品的消费率达到40%后，将会产生消费品的消费热潮，网络消费者不乏这种心态的人。

15.2.2.2 网上消费的风险心理

虽然网上购物具有形式方便、信息快捷、节省时间和体现个性等诸多优势，但是目前消费者对网上消费仍然有一定程度的担忧心理，这些担忧心理制约了网上消费者的消费行为。

（1）受传统购物观念束缚，对网络购物缺乏信任感

长期以来消费者形成的“眼看、手摸、耳听”的传统购物习惯在网上受到挑战，使得一些消费者，特别是年岁偏大的消费者对网络购物缺乏信任感。

（2）对虚拟营销环境心存疑惑，消费者现阶段对网络营销缺乏信任。首先网络应用于企业经营时一个突出的特点是能使大企业变小或小企业变大，即所有企业在网上只能表现为网址和虚拟环境。在传统的现实环境中，中小企业本身及它们的门店，会受到经营规模和企业历史等条件的舒服，大小是实实在在的。而在网上它们则更具自由度，可利用信息武装自己，缩小与大企业的差距，对于中小企业而言这一特点是优点，但也家大了消费者鉴别、选择企业或产品和服务的难度。此外，网络商店较容易设立，因而也容易作假，消费者对此也会心存疑虑。因此，许多进行网络营销的企业仍会借助实体设施来提高信誉和知名度，但如果运用不当，反过来又会削弱网络营销的优势。

（3）网上交易的安全性得不到保证

互联网是一个开放和自由的系统，顾客在进行电子支付或进行银行结算时，如果安全得不到有效保障，一是消费者的私人资料如信用卡资料在传输过程中可能被截取或被盗用，现时加密技术的发展仍不能完满地解决这一问题，一旦网络被黑客攻破，消费者的个人资料和信用卡密码都有可能会被窃取盗用，造成巨大损失。二是一些“恶作剧”或蓄意的计算机病毒也令人望而生畏，目前仍缺乏适当的法律或其他手段进行规范。

（4）产品质量、售后服务得不到保证

在传统消费中，如果顾客发现产品质量存在问题，可以找到销售商要求退货、调换或保修，而网上交易的商品大多是异地销售，当顾客发现商品有质量问题时，退货和保修就成了问题。此外，我国物流配送体系还不够完善。我国仓库周转率仅为发达国家的30%，而差错率几乎是发达国家的3倍。低效的物流配送体系离顾客的实际要求相距甚远，影响了网络购物的发展。

15.2.2.3 网上消费不能满足消费者的心理期待

（1）消费者缺乏网上购物的知识，购物观念陈旧

目前，虽然我国网络逐渐普及，但由于一些人对网络消费不太了解，普遍感觉网上购物不靠谱。况且，消费者传统购物习惯是到商店“亲眼看，亲手摸，亲耳听，亲口尝”，还总是担心买到假冒伪劣产品，更何况网络消费交易双方不见面，交易的虚拟性强，即使网络商品具有价格实惠、质量好等特点，但网络商品看不见、摸不着，更多人还是宁愿选择传统的消费方式进行消费。

（2）不能满足某些人性化特定心理

虽然网上购物可替代部分人际互动关系，但它不可能满足消费者在这方面的个人社交动机，比如，家庭主妇或朋友间希望通过结伴购物来保持与左邻右舍的关系或友情等。此外，虚拟商店也无法使消费者因购物而受到注意和尊重，消费者无法以购物过程来显示自己的社会地位、成就或支付能力。而且网络商品的价格欠缺灵活，会令某些喜欢在现场讨价还价的消费者大失所望。比如买衣服，由于显示器有色差，买来的衣服往往和网上图片不同，结果会大失所望，还是觉得在实体店买衣服比较放心，可以穿着得体、合身。

（3）价格预期心理得不到满足

据统计，消费者对网上商品的预期心理比商场的价格和便宜20%～30%，而目前网上商品仅比商场便宜4%～10%，加上配送费用，消费者所享受到的价格优惠是有限的。另外，由于电信行业的长期垄断，我国的电信费和网络使用费较高，使消费者对网上购物可望而不可即。

15.2.2.4 网络口碑信息对购买决策有重大影响

由于网络的虚拟环境，企业难以对产品实体做出百分之百的真实展示。顾客购买商品时的参考因素，很大程度上在于其他顾客对该商品的评价。因此，在网上购物中，网络口碑信息对购买决策有重大影响。在销售实践中，一些人买家电、买服装、化妆品等，会收集其他人对自己要消费的品牌及产品的评价，如果网络口碑较差，就放弃购买。据相关研究表明，网络负面口碑传播对于消费者购买决策的影响要明显大于正面口碑。事实证明在网络环境中，一群网友的十句称赞可能不敌一个不满意网友的一句声讨。

15.2.2.5 不知所措心理阻碍购买决策的制定

网上购物的“先查点评，再去消费”已深入人心。比如，大众点评这个国内最大城市消费门户网站。在2010年7月的独立访问IP达到1600万。在网上，每一个消费者都成为意见领袖，他们的点评被其他消费者广为查阅，成为其消费决策的参考依据，进而影响商家的人气和生意。然而，当用户面对每天上传的数万乃至数十万个点评，如何优先看到更具参考性的点评就是一个十分棘手的问题。针对自己打算购买的商品，被数万乃至数十万个信息包围着，消费者会不知所措，很难制定购买决策。

资料：网站访问者为什么不购买任何东西就离开

美国网络安全公司Scan Alert收集了从2004年6月到2005年3月来自各大知名

网上零售商的销售数据，在此基础上完成了用户网上购物习惯的调查报告，报告标题为“数字视窗购物行为”。报告建议网上零售商们：与其关注购物者为何中途放弃了购物车，不如分析访问者为什么不买任何东西就离开网站。

Scan Alert 报告分析显示，对于搜索和网上冲浪越来越精通的购物者不再冲动的点击网站上的购物车按钮，而是花上几天时间浏览各购物网站进行各种比较，他们常常会访问 10 个以上的网站，直到数小时或数天后才到某一个网站进行购买，这期间他们很轻易地放弃购物车，这让零售商大为疑惑和恼火。

Scan Alert 发现，从一个消费者初次访问某网站到他在该网站进行购买的平均时长超过了 19 小时。大约 35% 的被调查消费者需要超过 12 小时的时间才能做出一个购买决定，而 21% 的人要 3 天多的时间，14% 的人甚至需要一周多的时间来决定在哪里购买。对独特商品的购买决策时间最短，而通用商品则要花更长时间才能决定。

Scan Alert 认为对零售商来说，放弃购物车和购物决策时间延长意味着购物车不应只是被看作一个方便的因素来进行优化设计。电子商务网站运营者应该关注整个网站的建设，包括购物体验和网站内容以及可信度信息的传达等，而不只是购物车设计本身，因为消费者放弃购物车是小事，而放弃整个网站，以后也不在该网站购物才是最致命的问题。

此外，Scan Alert 还注意到，安全与诚信已经超越价格成为消费者进行购买比较的首要价值量度。同时，消费者对网络工具的使用与网站开发该工具的初衷也有所不同。例如，商人们在购物车部分特意建立了诚信和安全的条款，但消费者却希望在通过网站本身找到诚信和安全的感觉。他们看一个网站的角度跟他们走进实体商店的角度是一致的，不外乎外观、方便性以及服务态度。对购物车的使用也与商人的意图不同，很多消费者将商品选进购物车，不是要进行购买，而是为了方便他们进行价格比较，如运费等的统计。

其他有关网络用户网上购物行为的研究表明，驱使消费者在网上购物的主要原因在于能够对产品进行研究并获得大量相关信息，可以比较价格，并且可以从大量的产品中进行选择，而曾经普遍被认为是最重要因素的方便性并非是促使用户在网上购物的最重要因素。

可见，随着用户对网上购物知识的不断增长，在线购物行为更加理智和成熟，这就对于从事在线销售的电子商务网站提出了更高的要求，不仅要完善网站各项基本的电子商务功能以及提供价格优惠的商品，而且还需要对网站的安全性、可信性等方面给予足够的重视。

资料来源：中国金融网，http/www. zgjrw. com。

15.3 研究网络消费者行为的营销价值

网络消费者的消费心理给企业的经营理念带来了新的挑战，这就要求商家一定要事前做好功课，转变营销观念，建立一套适合网络消费者需求的营销运作机制才能获得成功。

15.3.1 重视网站建设

企业要想提高网站的信誉度和网上购物的安全性，就必须重视网站购物环境的建设。通过设计布局合理美观的网页，模拟实际购物环境，使消费者有身临其境的感觉，方便顾客选购商品。网页设计要有针对性，要便于企业与顾客之间的互动。同时要搞好商品房为网络系统工程的建设，消除消费者对网上购物安全的疑虑，以提高网站信誉度，争取更多的顾客。

15.3.1.1 美化装饰网站

首先，网上商店无法像传统商店那样，通过地点的选择与利用门面、招牌、橱窗设计及外部灯光使用等要素引起消费者的注意和产生心理联想，因此，网上商店的外部形象设计能否满足消费者寻求求异的心理，是吸引消费者登录浏览商店、产生和形成购买行为的基础。其次，由于网上商店所经营的多数商品消费者只能通过视觉或听觉来感知，所以产品的特点介绍越详细，产品展示图片越清晰，用户的兴趣才有可能越高。最后，要注意简化流程操作，不能去考研用户的耐心，而应该改尽量让用户心情愉悦的进行每一步操作，并快速得到他想要的结果。

15.3.1.2 软硬件双管齐下，提高网络购物的安全度和信任度

硬件方面是指购物网站用以保障交易安全的技术。在网上交易系统和程序中，应当利用好现有的安全技术，如加密技术、防火墙技术以及认证技术，或利用虚拟专用网来防止或减少信息被窃取和篡改的可能性。软件方面是指增强消费者对网站的信任度。大量的调查表明：网站备案信息，经营资质展示、完整的联系方式、权威的网络安全认证标志等信息，能够增强用户的认可程度；在产品/服务展示的同时，展示该产品/服务客户的服务评价、使用体验等，利用口碑传承来推广自己的网站诚信度，亦能增加用户购买的兴趣和信心。

15.3.2 制定针对目标顾客的4P营销策略

鉴于网上购物者大多数是消费主动性强，个性化、差异化需求显著的网民，企

业就要根据目标顾客要求进行产品和服务的开发、设计。企业应充分利用互联网的一对一和交互式功能加强与顾客之间的沟通，引导客户在网上参与产品设计，满足需求，如消费者买电脑，可根据自己的需求选择 CPU、内存的大小；在价格策略上，企业应注重强调自己产品的性能价格比，以及与同行业竞争者相比之下自身产品的特点。

除此之外，企业还可以通过网上会员卡，鼓励消费者上网消费，可依事件、季节、库存情况、市场供需情况等自动调整产品价格；在渠道策略上，应本着让消费者方便的原则；为了促进消费者购买，应该及时在网站发布促销信息、新产品信息、提供多种支付方式，让消费者有多种选择。

在网站建设时，设立网络店铺、组织网络商展，是消费者一经上网就可包揽各类相关商品，激发其购买动机；在促销策略上，可针对网络销售主体的主要目标顾客群记事提供产品信息，利用网上对话的功能，举行网上消费者联谊活动和各种公益活动。可较多利用销售促进的方式，如提供折扣券或赠品等以激发消费者上网搜寻及购买产品的意愿。

15.3.3 与客户进行有效的沟通，提供优质服务

网络营销将互联网作为主要的沟通方式，这种沟通不受时空限制，企业与消费者在任何时刻、任何地点都可以通过互联网络进行交流；企业可以根据消费者的个性特点通过电子邮件等方式进行个性化沟通，因为网络沟通较传统沟通方式效果要好得多。企业要充分利用网络沟通的这一优势，通过网络开展多种形式的即时交流，如在线咨询和解答系统、QQ 在线服务等，以方便顾客购买。在设立在线即时交流时要注重网络礼仪，保持通道畅通，及时听取顾客的意见和建议，真正解决顾客的问题，为客户提供准确信息。同时要保护顾客的隐私和信息安全，实现对顾客的承诺。总之，企业应以客户为中心，真正为客户着想，尽心尽力为户提供服务。

15.3.3.1 利用即时通信，开展深层次的顾客服务

利用即时通信，可以使浏览同一商品的用户相互交流，有助于顾客对商品的快速了解，增加网上购物的乐趣；如果顾客反复查看某种商品，显得有些犹豫不决时，虚拟导购小姐或者虚拟产品专家可以及时弹出一个对话窗口，利用即时通信给顾客必要的介绍，这样有助于用户的购买决策，提高订单成功率。

15.3.3.2 重视一对一沟通

一对一沟通是指利用互联网和数据库技术分析客户的行为，针对每个客户的特

征和要求提供不同的服务，客户的意见能得到及时的处理，让客户时时感到被关心和重视。这种沟通有助于满足消费者对尊重和自我价值的需求，建立企业与消费者的良好关系。如著名商务网站亚马逊业务迅速扩大的重要原因就在于能为用户提供个性化服务。

15.3.3.3 建立良好的退换货品机制

对C2C网站而言，由于网站只是起第三方的监督管理的作用，卖方是否有售后服务并不在网站管理范围内，因此对C2C网站来说，应在网站醒目处告知买家，货品的售后服务由卖家来承担。同时对那些有售后服务承诺的买家，应该加强管理，保障买家权益。对B2C网站，要将网上销售与传统销售的售后服务等同这歌概念传达给消费者，以消除消费者的顾虑。

15.3.3.4 加强对企业的信誉管理，完善物流配送系统

首先，网络消费的店铺没有实体店铺，交易往往在不同城市的买卖双方同进行，商品一般通过邮购或快递的方式送到顾客手中，交易要顺利完成，要从企业自身做起，不销售假冒伪劣商品；售前一定要详细说明商品质地、尺寸、规格等；售中则需要和买家多方沟通，保证顾客最终收到的商品和在网上看到的商品，从各方而看不要有很大出入，同时，承诺购买商品后，只要不满意就可以换货或免费退货的网商，一定要保证自己的承诺可以实现，其次，由于国内的网站对网上订购的商品主要还是通过邮递的方式，这就要求商务网站一方面在各主要城市建立售后服务中心，另一方面同产品厂家的营销网点或商场建立联营，在全国范围内全方位地配送和建立售后服务网点，为顾客解决后顾之忧。只有网商做到诚信，顾客才可以放心在网上进行购物，购物人数才会节节攀升，网络市场才会逐渐形成。

15.3.4 利用口碑树立信誉，争取更多的忠诚消费者

15.3.4.1 确立良好的口碑信誉

在网络交易中，消费者对商品及店铺的信任是其做出购买决策的重要决定因素，而网络口碑信息是赢得消费者信任的关键点，网络口碑信息与传统口碑相比具有传播信息范围广、速度快、信息量大、可储存、即时大量接受、匿名性和超越时空性等特征，它较之传统口碑信息对消费者的心理行为影响力更大。在网络环境中，有时许多产品功能的介绍不如一个顾客真诚的经验分享，企业通过为客户提供优质服务、良好的产品，赢得更多的正面口碑，不仅可以争取到更多的新客户，实践证明，也是企业的一种荣耀，以及一种高效、低成本的网络营销手段。

15.3.4.2 增强诚信意识，树立企业形象

与实体店相比，网店最大的特点是虚拟性，对实体类商品看不见、摸不着，只能通过图片和文字来了解。这易引起消费者的不信任感，从而影响其是否购买，因此，网店增强诚信意识显得尤其重要，企业要遵循诚实守信的原则，宣传自己的产品时要实事求是，杜绝夸大其词，言过其实，要及时实现对客户的各种承诺，为客户的抱怨和问题提供完善的解决方案，在此基础上提供健全、高效的服务，让顾客的确感到他们买的东西物超所值，从而产生正面口碑，提升企业信誉，降低顾客的感知风险，树立企业形象。

本章小结

随着互联网技术、计算机技术的发展，网络已经改变了人们的消费习惯。网络购物是指消费者通过网络（购物网站）向供应商购买商品或享受服务，包含B2C和C2C电子商务模式。我国互联网巨大的市场规模和发展潜力。影响网络消费者行为的因素主要包括外部影响因素和个人影响因素。其中，外部因素主要包含：经济文化因素、社会群体因素、互联网基础资源、网络安全和信任环境、网络营销组合策；个人影响因素主要包含：网络消费形成的心理基础、网上消费的风险心理、网上消费的心理期待、网络口碑信息等。研究网络消费者行为的营销价值在于：有利于互联网企业加强重视网站建设、制定针对目标顾客的4P营销策略、与客户进行有效的沟通、争取更多的忠诚消费者等。

思考题

1. 简述网络消费者的基本类型。
2. 论述影响网络消费行为的外部因素和心理因素。
3. 根据本章内容，试述网络消费与传统消费的区别。
4. 试述研究网络消费者的营销价值。

实践活动

1. 登录中国互联网信息中心（CNNIC）网站，阅读近三年的《中国互联网络发展状况统计报告》，并请分析一下用户上网行为的变化趋势。

2. 作为一名网络购物的消费者登录淘宝网。任选一种商品，就其价格进行虚拟店与实体店的比较，探讨其不同原因。

案例阅读

普通老板活用微信，救活了一家快倒闭的菜馆

江北区建新东路长安医院对面，横着一排大排档，在众门店中，一家名为“钓龙无刺鲫鱼”的馆子，普通得容易被人忽略。灯箱广告的LED灯坏了一排，除去两扇贴了广告的玻璃门，顾客进出的过道仅1.5米。记者慕名前去采访时，往返了两道才找到了门。好在店内也算别有洞天，进门上楼拐角，贴着二维码的海报抢眼：扫码加微信，一律8.8折。这店生得怪，上二楼即为天台、下一楼则是背街，就这么也摆下了25张桌子，门面虽小，夏季生意却好得让人眼红。

“主打无刺鲫鱼和干锅，95%订单从微信来，员工5人，其中1人为服务员，不端茶送水，只收发菜单顺便兼职打扫清洁。”老板陈星宇说，旺季一个月流水能达15万元，冬天稍冷清，但也时不时有位微信好友的企业高管来包场。

才开馆子时，老板陈星宇也走过传统路线。发传单、做车载广告什么的，折腾三五次，10万元的退伍费就见底了。2012年，陈星宇守着这家不温不火的小门面。“本店小，还挤在一堆大排档里，很少引人注意。”陈星宇说，直到2013年初，在朋友的指点下，他才开始用微信做生意。

刚开始几十个好友，却有能力让一道“奇葩”菜火了三个月。“去年4月，一位老顾客忽然想吃番茄味的炒丝瓜，我硬是让厨子整了出来，顾客相当满意，当即传了微信，好友一转发，第二天有人点名来吃‘番茄炒丝瓜’。”陈星宇说，这道黑暗料理捧红了馆子3个月，也让陈星宇见识了微信之威。“爆点爆点爆点，不怕门店小就怕爆点少。”后来，陈星宇通过打折，进店就让顾客扫码关注，天天挖空心思想着如何和顾客玩。

“饮食选择有很多，能带给食客快乐，才会成为首选。”陈星宇说，而这得靠互动性极强的玩法。通过玩，他的微信好友，仅一年就从最初的三四十人增加到数千人；营业额从一天三四百元到旺季一月超过十五万元……

玩法一：玩微信要有“店魂”

商家玩微信，一定要有可持续的“店魂”，比如金晶妹儿的买家秀，烧白哥的相亲秀。“我的特点就是屌丝爱玩也爱吹垮垮。”陈星宇确定了路线，用玩的方式天天送福利。

“要和顾客玩起来，公众号不行，没人看，还要靠私号，但私号也讲究人格化。”陈星宇的第一招就是讲故事，写段子。他善于利用自嘲来逗顾客开心，每天段子不超过3条，绝对不打广告，有时候他还像顾客一样去批评某道菜不好吃，将

私号人格化。

玩法二：玩微信要有绝活

“除了吹垮垮，这个私号还喜欢打游戏，所以独乐乐不如众乐乐。”去年夏天，陈星宇邀约微信好友玩手游“雷霆战警”、打飞机竞赛，每周公布一次战果，超过他的前40名送花生一份，前三名免费送菜品。游戏一推出，天天都有人加好友私聊：老板，我今天第几名？

另外，店里每出一道新菜品，陈星宇会在微信上发布征集菜名。名字被选用的，素菜可在店里终生免费，荤菜则享受高额折扣。被选中菜名的顾客钟宇蛟就获得了一道素菜的终生免吃权：“吃了一个夏天现在都吃够了，不过关键是好耍！”

玩法三：线下跟着微信玩

“微信上大家都叫我屌丝老板，菜馆也要贯彻屌丝路线。”陈星宇说，在线下，他将菜单做成答题卷：选择题是12道固定主打菜，顾客只需选菜画勾，简答题为配菜，顾客可根据店内黑板上每天提供的机动食材，随意搭配。答题卷上，老板友情备注：认真填写，可用拼音替代。

“很多顾客看了菜单都会拍上微信传播。”陈星宇说，因为依靠微信订单，店里几乎不需要跑堂，陈星宇顺势推出实体店店魂，在墙上两排歪歪扭扭的手书——论江湖，粗乱杂，请随意，莫客气，自己动，丰衣足——钓龙无刺鲫鱼宣。为了鼓励这种自助服务，陈星宇会送每位顾客酸角汁一瓶，相当于把节约的人力成本变成赠品。

资料来源：搜狐财经［J］. 餐饮O2O，2015－05－05.

思考：从消费者心理的角度，分析这家餐厅成功的原因。

参考文献

[1][法]尼古拉·埃尔潘(Nicolas Herpin). 消费社会学[M]. 孙沛东译,北京:社会科学文献出版社, 2005 .

[2][法]让·波德里亚原著,刘成富,全志钢译,消费社会[M]. 南京:南京大学出版社, 2000 .

[3][法]夏代尔,[印]拉祖著,李屹松译,消费者行为学[M]. 北京:中国财政经济出版社,2007.

[4][美]埃弗雷特·M. 罗杰斯(EverettM. Rogers)著,辛欣译,创新的扩散[M]. 北京:中央编译出版社, 2002.

[5][美]巴宾,[美]哈里斯著,李晓等译,消费者行为学[M]. 北京:机械工业出版社,2011.

[6][美]大卫·A. 艾克(David A. Aaker),爱里克·乔瑟米赛勒(Erich Joachimsthaler)著,曾晶译,品牌领导[M]. 北京:新华出版社, 2001.

[7][美]大卫·理斯曼(David Riesman)等著,王崑,朱虹译,孤独的人群[M]. 南京:南京大学出版社, 2002 .

[8][美]戴维·格伦斯基(DavidB. Grusky)编,社会分层[M]. 北京:华夏出版社, 2005.

[9][美]霍伊尔,麦金尼斯著,崔楠,徐岚译,消费者行为学(第5版)[M]. 北京:北京大学出版社,2011.

[10][美]贾帝许·N. 谢斯(Jagdish N. Sheth),阿普杜勒扎·艾希吉(Abdolreza Eshghi),巴拉奇·C. 克里士南(Balaji C. Krishnan)编著,喻建良等译,网络营销[M]. 北京;中国人民大学出版社, 2005.

[11][美]杰克·特劳特(Jack Trout),史蒂夫·瑞维金(Steve Rivkin)著,李正栓,贾纪芳译,新定位[M]. 北京:中国财政经济出版社, 2002.

[12][美]卡尔·E. 凯斯(KarlE. Case),雷·C. 菲尔(Ray C. Fair)著,李明志等译,经济学原理[M]. 北京:清华大学出版社, 2003.

[13][美]莱斯特·R. 布朗著,林自新,戢守志等译,生态经济[M]. 北京:东方出版社, 2002.

[14][美]罗格·D. 布莱克韦尔(Roger D. Blackwell)等著,徐海等译,消费者行为学[M]. 北京:机械工业出版社, 2003.

[15][美]马泰·卡林内斯库(Matei Calinescu)著,顾爱彬,李瑞华译,现代性的五副面孔[M]. 北京:商务印书馆, 2002 .

[16][美]迈克尔·R. 所罗门(Michael R. Solomon),卢泰宏著. 消费者行为学[M]. 北京:电子工业出版社, 2006 .

[17][美]迈克尔·R. 所罗门(Michael R. Solomon),卢泰宏著. 消费者行为学[M]. 北京:电子工业出版社, 2006.

[18][美]纳雷希 K. 马尔霍特拉(Nareshk. Malhotra)著,涂平等译,市场营销研究[M]. 北京:电子工业出版社, 2002 .

[19][英]齐格蒙特·鲍曼(Zygmunt Bauman)著,欧阳景根译,流动的现代性[M]. 上海:上海三联书店, 2002 .

[20][英]西莉亚·卢瑞(CeliaLury)原著,张萍译,消费文化[M]. 南京:南京大学出版社, 2003 .

[21][法]让·波德里亚 原著,刘成富,全志钢 译,消费社会[M]. 南京:南京大学出版社, 2001 .

[22][美]安格斯·迪顿(Angus Deaton)著,胡景北,鲁昌译,理解消费[M]. 上海:上海财经大学出版社, 2003.

[23]阿马蒂亚·森(Amartya Sen)著,王宇,王文玉译,伦理学与经济学[M]. 北京:商务印书馆, 2000 .

[24]安圣慧. 消费者行为学[M]. 北京对外经济贸易大学出版社有限责任公司,2011.

[25]曹旭平等. 消费者行为学[M]. 北京:清华大学出版社,2013.

[26]陈向明. 质的研究方法与社会科学研究[M]. 北京:教育科学出版社, 2000.

[27]德尔·霍金斯等著,符国群等译,消费者行为学(原书第 12 版)[M]. 北京:机械工业出版社,2014.

[28]董志勇. 行为经济学[M]. 北京大学出版社, 2005.

[29]杜心灵,张玉涛. 消费者行为学[M]. 北京:中国传媒大学出版社,2013.

[30]范鲁斌. 中国广告 25 年[M]. 北京:中国大百科全书出版社, 2004 .

[31]房爱卿．我国消费需求发展趋势和消费政策研究[M]．北京:中国经济出版社，2006．

[32]冯丽云等．消费者行为学[M]．北京:经济管理出版社,2008.

[33]符国群．消费者行为学[M]．北京:高等教育出版社，2001．

[34]耿莉萍．生存与消费[M]．北京:经济管理出版社，2004．

[35]何佳讯,卢泰宏．中国营销25年[M]．北京:华夏出版社，2004.

[36]何建华．经济正义论[M]．上海:上海人民出版社，2004．

[37]何修猛．现代广告学[M]．上海:复旦大学出版社，2005.

[38]胡惠林,李康化．文化经济学[M]．上海:上海文艺出版社，2003．

[39]胡惠林．文化产业学[M]．北京:高等教育出版社，2006.

[40]黄芳铭．结构方程模式[M]．北京:中国税务出版社，2005．

[41]江林主编．消费者行为学(修订第四版)[M]．北京:首都经济贸易大学出版社,2007.

[42]蒋原伦．媒体文化与消费时代[M]．北京:中央编译出版社，2004.

[43]景奉杰．市场营销调研[M]．北京:高等教育出版社，2001.

[44]李付庆．消费者行为学[M]．北京:清华大学出版社,2011.

[45]李培超．自然的伦理尊严[M]．南昌:江西人民出版社，2001.

[46]李通屏．中国消费制度变迁研究[M]．北京:经济科学出版社，2005.

[47]刘福森．西方文明的危机与发展伦理学[M]．南昌:江西教育出版社，2005．

[48]刘立宾．中国广告猛进史[M]．北京:华夏出版社，2004.

[49]柳思维．现代消费经济学通论[M]．北京:中国人民大学出版社，2006.

[50]卢泰宏,杨晓燕,张红明．消费者行为学[M]．北京:高等教育出版社，2005.

[51]卢泰宏．营销在中国[M]．广州:广州出版社，2002．

[52]陆学艺．当代中国社会流动[M]．北京:社会科学文献出版社，2004．

[53]罗钢,王中忱主编．消费文化读本[M]．北京:中国社会科学出版社，2003.

[54]罗子明．消费者心理学[M]．北京:清华大学出版社，2002．

[55]莫少群．20世纪西方消费社会理论研究[M]．北京:社会科学文献出版社，2006.

[56]秦海英．实验与行为经济学[M]．北京:中国财政经济出版社，2010．

[57]邱东,宋旭光等．观念创新与政策实施之桥[M]．北京:中国财政经济出版

社, 2002 .

[58]荣晓华．消费者行为学[M]．大连:东北财经大学出版社有限责任公司,2013.

[59]孙希有．面向幸福的经济社会发展导论[M]．北京:中国金融出版社,2005 .

[60]汤杰,高延鹏主编．消费者行为学[M]．哈尔滨:哈尔滨工业大学出版社,2012.

[61]王德胜．消费者行为学[M]．北京:电子工业出版社,2011.

[62]王方华．中国城市消费者行为研究[M]．上海:上海三联书店, 2011.

[63]王曼等．消费者行为学(第2版)[M]．北京:机械工业出版社,2011.

[64]王宁著．消费社会学[M]．北京:社会科学文献出版社, 2001.

[65]希夫曼等著,江林等译,消费者行为学(原书第11版)[M]．北京:中国人民大学出版社,2015.

[66]晓红,现代社会心理学[M]．南京:江苏人民出版社,1991.

[67]肖立．消费者行为学[M]．北京:中国农业大学出版社,2011.

[68]杨树青．消费者行为学(第二版)[M]．中山:中山大学出版社,2015.

[69]杨晓燕．中国女性消费行为理论解密[M]．北京:中国对外经济贸易出版社, 2003.

[70]余禾．消费者行为学[M]．成都:西南财经大学出版社,2010.

[71]张香兰,郜苧,郭晶．消费者行为学[M]．北京:清华大学出版社,2012.

[72]张雁白,张建香,赵晓玲．消费者行为学[M]．北京:机械工业出版社,2011.

[73]张中科．消费者行为学(修订第四版)[M]．北京:中国人民大学出版社,2011.

[74]郑祥福,叶珲,陈来仪．大众文化时代的消费问题研究[M]．北京:中国社会科学出版,2008.

[75]郑祥福,叶珲,陈来仪．大众文化时代的消费问题研究[M]．北京:中国社会科学出版社,2008.

[76]周斌．消费者行为学[M]．北京:清华大学出版社,2013.

[77]中国互联网络信息中心．2014年中国青少年上网行为研究报告,2015. 2.

[78]中国互联网络信息中心．第36次中国互联网络发展状况统计报告,2015. 7.